2023

日本交通法学会 編

# 定期金賠償に関する理論的・実務的課題

交通法研究 第50号

有 斐 閣

# 目　　次

シンポジウム

# 定期金賠償に関する理論的・実務的課題

## ――最判令和二年七月九日を契機として――

司会　高野真人（理事長代行・弁護士）
浦川道太郎（理事・早稲田大学名誉教授）

全体司会・新藤えりな（理事）　それでは時間となりましたので、定期金賠償に関する理論的、実務的課題をテーマにシンポジウムを開催いたします。パネリストは、早稲田大学法学学術院教授の当学会の山口斉昭理事、神戸大学教授の窪田充見様、大東文化大学法学部特任講師の宇都宮遼平様、損害保険ジャパン株式会社保険金サービス企画部自動車グループ課長代理の志村崇様。指定発言は、東京地方裁判所民事第二七部部総括判事で、当学会の森田浩美理事、以上五名の皆様から、ご報告及びご発言をいただきます。本シンポジウムの司会は、高野真人理事長代行と浦川道太郎理事が務めます。それでは、司会の両理事、よろしくお願いいたします。

司会・浦川　司会を担当する浦川です。高野理事とともに司会をさせていただきます。ご存じのとおり、最高裁判所第一小法廷は、令和二年七月九日の判決において、四歳の時に交通事故で高次脳機能障害となり労働能力を全て喪失した被害者が就労可能期間の始期である一八歳になる月の翌月から就労可能期間満了の六七歳になる月まで後遺障害による逸失利益の賠償を各月毎の定期金として求めた事案に対して、その請求を認める判断を下しました。

法廷意見では、事故被害者が後遺障害による逸失利益について定期金による賠償を求めている場合に、不法行為に基づく損害賠償制度の目的・理念に照らして相当と認められるときは、定期金賠償が可能であると述べて、定期金賠償を認めました。そして、定期金賠償を命じるに当たって、事故の時点で、被害者の近い将来における死亡が客観的に予測されていたなどの特段の事情がない限り、就労可能期間の終期以前の死亡時を定期金による賠償の終期とする必要はないとして、被害者の死亡によっても逸失利益の損害賠償は終了せず、就労可能期間満了まで定期金賠償債務は存続するとの判断を示しました。

この判決は、これまで学説・判例で見解が分かれていた後遺障害逸失利益の定期金賠償の可否及びそれが認められる場合の要件と終期について最高裁で初めて判断を下したものであり、実務上大きな意味を持つものといえます。

しかしながら、この判決は、第一に、「同一の事故により生じた同一の身体傷害を理由とする不法行為に基づく損害賠償債務は一個であり、その損害は不法行為時に発生する」との従前の判例を前提にしながら、後遺症の損害が将来発生するものであり、その額が不確実な要素の下での将来予想に基づくものであるため、不法行為時に算定したものと現実化した損害額の乖離が生じる可能性があり、不法行為制度が不法行為のなかった状態に復元する趣旨からみて、乖離が生じた場合に、賠償方法で定期金賠償の方法を採用することで民訴一一七条による変更判決の手段で賠償額を補正することができると述べました。

そしてさらに、この判決は、第二に、「近い将来における死亡が客観的に予測されていたなどの特段の事情がない限り就労可能期間の終期の前の死亡は損害額算定上考慮せず就労可能期間までの損害を認めてもよい」とする従来の後遺障害逸失利益に関する「一時金賠償」の判例（「貝採り事件」）を前提にして、定期金賠償でも一時金賠償と同一の損害を対象とするものであり、一時金賠償を選択した場合に被害者の死亡により被害者ないし遺族が事故により生じた就労可能期間の終期までの損害の塡補を受けることができなくなることは、衡平の理念に反するとの理由で、定期金賠償の終期は、被害者死亡により中断せず、被害者の就労可能期間であるとも判断しました。

この理由付けには、理論的整合性の点で簡単に理解できない部分があるため、多くの民法、民訴、あるいは保険の研究者による判例評釈が書かれ、現在も議論が続いています。

また、何よりもこの判決は、これまで死亡・後遺障害事案において、通常は一時金賠償により処理してきた保険実務において、今後は一時金賠償だけでなく定期金賠償も被害者側から求められる可能性を開いたものであり、損害保険に与える影響は極めて大きいものと考えられます。

そこで、本日のシンポジウムでは、この令和二年の後遺障害の逸失利益に関する定期金賠償判決を取り上げて、民法の損害賠償法、民事訴訟法、損害保険の専門家に報告をお願いして、お考えを伺うことにしました。また、東京地方裁判所民事第二七部（交通専門部）の総括判事でいらっしゃる森田裁判官に特にお願いして「令和二年判決後の裁判実務の実情」についてご発言いただくことも予定しています。

報告者以外の皆さま方には、Zoom による参加をお願いしておりますが、よろしくご協力のほどお願い申し上げます。

# 報告1　令和二年判決の内容とその意義

山口斉昭
（理事・早稲田大学法学学術院教授）

司会・浦川　第一報告者は、山口斉昭さんです。今回のシンポジウムは、全て「さん」とお呼びさせていただきます。

ご略歴を申し上げますと、一九九一年三月に早稲田大学法学部卒業後、早稲田大学大学院法学研究科修士課程、同博士後期課程を経て、一九九九年四月日本大学商学部専任講師に就任、その後、日本大学法学部教授を経て、二〇〇九年四月から早稲田大学法学学術院教授でいらっしゃいます。

ご業績は、言うまでもありませんが、医事法、損害賠償法に関する多くの著述があり、亡くなられた伊藤文夫先生の古稀記念論文集である『人身損害賠償法の理論と実際』の編集委員・幹事をお務めになるなど人身損害賠償法分野の専門家として活躍しておられます。また、本判決（令和二年判決）については、判例評釈を判例秘書ジャーナルに執筆されていらっしゃいます。先生からは、過去の判例との関係で令和二年判決の意義を中心にお話しいただけるものと思います。

どうぞよろしくお願いいたします。

## 一　はじめに：最一小判令和二年七月九日民集七四巻四号一二〇四頁のポイント

それでは、早速報告をさせていただきます。私は、第一報告として、令和二年判決の内容とその意義についてお話しします。まず、「はじめに」でポイントを書いています。本判決は、(a)第一に、交通事故の被害者が後遺障害逸失利益について定期金賠償を求めている場合において、同逸失利益が定期金賠償の対象となる場合があるとしました。(b)第二に、その場合、死亡時を定期金賠償の終期とすることを要しないとしました。(c)そして、第三に、レジュメに書かれているような事情の存する本件においては、後遺障害逸失利益が定期金賠償の対象となるとしました。

## 二　事実の概要

(1)　事実経過

事実の概要についても、レジュメに書かれているとおりですが、事故当時四歳の子が、事故により労働能力を全部喪失し、定期金賠償を請求しています。

(2)　裁判経過

裁判経過ですが、一審、原審とも四九年間にわたって、毎月四四万円余という金額の賠償を認めました。このため、上告受理申立てがなされ、その一部が受理されました。上告受理申立て理由は、以下です。第一に、後遺障害逸失利益は不法行為時に一定の内容のものとして発生しており定期金の賠償は、死亡により終了する性質のものについてのみ認められるべきものであるから、後遺障害逸失利益は定期金賠償の対象とはならないこと、第二に、本件において原審は、相当性の解釈しかしていないこと、第三に、死亡を終期としないことは、定期金賠償としての本質に明らかに反しているということです。

## 三　判　旨

しかし、最高裁は、上告をいずれも棄却しました。その判旨は、レジュメに書いてある通りですが、そのポイントは、先ほど申し上げた通りであり、この後も言及いたしますので、省略いたします。

## 四　議論の前提等

次に、この定期金賠償に関する議論の前提、学説および判例の展開を見て、その後、なぜこの判決が、現在まで多くの学説に違和感を持たれているのかという点について、お話をします。

### (1)　前提状況

まず、前提状況です。民法における損害賠償の方法の原則については、金銭賠償に関する規定はあるけれども、一時金で行うべきとの規定はありません。ですから、学説上も、定期金賠償はあり得るとの言及は、古くからあったところであり、特に平成八年の民事訴訟法改正によって、定期金による賠償を命じた確定判決の変更を求める訴えに関する一一七条ができたことにより、定期金賠償があることは、当然とされました。しかし、ではいかなる場合に、定期金賠償が認められるかについては、解釈に委ねられてきました。

### (2)　定期金賠償の利点と問題点

次に定期金賠償の利点と問題点です。これも従来から議論されてきましたが、レジュメで挙げているような、損害算定の正確性や事情変更への対応可能性がその利点であり、これらが本質として指摘されてきました。一方で、問題点としては、履行の確保があり、この点が定期金賠償に踏み切れない主な理由であるということが、以前の議論において指摘されてきました。

その他にも、生活保障機能も、以前から強調されてきました。先に申し上げますと、私は今回、この部分が重要になるのではないかと思っています。

また、本件の背景としては、中間利息控除の回避があります。これも、かつては、それほど問題とされていなかったのですが、特に低金利時代になってくると、この部分が非常に大きな問題とされてきました。このように、時代によって、利点や問題点の背景も大きく変わって来ています。

時代による背景の変化との観点では、問題点である履行の確保の部分についても、保険会社が関わることにより、それほど大きな問題ではなくなるということが、特に交通事故については、言われるようになりました。

## 五　学説・判例の展開

### (1)　倉田説

そして、学説・判例の展開です。言うまでもありませんが、この定期金賠償について我が国の議論の嚆矢となった学説は、倉田卓次裁判官の「定期金賠償論」でした。この中で、倉田説は、損害が不法行為時に既に発生しているという考え方を、ドグマであるとしました。

倉田説は、やはり後遺障害逸失利益を中心の問題意識として考えていたのですが、この損害は、素直に考えれば各期末に発生するはずだとの考え方を示し、いわば、考え方の転換を示しました。

そして、各期末に発生する損害であるため、被害者が死亡した場合には、定期金の賠償は終わると考えました。ただ、倉田説は、損害算定の正確性を中心的な問題意識としていたものであるため、一時金賠償における損害既発生のドグマも、考え方としてはあり得るとしていました。

### (2)　その後の議論：平成八年以前

その後の議論は、レジュメにまとめたとおりです。すなわち、①まず、原告が一時金払いを求めている場合に定期金賠償を命じることが可能かという議論があり、これについては、この当時におきましては、否定説が有力でした。理由としては、履行の確保についての問題点が、以前においては、やはり重要であったということと同時に、何より旧民訴法においては、現行一一七条のような規定がなかったことがあります。

②次に、そのような議論の中で、注目すべきものとしては、人身損害の持続性といった点から定期金賠償の必要性を主張するものがありました。この考え方は、定期金賠償の生活保障機能を重視します。このため、定期金賠償は、損害の正確性の観点からだけでは捉えきれないとします。

③また、この当時の定期金賠償論は、逸失利益を中心とした議論でしたが、死亡逸失利益を定期金賠償の対象とすることは、理論上困難であることを、当時の学説も意識していたところです。

これらの議論が、その後どのように展開したかについてですが、最初の、原告が一時金払いを求めている場合に定期金賠償を命じることができるかという部分については、最高裁の昭和六二年判決が出たことにより、一旦解決したと考えられていました。

また、当初の議論は、逸失利益を中心とした議論だったのですが、実際上は、植物状態患者の余命認定の問題が意識されることにより、むしろ介護費用の問題に焦点が当てられるようになりました。このため、平成八年の少し前のあたりから、徐々に費目を分けての議論がされるようになりました。

(3) 平成八年以降の議論（＝議論の前提状況の変化）

(ア) しかし、平成八年頃以降、この議論は大きく変化します。その要因の、一番大きいものが民事訴訟法の改正で、レジュメにその条文を上げている民訴法一一七条が、初めて規定されました。この条文により「定期金による賠償」を確定判決で命じることがあり得ることが法文上も明らかにされ、また、「後遺障害の程度」とすることにより、後遺障害逸失利益が定期金賠償の対象になると見られる規定が示されました。

(イ)　また、経済（金利）状況の変化があります。すなわち、平成二年頃に、バブル経済が崩壊し、ちょうど平成八年ぐらいには完全に落ち込んで、それ以降ずっと低金利が続くという状況になりました。このことにより、中間利息控除の問題が、平成八年頃以降は非常に大きな問題となってきました。

(ウ)　そして、理論的に非常に大きいのが、平成八年以降の判例理論です。

①先ほど浦川先生のお話の中にもありましたように、平成八年に貝採り判決が出されます。これが、そう呼ぶことが適切であるかについては議論のあるところですが、継続説と呼ばれるものであって、労働能力の一部喪失による損害は、交通事故のときに一定の内容のものとして発生しているのであるから、その後に生じた事由によってその内容に消長を来すものではないとの理論がこれにより示されました。

また、それに加えて、この貝採り判決におきましては、衡平の理念が強調されます。つまり、死亡したときと生きている場合とで違いが生じてはいけないとのことであり、被害者が死亡したことによって、加害者が賠償義務の一部を免れるといったことは、衡平の理念に反するとのことが示されました。

②その後も重要な判決として、いわゆる生活費控除判決が、事故後の死亡につき事故と相当因果関係が認められる場合には生活費は控除できるとの判断を行います。このため、生活費の控除という範囲におきましては、損害発生後に生じた事情による変更の余地は認められていたことになります。

③そして、もう一つ、非常に大きいのが介護費用判決です。これにより介護費用については、いわゆる切断説がとられました。すなわち、判例は、被害者の死亡によって、以降の介護費については請求できないことを明らかにしました。

(エ)　このため、これらを踏まえて、学説が新たに展開されていきました。その結果、平成八年より前には、あまり見られなかったけれども、平成八年以降には極めて有力になった学説が、次の①です。

①は、介護費用については、定期金賠償の対象となるけれども、逸失利益については、一時金賠償しか求めることができないという説です。これは、先ほど見た貝採り事件、介護費用判決を重要な理論的根拠としています。すなわち、後遺障害逸失利益は交通事故の時に一定の内容として発生しているので、一時金払いになる。しかし、介護費用は、死亡によって途切れるため、まさに定期金賠償の対象だという考え方です。

この考え方は理論的に非常にすっきりしているものでした。すなわち、後遺障害逸失利益と死亡逸失利益との間で稼働年数についても、区別をする必要がなくなり、また、相続との関係についても、死亡逸失利益は事故時に発生していると観念できるので、相続を観念できることになります。このため、今までの判例理論とも整合的な説明が可能となり、このような事情からも、この考え方が有力になったと思われます。

②一方で、後遺障害逸失利益および介護費用のいずれも定期金賠償の対象となるという説も、なおそれなりにあったところで、実務家の間では、むしろこの考え方の方が優勢であったようにも思われます。これは、まず、民訴法一一七条の文言が、後遺障害逸失利益を前提としていると見られる点がやはり大きかったように思われます。また、先ほど申し上げたように、生活費控除判決によって、判例理論によっても、死亡後に損害額が変化することは例外的ではあるけれども想定されていたこと、さらに、貝採り判決が、損害が事故時に一定の内容で発生するとしたのは、一時金の場合のみに当てはまるとし、それらのことを根拠として、後遺障害逸失利益が定期金賠償の対象となるとする考え方もありました。ただ、これらの考え方においても、その多くは定期金賠償という本質からして、死亡によって当該定期金賠償は終期となることを前提としていました。

## 六　本判決の意義・位置づけ

(1)　本判決のポイント（再掲）

ところが、最初に申し上げたように、令和二年判決は、後遺障害逸失利益についても定期金賠償の対象となる場合があるとし、しかも、死亡時を定期金賠償の終期とすることは要しないとして、本件後遺障害による逸失利益を、定期金賠償の対象とすることが相当な場合であるとしました。

(2)　学説からの批判・疑問等の（おおよその）まとめ

このため、本判決に対しては、学説からの批判として、かなり強いものがあると認識しているところです。そこで、私なりに批判説のポイントをまとめたのが以下です。

すなわち、(ア)まず、就労可能期間を死亡時としないということは、死亡逸失利益との公平の観点から成り立つものである。(イ)ただ、これは、あくまでも損害が交通事故の時に、一定の内容のものとして発生するという平成八年貝採り事件判決の枠組みによる場合であり、それゆえ一時金賠償による場合のみである。(ウ)むしろ定期金賠償は将来の各時点で発生する損害に対する賠償であるから、(イ)とは相容れず、(エ)定期金賠償が認められる場合においては、就労可能期間を死亡時としないという考え方は成り立たない。そうでないと、死者が将来の各時点によって損害を発生させることになってしまう、というものです。

(3)　本判決の立場：損害発生時期と定期金賠償の趣旨

これに対して、最高裁がどのように考えているのかを私なりに理解したのが、以下です。

《損害の発生時期》

まず、損害の発生時期についてです。本判決は、昭和四八年や昭和五八年の最高裁判決を引用し、同一の事故により生じた同一の身体傷害を理由とする不法行為に基づく損害賠償債務は一個であり、その損害は不法行為のときに発生するとの命題を確認しました。

この際、本判決は、貝採り事件判決は引用していません。むしろ、この昭和四八年、昭和五八年判決から導かれる命題から、後遺障害逸失利益についても一時金賠償は認められるとしました。実は、貝採り事件判決の後に出された介護費用判決を一見すると、貝採り事件判決は、一時金賠償の場合にのみ当てはまるとしているようにも見える表現がなされていました。このため、本判決は、貝採り事件判決を引用しなかったものと思われます。

《定期金賠償の趣旨》

そして、本判決が新たな判断を示したのは、同一の事故により生じた同一の身体傷害を理由とする不法行為に基づく損害賠償債務は一個であり、その損害は不法行為のときに発生するため、一時金賠償も認められるけれども、定期金賠償も認められることがあるとしている点です。すなわち、民法は一時金賠償によらなければならないと規定しているわけではないことを示した上で、後遺障害逸失利益は、不法行為のときから相当な時間が経過した後に逐次現実化する性質のものであり、このため、将来、算定額と現実化した損害の額との間に大きな乖離が生ずることがあると指摘します。なお、ここで、判例は、時間経過後に「発生」するものではなく「現実化」する性質のものと述べていることに注目すべきです。

そして、民訴法一一七条の趣旨は、このように損害額に乖離が生じた場合において、実態に即した賠償を実現するものだとし、その方が公平に適うとしています。

(4)　本判決の立場：制度の目的および理念とそれへの定期金賠償の対応

《不法行為に基づく損害賠償制度の目的および理念》

それを踏まえた上で、レジュメのその次のところですが、本判決は、少し唐突な形で、「不法行為に基づく損害賠償制度の目的及び理念」を述べています。

①目的としては、原状回復的な考え方を示しています。すなわち、不法行為に基づく損害賠償は、被害者に生じた現実の損害を金銭的に評価して賠償させることによって、不利益を塡補して不法行為がなかったときの状態に回復させることを目的とするというものです。②また、理念は、損害の公平な分担を図ることをその理念とするところであるとします。

《定期金賠償がそれに適う場合があること》

そして、そのような目的及び理念に照らすと、定期金賠償がそれに適う場合があるということを示しており、この目的および理念と、レジュメに記載した定期金賠償の①、②の機能の部分が対応しているということを示しているのです。つまり、不法行為に基づく損害賠償制度の目的としては、上の①のような原状回復的な目的があり、すると、①逸失利益という損害について、将来において取得すべき利益の喪失が現実化する都度これに対応する時期にその利益に対応する定期金の支払をさせることが相当だといえることになります。また、上の②の損害の公平な分担という理念があることから、②算定した損害額と、将来現実化した損害額との間に乖離が生ずる場合には、民訴法一一七条によりその是正を図ることができるということになります。

繰り返しになりますが、私は、この①の対応関係が、本判決を理解するのに重要であると考えています。

### (5) 本判決の立場：衡平の理念と就労可能期間

《定期金賠償の対象》

また、定期金賠償を命ずる場合でも、死亡時を就労可能期間の終期としないことの理屈としては、定期金賠償の場合においても、一時金による賠償と同一の損害を対象とするからであるとしています。

《衡平の理念》

これは衡平の理念を強調した貝採り事件判決からも、当然に導かれるところで、実際に本判決も貝採り事件判決を引用しています。

《就労可能期間》

このように、一時金賠償も定期金賠償も、同一の損害を対象とするということからすると、就労可能期間の終期より前に被害者が死亡したからといって、就労可能期間の終期が被害者の死亡時となるものではないとするのは、当然の帰結だったと思われます。

しかし、被害者が死亡した後に、定期金賠償が続くというのは、かなり違和感があるのだろうと思われ、私も同じ違和感を持ちます。このため、この点に小池裁判官が補足意見を付けておられ、小池裁判官は、将来、被害者が死亡した場合には、その時点において、算定の基礎となった事情に著しい変更が生じたとして、民訴法一一七条による訴えを提起し、その時点における一時金賠償への引き直しができるのではないかと示唆しています。

私もこの点は小池裁判官の考え方でクリアできるのではないかと考えています。その場合、死亡によって定期金の給付は終了することになりますが、それでも、計算上の就労可能期間は変わりません。

確かに原審、一審は定期金賠償を認め、死亡時ではなく六七歳までの定期金の給付を認めているのですが、最高裁ではそこまで踏み込まず、「就労可能期間の終期が被害者の死亡時となるものではない」としているため、このような考え方ができるのではないかと思っています。

(6)　本判決の射程等

《本判決の影響》

本判決の射程等についてです。まず、影響としては、平成八年の貝採り事件判決以降の有力学説（レジュメ五(3)(エ)①）の整理は、説得力のあるものであり、相続との関係についても、十分に整理できるものであったのに、これを真正面から否定したため、理論的な影響が大きいと思われます。

また、実務的にも、現在の低金利時代においては、定期金賠償請求が増加する可能性があります。この観点からも、大きな影響がある可能性があります。

《本判決の射程》

もっとも、本判決の射程は、実はそれほど広いものではないと私は考えています。と申しますのは、本件で定期金賠償を認めているのは、「交通事故の被害者が事故に起因する後遺障害による逸失利益について定期金による賠償を求めている場合」で、しかも、本判決で示されたような「不法行為に基づく損害賠償制度の目的及び理念に照らして相当と認められるとき」のみだからです。このため、例えば交通事故以外、後遺障害逸失利益以外、被害者が定期金賠償を求めていない場合においては触れていません。その「目的及び理念に照らして相当」という部分の基準も示されておらず、これらの議論は今後に委ねられているからです。

本件は、何より「事故当時四歳の幼児」が、「高次脳機能障害という本件後遺障害で全部労働能力を喪失した」ものであって、それによる逸失利益が「将来長期間にわたり逐次現実化するものである」事案でした。このような具体的事情は、本件では非常に重要ではないかと私は考えています。

## 七　おわりに

### (1)　損害賠償制度における原状回復と定期金賠償における生活保障機能について

《令和二年判決を理解するにあたってのポイント》

最後に、「おわりに」のところです。繰り返しになりますが、私は、ここで定期金賠償の生活保障機能を再度思い出すべきではないかと考えています。これも繰り返しになりますが、令和二年判決を理解するに当たっての一番のポイントは、不法行為に基づく損害賠償制度の原状回復的な考え方が、損害が現実化する都度それに対応する定期金の支払をさせる定期金賠償に合致しているという点であると思っています。

《同様の考え方の判例理論における現れ》

というのは、これと同じような考え方が、遅延損害金との関係、あるいは定期金的な社会保険給付がなされた場合における損益相殺的な調整がなされる場合の判例において、以前より示されてきたからです。

具体的には、レジュメの通り、平成二二年の最高裁判決で、定期金的な社会保険給付がなされた場合、その定期金的給付が支給されることによって、その塡補の対象となる損害は、不法行為のときに塡補されたと法的に評価されるとしています。これは後遺障害逸失利益と社会保険との損益相殺的調整が問題となったものです。また、平成二七年の最高裁判決では、死亡逸失利益と遺族年金との間での損益相殺的調整が問題となりましたが、同判決では、定期金的な社会保険給付につき、制度の趣旨に沿った支給がされる限り、利益の損失が生じなかったと見ることが相当であるとしています。このように、判例においては、令和二年判決とは別の側面においてですが、これまでも、定期金的給付がなされることにより、不法行為の時に損害がてん補された、あるいは、損害が生じなかったとする原状回復的なフィクションが採用されてきました。今回の令和二年判決でも、このような発想が、判決の基礎にあるのではないかと考えた次第です。

《「原状回復モデル」からの定期金賠償＝「生活保障機能」を重視するかつての学説》

そして、振り返ってみると、このような定期金賠償における原状回復的モデルは、かつて、定期金賠償の生活保障機能を重視する学説が、まさにこの点を主張していました。レジュメに記載した通り、例えば、伊藤文夫先生は、後遺障害とは将来生活権の侵害であって、後遺障害逸失利益とは、この将来生活権の侵害につき、生活水準を肉体的・経済的に補完するために要する費用であるため、将来に向けて持続するものだとの趣旨を述べておられます。

そして、楠本安雄先生の主張が、レジュメの次のところです。ちなみに、伊藤先生と楠本先生は、互いに気持ちが通じ合っていたんだなということが、お互いの論文を拝見するとよくわかるのですが、楠本先生はこの論文の中で、「およそ近代以降の損害賠償法制度に内在する最も基本的な原則は、『事故がなかったのと同様の価値の状態をできるだけ十分に被害者に回復すべきだ』とするルールではなかろうか」と、まさに原状回復のルールを示した上で、この伊藤先生の論文などをも引用しながら、持続する人身損害について原状回復をさせることは、当然に定期金賠償につながるという主張をしておられました。

(2)　本判決における具体的事案の重要性と今後の議論

《本件事案がいかなるものであったか》

このようなことを踏まえて、本判決を見ると、先ほどの繰り返しになりますが、本件は、事故当時四歳の幼児で、高次脳機能障害により労働能力を全部喪失し、それは将来の長期間にわたり逐次現実化するというものです。これはまさに将来生活権が侵害され、生活保障的な定期金賠償が相当であるとされる事案であったといえるのではないかと思われます。

《今後の議論について》

このため、今後の議論についてですが、本判決は、後遺障害逸失利益について定期金賠償が認められたというところが注目されますけれども、後遺障害逸失利益という損害の費目と定期金賠償という賠償方法の対応のみが着目され、これが独り歩きすべきではないと私は考えています。むしろ、本判決は、「不法行為に基づく損害賠償制度の理念と目的」を再度想起させる事案として受け止め、その視点からの議論が必要ではないかと考えている次第です。早口での報告となりましたが、私の報告は以上です。ありがとうございました。

司会・浦川　山口さん、どうもありがとうございました。ご質問は、Zoom のチャット欄に書き込んでいただいておりますが、すべてのご報告が終わった後で整理して回答いただくことにしたいと思います。

益の喪失が生じなかったとみることが相当」（最判平 27・3・4 民集 69 巻 2 号 178 頁）

← 定期金的給付がなされることにより、不法行為の時にてん補された、損害が生じなかったとするフィクションを採用

《「原状回復モデル」からの定期金賠償＝「生活保障機能」を重視するかつての学説》

・ 後遺障害＝「将来生活権の侵害」「将来、動作能力障害ゆえに、一定の生活水準を肉体的・経済的に維持・補完するために要する費用」（伊藤文夫「生活保障−被害者の健康回復」交通法研究８・９合併号（昭 55））

・ 「およそ近代以降の損害賠償法制度に内在する最も基本的な原則は、『事故がなかったのと同様の価値の状態をできるだけ十分に被害者に回復すべきだ』とするルールではなかろうか」（楠本安雄「人身損害の持続性を考える」交通事故民事裁判例集創刊 10 周年論文集『交通事故賠償の現状と課題』（昭 54））

（２）本判決における具体的事案の重要性と今後の議論

《本件事案がいかなるものであったか》

「本件についてみると、X１は本件後遺障害による逸失利益について定期金による賠償を求めているところ、X１は、本件事故当時４歳の幼児で、高次脳機能障害という本件後遺障害のため労働能力を全部喪失したというのであり、同逸失利益は将来の長期間にわたり逐次現実化するものであるといえる」

← まさに将来生活権が侵害され、生活保障的な定期金賠償が相当である事案

《今後の議論について》

・ 本判決を単なる「費目ごとの賠償方法」に関する判決と捉えるべきではないこと

・ 「不法行為に基づく損害賠償制度」の「理念と目的」を再度想起させる事案としての受け止めと、その視点からの議論が必要

以上

《本判決の影響》

・　有力となりつつあった学説の整理（逸失利益＝一時金、介護費用＝定期金）を否定したため理論的には影響は大きい？

・　実務的には今後原告からの定期金による賠償請求が増加する可能性？

《本判決の射程》

・　本判決が定期金による賠償を認めたのは、

「交通事故の被害者が事故に起因する後遺障害による逸失利益について定期金による賠償を求めている場合」で、

「（判示のような損害賠償制度の）目的および理念に照らして相当と認められるとき」のみ

…　交通事故以外、後遺障害逸失利益以外、被害者が定期金賠償を求めていない場合等には触れていない。また、「目的および理念に照らして相当」の基準が示されているわけではない

・　本件は、「本件事故当時４歳の幼児」が、「高次脳機能障害という本件後遺障害のため労働能力を全部喪失した」もので、それによる逸失利益が、「将来の長期間にわたり逐次現実化するものである」という事案であり、このような具体的事情は本件で極めて重要

七　おわりに

（１）損害賠償制度における原状回復と定期金賠償における生活保障機能について

《令和２年判決を理解するにあたってのポイント》

「不法行為に基づく損害賠償制度の目的」である「被害者が被った不利益を補填して、不法行為がなかったときの状態に回復させること」

が

「（損害）が現実化する都度これに対応する時期にその利益に対応する定期金の支払いをさせる」こと（＝定期金賠償）

に対応していること

《同様の考え方の判例理論における現れ》

…　定期金的（社会保険）給付がなされた場合における判例理論

「てん補の対象となる損害が現実化する都度ないし現実化するのに対応して定期的に支給されることが予定されていることなどを考慮すると…これらが支給され、又は支給されることが確定することにより、そのてん補の対象となる損害は不法行為の時にてん補されたものと法的に評価」される（最判平22・9・13民集64巻6号1626頁）

「制度の趣旨に沿った支給がされる限り、その支給分については当該遺族に被扶養利

《定期金賠償がそれに適う場合があること》

（このような目的および理念に照らすと）

① 「交通事故に起因する後遺障害による逸失利益という損害につき、将来において取得すべき利益の喪失が現実化する都度これに対応する時期にその利益に対応する定期金の支払をさせる」（＝定期金賠償の支払いを命じること）

② 「（とともに）上記かい離が生ずる場合には民訴法 117 条によりその是正を図ることができるようにすること」（＝確定判決の変更を求める訴えを認めること）

（が相当と認められる場合があるというべき）

（←　このうち、特に①の対応関係が本判決を理解するのに重要と報告者は考える）

（5）本判決の立場：衡平の理念と就労可能期間

《定期金賠償の対象》

「後遺障害による逸失利益の賠償について定期金という方法による場合も、それは、交通事故の時点で発生した１個の損害賠償請求権に基づき、一時金による賠償と同一の損害を対象とする」

《衡平の理念》

「交通事故の被害者が事故後に死亡したことにより、賠償義務を負担する者がその義務の全部又は一部を免れ、他方被害者ないしその遺族が事故により生じた損害の塡補を受けることができなくなることは、一時金による賠償と定期金による賠償のいずれの方法によるかにかかわらず、衡平の理念に反する」

《就労可能期間》

「したがって、上記後遺障害による逸失利益につき定期金による賠償を命ずる場合においても、その後就労可能期間の終期より前に被害者が死亡したからといって、上記特段の事情がない限り、就労可能期間の終期が被害者の死亡時となるものではない」

（←　定期金賠償も一時金賠償と同一の損害を対象とするのであるから、平成 8 年判決からして当然の帰結〔実際に平成 8 年判決を引用〕）

＊　但し、本判決をもって、直ちに被害者の死亡後も支払い義務が継続することを当然としたとまでは解されないのではないか（逸失利益の計算に当たっては死亡しても就労可能期間は変わらないことを示したに過ぎない〔死亡逸失利益でもそれは同じ〕＝このため死亡した場合における変更の訴えは可能〔小池補足意見参照〕）

（6）本判決の射程等

（２）学説からの批判・疑問等の（おおよその）まとめ

（ア）後遺障害逸失利益と死亡逸失利益とを公平に扱う目的から、いずれも就労可能期間を死亡時としないとする理屈は理解できる。

（イ）但し、（ア）の理屈は、損害が交通事故の時に一定の内容のものとして発生すると擬制する平成８年判決の枠組み（それゆえ一時金賠償）による場合のみである。

（ウ）定期金賠償は将来の各時点で発生する損害に対する賠償であり、（イ）の擬制とは相容れない。

（エ）後遺障害逸失利益に定期金賠償が認められる場合には、（ア）も成り立たない。そうでなければ、死者が将来の各時点にわたって損害を発生させることになる。

（３）本判決の立場：損害発生時期と定期金賠償の趣旨

《損害の発生時期》

・　損害の発生時期についての判示

「同一の事故により生じた同一の身体傷害を理由とする不法行為に基づく損害賠償債務は１個であり、その損害は不法行為の時に発生する」

…　貝採り事件判決ではなく、最判昭 48・4・5 民集 27 巻 3 号 419 頁、最判昭 58・9・6 民集 37 巻 7 号 901 頁を引用

《定期金賠償の趣旨》

・　しかし、後遺障害逸失利益は、「不法行為の時から相当な時間が経過した後に逐次現実化する性質のもの」、「将来…算定した損害の額と現実化した損害の額との間に大きなかい離が生ずることもあり得る」

・　民訴法 117 条の趣旨は、「口頭弁論終結前に生じているがその具体化が将来の時間的経過に依存している関係にあるような性質の損害については、実態に即した賠償を実現するために定期金による賠償が認められる場合があることを前提として、そのような賠償を命じた確定判決の基礎となった事情について、口頭弁論終結後に著しい変更が生じた場合には、事後的に上記かい離を是正し、現実化した損害の額に対応した損害賠償額とすることが公平に適うということにある」

（４）本判決の立場：制度の目的および理念とそれへの定期金賠償の対応

《不法行為に基づく損害賠償制度の目的および理念》

①　目的：「被害者に生じた現実の損害を金銭的に評価し、加害者にこれを賠償させることにより、被害者が被った不利益を補填して、不法行為がなかったときの状態に回復させることを目的とするものであり」

②　理念：「また、損害の公平な分担を図ることをその理念とするところである」

① 最判平 8・4・25 民集 50 巻 5 号 1221 頁（貝採り事件判決）

… 後遺障害逸失利益につき「継続説」

「労働能力の一部喪失による損害は、交通事故の時に一定の内容のものとして発生しているのであるから、交通事故の後に生じた事由によってその内容に消長を来すものではなく」

「また、交通事故の被害者が事故後にたまたま別の原因で死亡したことにより、賠償義務を負担する者がその義務の全部又は一部を免れ、他方被害者ないしその遺族が事故により生じた損害のてん補を受けることができなくなるというのでは、衡平の理念に反する」

② 最判平 8・5・31 民集 50 巻 6 号 1323 頁（生活費控除判決）

… 事故後の死亡につき事故と相当因果関係が認められる場合には生活費を控除

③ 最判平 11・12・20 民集 53 巻 9 号 2038 頁（介護費用判決）

… 介護費用は「切断説」

（エ）本判決以前の学説

① 介護費用については定期金賠償の対象となるが、逸失利益については、一時金賠償しか求めることができないとする説

… 貝採り判決と介護費用判決を重要な理論的根拠とする

→ 後遺障害逸失利益と死亡逸失利益の関係、その相続も説明が可能に

② 後遺障害逸失利益および介護費用が定期金賠償の対象となるとする説

… 民訴法 117 条の文言、生活費控除判決、貝採り判決は一時金の場合のみ

（この立場も、被害者の死亡により当該定期金賠償は終期となることを前提とするものが多かった）

六　本判決の意義・位置づけ

（1）本判決のポイント（再掲）

(a)「交通事故の被害者が事故に起因する後遺障害による逸失利益について定期金による賠償を求めている場合において、（不法行為に基づく損害賠償制度の）目的及び理念に照らして相当と認められるときは、同逸失利益は、定期金による賠償の対象となる」

(b)「就労可能期間の終期より前に被害者が死亡したからといって…特段の事情がない限り、就労可能期間の終期より前の被害者の死亡時を定期金による賠償の終期とすることを要しないと解するのが相当である」

(c)「本件…の事情等を総合考慮すると、本件後遺障害による逸失利益を定期金による賠償の対象とすることは、上記損害賠償制度の目的及び理念に照らして相当と認められる」

《問題点》

⑤履行の確保、⑥紛争解決における一回性・終局性の欠如、⑦賠償ノイローゼ等

五　学説・判例の展開

（1）倉田説

…「定期金賠償試論」（判タ 179 号（昭和 40）19 頁）

・　後遺障害逸失利益を「素直に考えれば、各期末に発生する筈」とする。

←「それを無理に現在額に引き直しているのは、『損害は既発生なるべし』というドグマに囚えられた結果」とする

・　死亡した場合「当人が死んでしまえば終り」

…　但し「損害算定の正確性」が最大の問題意識（「権利保護の必要があるからといって認定を甘くすることは本末転倒である」）

（2）その後の議論：平成 8 年以前

①　原告が一時金払いを求めている場合に定期金賠償を命じることが可能か

←　否定説が有力（∵履行の確保、旧民訴法で現行 117 条のような規定がなかった）

②　「人身損害の持続性」…定期金賠償の生活保障機能へ（後述）

③　逸失利益を中心とした議論…死亡逸失利益では理論的困難の意識

＊　①については最判昭 62・2・6 判時 1119 号 83 頁

「損害賠償請求権者が訴訟上一時金による賠償の支払を求める旨の申立をしている場合に、定期金による支払を命ずる判決をすることはできないものと解するのが相当である」

＊　実務上は植物状態患者の余命認定が意識される…むしろ介護費用の問題へ

…　学説上も費目を分けての議論へ

（3）平成 8 年以降の議論（＝　議論の前提状況の変化）

（ア）平成 8 年民事訴訟法改正

＊　民訴法 117 条本文：

「口頭弁論終結前に生じた損害につき定期金による賠償を命じた確定判決について、口頭弁論終結後に、後遺障害の程度、賃金水準その他の損害額の算定の基礎となった事情に著しい変更が生じた場合には、その判決の変更を求める訴えを提起することができる。」

（イ）経済（金利）情勢の変化について

（ウ）平成 8 年以降の判例理論

・　原判決が、後遺障害による逸失利益として、就労可能期間の終期より前の被害者の死亡時を定期金による賠償の終期とせずに、就労可能期間の終期までの間にＸ１が取得すべき収入額につき定期金による賠償を命じることは、定期金賠償としての本質に明らかに反している。

三　判旨

上告棄却。以下判旨（理由部分は後述）

(a)　「交通事故の被害者が事故に起因する後遺障害による逸失利益について定期金による賠償を求めている場合において、（不法行為に基づく損害賠償制度の）上記目的及び理念に照らして相当と認められるときは、同逸失利益は、定期金による賠償の対象となるものと解される。」

(b)「上記後遺障害による逸失利益につき定期金による賠償を命ずるに当たっては、交通事故の時点で、被害者が死亡する原因となる具体的事由が存在し、近い将来における死亡が客観的に予測されていたなどの特段の事情がない限り、就労可能期間の終期より前の被害者の死亡時を定期金による賠償の終期とすることを要しないと解するのが相当である。」

(c)　「本件についてみると、Ｘ１は本件後遺障害による逸失利益について定期金による賠償を求めているところ、Ｘ１は、本件事故当時４歳の幼児で、高次脳機能障害という本件後遺障害のため労働能力を全部喪失したというのであり、同逸失利益は将来の長期間にわたり逐次現実化するものであるといえる。これらの事情等を総合考慮すると、本件後遺障害による逸失利益を定期金による賠償の対象とすることは、上記損害賠償制度の目的及び理念に照らして相当と認められるというべきである。」

（小池裕裁判官の補足意見がある。）

四　議論の前提等

（１）前提状況

・　民法における損害賠償の方法の原則：金銭賠償に関する規定はあるが（722 条 1 項、417 条）、一時金で行うべきとの規定はなし。

・　古くから、学説・判例上も定期金賠償はありうるとの言及。平成 8 年の民事訴訟法改正による定期金による賠償を命じた確定判決の変更を求める訴え（民訴 117 条）

…　しかし、いかなる場合に定期金賠償が認められるかは、解釈に委ねられてきた。

（２）定期金賠償の利点と問題点

《利点》

①損害算定の正確性、②事情変更への対応可能性、③生活保障機能、④中間利息控除の回避

シンポジウム①

# 令和2年判決の内容とその意義

早稲田大学　山口斉昭

一　はじめに：最一小判令和2年7月9日民集74巻4号1204頁のポイント

(a)　交通事故の被害者が後遺障害逸失利益について定期金賠償を求めている場合において、同逸失利益が定期金賠償の対象となる場合があるとしたこと。

(b)　その場合、（近い将来における死亡が客観的に予測されていたなどの）特段の事情がない限り、被害者の死亡時を定期金賠償の終期とすることを要しないとしたこと。

(c)　被害者が事故当時4歳の幼児で、高次脳機能障害という後遺障害のため労働能力を全部喪失し、同逸失利益の現実化が将来の長期間にわたるなどの事情が存する本件において、逸失利益が定期金賠償の対象となるとしたこと。

二　事実の概要

（1）事実経過

・　X1（当時4歳）が交通事故に遭い、脳挫傷、びまん性軸索損傷等の傷害を負った。

・　X1は約5年後に症状固定となり、高次脳機能障害の後遺障害（自賠法施行令別表第2第3級3号）が残り、労働能力を全部喪失した。

・　X1およびその両親が、Yら（運転手、保有者、保険会社）に損害賠償請求。その際、将来介護費用と後遺障害逸失利益については、定期金賠償を請求し、逸失利益については、18歳から67歳までの49年につき、賃金センサス男子・学歴計・全労働者平均賃金（530万円弱）を基礎収入とし、月1回の支払いを求めた。

（2）裁判経過

第1審、原審とも将来介護費用だけでなく、後遺障害逸失利益の定期金賠償を認める。

（労働能力喪失期間：18歳～67歳まで49年間、毎月44万余円）。Yら上告受理申立て。

（上告受理申立て理由）

・　後遺障害による逸失利益は不法行為時に一定の内容のものとして発生しており、定期金による賠償は、賠償をすべき期間が被害者の死亡により終了する性質の債権についてのみ認められるべきであるから、後遺障害逸失利益が定期金による賠償の対象となることは否定される。

・　定期金による賠償を認めるには、その必要性及び相当性の要件が必要であるにもかかわらず、原判決は必要性を要件として明示することなく相当性の解釈のみを行い、その解釈も抽象的かつ形式的なものであって不当である。

報告2

# 我が国の損害賠償法が抱える課題
## ――令和二年判決を契機として――

窪田充見
（神戸大学教授）

司会・浦川　シンポジウムの二番目の報告者は、窪田充見さんです。

窪田さんは、一九八三年三月に京都大学法学部をご卒業、その後、京都大学大学院で学ばれました。教育・研究職としては、岡山大学助手・助教授を経て、助教授として神戸大学に招聘され、一九九六年に神戸大学法学部教授になられ、現在は神戸大学大学院法学研究科教授でいらっしゃいます。

先生のご業績としては、これも言うまでもないことですが、近年では、注釈民法の後を引き継いだ『新注釈民法⒂債権⑻――事務管理・不当利得・不法行為Ⅰ』（有斐閣、二〇一七年）の編集をご担当になり、『不法行為法――民法を学ぶ』（第二版、有斐閣、二〇一八年）を始め、多くの損害賠償に関するご著作があります。本判決に関しては、ＮＢＬ一一八二号に評釈を執筆されていらっしゃいます。

窪田さんからは、令和二年判決に対する疑問点を中心にお話しいただけるものと思います。

それでは窪田さん、お願いいたします。


ただ今ご紹介に預かりました神戸大学の窪田です。

私からは、我が国の損害賠償法が抱える問題ということで、令和二年判決を契機として、もう少し何かこの判決の是非ということだけではない形で問題を考えてみたいと思っています。

今手元に共有させていただいていますのは、事前にお配りしたレジュメに若干追加したものです。若干追加した部分は青字になっているのですが、このレジュメに沿いながらお話をさせていただければと思います。

まず、最初に本報告において求められているものと報告者の問題意識についてお話ししておきたいと思います。今回のシンポジウムにおいては、山口先生からは比較的ポジティブに捉えるという立場から、それに対して，私はごく初期の段階で、かなり厳しい表現を用いた論文を書いていますので、批判的な立場からの報告が期待されているということかもしれません。

ただ、レジュメで，「批判的な検討」という後ろに？マークがついているのは、私自身はこの判決のこの部分がだめだから直したらいいという簡単な問題ではないと思っているからです。問題はもう少し深刻で、そこに書いてありますが、実は解のない連立方程式を解かなければいけないような状況にあるのではないかと思っています。

先ほど山口先生からは批判的な意見が多いということだったのですが、私が今回、この令和二年判決に関する評釈を全部見直してみたところ、多くの評釈は、私の問題提起に対しても面白い問題提起だとは言ってくれるのですが、それにとどまって、いやでもこういうふうな説明ができるよと諭すようなものが少なくはなかったと思いますので、恐らく問題意識自体がまだ上手に伝わっていないのかなと思います。そのこと自体を今日お話しさせていただければと思っています。

まず、自分自身の立場ということなのですが、定期金賠償というしくみ自体に対して、否定的な立場をとっているわけではありません。比較的早い時期にも定期金賠償について論文を書いていますけれど、そこでも積極損害におけるメリットというのは非常に大きいという点を指摘していますし、消極損害、逸失利益におけるメリットというのもあると思っています。これは、今回の事件でも問題となった被害者の稼働能力の変化であるとか、逸失利益の算定の基礎となる物価や所得水準の変化というものを考えれば、消極損害、逸失利益において定期金賠償をするということには十分意味があると考えています。

また、民事訴訟法一一七条について、これも山口先生からご紹介がありましたが、ここで参考とされたものとしてドイツ法があります。ドイツにおいては、基本的に定期金賠償という形で逸失利益までカバーされていることは、よく知られているとおりです。また、議論の際に想定されていた損害のひとつがまさしく逸失利益でしたが、そこでは逸失利益は恐らく将来の損害として観念されていたのだろうと思います。こういうことを踏まえるのであれば、将来の損害としての逸失利益について定期金賠償が認められるという結論自体については、これ自体が全くおかしいものだということを私は申し上げているわけではありません。

ただ、令和二年判決がもたらした課題、私自身で問題だと感じている部分について少しお話をさせていただきたいと思うのですが、ドイツ法とは異なる我が国の固有の状況として、被害者死亡後の逸失利益の損害賠償請求が認められているということです。

恐らく逸失利益、消極損害の損害賠償という場合の一般的なイメージというと、いつ逸失利益が発生するのか、これは将来の各時点であると思います。先ほど、山口先生が倉田判事の書かれたものについて言及されていましたが、当たり前の理解としてこれはあるように思います。誰が消極損害についての賠償請求権を有するのかというと、人身損害を被った者、被害者ということになるのだろうと思います。ただ、こうした状況を非常に不透明にしているものとして、被害者死亡後の逸失利益の損害賠償があります。つまり、我が国においては確立した実務として、被害者死亡後の逸失利益についての損害賠償を認める、いわゆる相続構成と呼ばれる解決が取られているわけです。非常に素朴に考えれば、死亡後の逸失利益についての損害賠償請求権、あるいはもっと端的に被害者死亡後の逸失利益という損害は一体誰に発生しているのか、ということが問題になるのだろうと思います。

この問題は、早くから逸失利益、財産的損害の相続構成をめぐる議論の中で触れられることはあったのですが、最終的にはこの点については明確にされていないままであったと思います。財産的損害損害が相続されるということについての説明としては、特に被害者が即死した場合にも相続されるということについての法律構成はたくさん主張されていたのですが、最終的に大審院がこの構成を認めたときの説明では、理論的な部分は明確にしないまま、しかし負傷損害の方が死亡損害よりも大きい、死亡損害の方が負傷損害よりも小さいというのはおかしいといった説明がなされていただけでした。

そうしたさまざまな法律構成の中で、死亡後の逸失利益の賠償ということをある程度まで理論的に説明できたのは、末弘博士の家族共同体被害者説だけであったように思います。この考え方は、被害者は死んだ人ではなくて家族共同体であるという説だったのですが、この家族共同体といったものに対する反発も非常に強く、支持されませんでした。結局、積極的に理論的に説明することはできなかったということなのだろうと思います。

では、そのやや居心地の悪い被害者の死亡後の逸失利益の賠償を認めるためには、どんな可能性があるのか、理論的にはどんなことが考えられるのかというと、二つのアプローチがあるのではないかと思います。

一つは、「現在の損害」というアプローチです。これは、相続構成を対象となる逸失利益についての被害者の損害賠償請求権は、あくまで将来の事情を踏まえて算定がなされる現在の損害なのだという考え方です。そのように理解すれば、死亡後を含む将来の事情によって算定される損害賠償請求権は、既に不法行為時に成立しているのですから、それが相続されるということは容易に説明できるのだろうと思います。

もう一つが、「遺族の損害」というアプローチということで、被害者の稼働能力が失われたことによる損害、あるいは被害者死亡後の逸失利益に相当する損害というのは遺族に発生しているという考え方です。つまり遺族がこの損害賠償請求権を有するんだという捉え方です。ある意味で，末弘博士の家族共同体被害者説に近いのではないかと思います。ただ，現在の一般的な理解は，もうご承知のとおり，このいずれかを明確に採用するものではありません。その上で，死亡後を含む将来の逸失利益についての損害賠償請求権が，被害者に成立し，それが相続されるという命題が実務と運用としては確立しているということなのだろうと思います。

人身損害が生じた場合の損害賠償については，「西原理論」と呼ばれる考え方があって，逸失利益に焦点を当てて損害賠償を考えることは，人間は利益を生む機械であると捉えることになるのだとして批判するものです。

私自身は，その批判はご本人が生きていて，ご本人の逸失利益を損害賠償請求するんだったら別にかまわないじゃないか，つまり本人による逸失利益の賠償請求自体については必ずしも批判は当たらないと思っているのですが，まさしく死亡後の逸失利益というものについては，こうした批判が当てはまってしまうのではないかと考えています。

どういうことかというと，死亡後の逸失利益については，もう被害者は死んでいるわけですから，逸失利益という損害の主体としての被害者はいません。それでは被害者は何なのかというと，遺族の損害賠償請求権を基礎付ける，いわば消失してしまった客体というようなイメージなのだろうと思います。例えば，それまで利益を生み出してくれていた機械が壊れてしまった。それによって，従来の利益を上げられなくなったという場合の機械と同じように，他に損害の主体がいて，その人が損害賠償請求権を基礎付けるためだけのいわば客体ということになってしまうのではないかということです。

平成八年の貝採り事件との関係については，山口先生からもご紹介があったように，最高裁は一定の説明をしています。ただ再確認になりますが，私自身はやはり平成八年と令和二年の判決の関係というのは，もっと丁寧に考える必要があるのではないかと思っています。

私自身は，平成八年判決というのは，死亡後の逸失利益の賠償を正当化する「現在の損害」のアプローチという意味を持っているのだろうと考えています。そういう解釈論をとっているということの説明は、後でもう一度いたしますが、そこから逸失利益についての損害賠償請求権で発生した後の事情を考慮しないという判断が導かれているのだと理解しています。

平成八年判決について、様々な理解があるというのは確かです。評釈においても、同判決の理解は分かれていると思います。ただ、二つの点を指摘しておきたいと思っています。

まず、山口先生も先ほど少し触れられていたのですが、この事件については、切断説か継続説かという文脈で平成八年判決は継続説をとったという説明がなされることが少なくありませんし、令和二年判決の評釈を見ていても、かなり多くの評釈の中では、平成八年判決について継続説をとったという言い方をしています。しかし、切断説か継続説かという言葉の使い方は、この問題を因果関係の問題だと考えているのだろうと思います。因果関係であって、つまり将来の各時点において発生するそれぞれとの損害との間に因果関係があるかないかという問題だと捉えているわけです。そうした問題が成り立たないというわけではないのですが、しかし、平成八年判決自体は、そういうふうには言わずに、労働能力の一部喪失による損害は交通事故のときに一定の内容のものとして発生している、という言い方をしているわけです。そうだとすると、これは少なくとも因果関係の問題として考えているわけではなくて、損害の有無の問題として考えているというのが適切な理解だろうということです。

それと併せて、もうひとつ強調しておきたいのは、令和二年判決をどのように理解するかについては、もちろん複数の可能性があり得ると思います。現にたくさんの可能性がありますので、それを否定するわけではないのですが、私が解釈論として損害の問題として位置付けてきたと考えているのは、そう解さないと我が国における死亡後の逸失利益という非常に困難な問題を説明できないか、また、一応こういうふうな解釈をすることによって、その問題を克服することができるのではないかと理解しているからです。したがって、平成八年判決に対してはいろいろな理解があるというだけでは、私が今提起した死亡後の逸失利益という困難な問題に対する平成八年判決の意義や位置づけに対する説明になっていないのではないかというのが、私の正直な感想です。

令和二年判決についてですが、山口先生からもご指摘があったように、死亡後の逸失利益を認めてきた従来の判例、これとのバランス、一時金賠償において、死亡後の逸失利益も含めて一時金賠償を認めてきた従来の判例とのバランスというのが、やはり大変に重い意味を持っているのだろうと思います。ただ、それと同時に、少なくとも私の理解する平成八年判決とは違って、逸失利益を将来の損害として理解するという立場をかなり明確にしたのだろうと思います。

この結果、令和二年判決が投げ掛ける問題というのがいくつかあります。

第一の問題として、将来の損害としての逸失利益という理解について、平成八年判決との関係が問題となるというのは、既に述べたとおりです。ただ両者の関係については、本当に論者によってニュアンスが異なるのですけれど、私自身の印象としては、平成八年判決が持っている意味が、特に我が国の死亡後の損害賠償という、逸失利益の性質の理解との関係で非常に重い意味を持っているのではないかということについての意識を共有しているかどうかという点で、そうした違いが生じているのではないかと感じています。

投げ掛ける第二の問題として、山口先生が令和二年判決は非常に限定的なものではないかということをお示しになりましたし、多分そういう理解もあり得るのかもしれませんが、令和二年判決で示されていること、それを一般的に解釈するとやはり原則として定期金賠償が認められるということになるのではないかと思います。将来の損害なのだから定期金賠償が原則であり、一時金賠償がむしろ例外的なものとなるのではないか、ということです。

これに関連して私が気になっているのは、一時金賠償において、中間利息の控除は本当に自明のものなのかという点です。

逸失利益は将来損害ではあるけれど、一時金賠償が当然のものだ、つまり、一時金賠償しかできないとされていた場合には、加害者にとっては履行期前の賠償が強制されることになるわけですから、中間利息の控除というのは説明がしやすかったと思います。

しかし、将来損害であって、本来定期金賠償が可能であるにもかかわらず、加害者の側で求めたら一時金賠償がなされるとなると、これは単に履行期前の早期弁済にしか過ぎないのではないか。返済期が来年の一〇〇万円の借金は今払うから、利息、中間利息を控除してねと言えるのかというと、やはり普通は言えないだろうと思います。加害者側が求めるのか、被害者側が求めるのかというのは、定期金賠償が認められるかどうかという文脈で語られることが多かったのですが、それだけではなくて中間利息との関係でも問題になるのではないかと考えています。

ちょっと余計なことかもしれませんが、民法四一七条の二について少し触れておきたいと思います。中間利息についてのルールというのはほぼ確立していて、ライプニッツ式かホフマン式か等々、さんざん議論をやってきたわけですけれど、債権法改正によって、民法四一七条の二が新たに設けられました。ただ、その規定をよく見てみますと、損害賠償の額を定める場合において、「その利益を取得すべき時までの利息相当額を控除するときは」、中間利息が控除されるとしています。これは不思議な規定で、中間利息が控除されるときには、中間利息は控除されると言っているにしか過ぎません。だから、一時金賠償であったら必ず、中間利息は控除されるということを示している規定ではないという点は、確認しておいてもいいだろうと思います。

また、令和二年判決を前提として考えられる状況ということですが、私自身は、定期金賠償を主とする請求ということになるのではないかなと思います。これも山口先生が非常に限定的なのではないかということをおっしゃっていたのですが、普通に考えてみたら、中間利息を控除する、毎月毎月払ってくれる保険会社ですから弁済のリスク、不払いのリスクというのは余り大きくありません。そうなってくると、むしろ定期金賠償というのが中心になってくるのではないか。保険会社は大変かもしれませんし、私は別にどっちでもいいんですが、少なくとも現状としては大きく変わるだろうと思います。

従来は、定期金賠償をめぐる問題としては、将来の定期金の支払の確保というのが意識されていたかと思います。特に被害者のためには一時金の方がよいという判断もそこにあったのかもしれません。しかし、交通事故のように賠償責任保険によってカバーされるケースが多い事項類型においては、本件もそうなのですが、こうした支払のリスクは比較的少ないと思いますし、中間利息を控除されないことによる不利益というのは、明らかに保険会社の支払のリスクよりも大きいのではないかと感じています。そうだとすると、仮に私が誰かに相談されたら定期金賠償を求めたほうがいいよ、金額がはるかに大きくなるよと助言をするだろうと思います。

定期金賠償をめぐる問題ということで、最後少し駆け足になりますが、一番気になっている問題は、被害者が死亡した場合であっても相続人、遺族は定期金による賠償請求をすることができるのかという問題です。つまり、被害者が亡くなった後でも毎月毎月三〇年間ずっと定期金の支払を受けられることになる。死亡後の逸失利益も将来の各時点で発生する損害だということだけを前提にして、誰に生じる損害なのかというのは度外視すれば、これを否定すべき理論的根拠はないように思います。逸失利益についての定期金賠償で特に念頭におかれていたのは、インフレ等の経済状況の変化であり、よそでも賃金水準という言葉が使われていますが、こうしたものが変わるということは、被害者の死亡後であっても変わりはないからです。したがって、被害者の死亡によって定期金賠償の基礎が失われたという説明では、少なくとも理論的には自明のものではないというのが私の理解です。

なお、令和二年判決では、小池裁判官はこの問題をやはり十分に意識されていたのだろうと思いますし、その上で民訴一一七条を使って死亡後の段階で事情変更によって一時金を変えるという方法を打ち出されているのではないかと思います。しかし、それで事情として確定したのは、被害者がもう亡くなって、これ以上後遺障害の変化がないよという事情だけであって、客観的情勢やインフレであるとか、賃金水準についての変化というのは全く影響を受けていません。その点では、本当に遺族による定期金賠償の請求を制約できるのかということになります。これを本当に認めてしまったら、先ほども述べたところですが、被害者というのは、損害の主体ではないにもかかわらず、相続人の損害賠償請求権を基礎付けるものとしてのみ、何か観念的に存在するということになるのかもしれません。それは死亡した被害者は利益を生みだす機械に他ならないということになってしまうように思われます。

ちょっとだけ、次の方向性に入る前にお断りしておきたいなと思うのですが、私が述べたのは、一般的な理論として構成するんだったらこういうふうになるということです。山口先生が最後の部分でこの事件の特殊性というのを考慮すべきではないかとおっしゃいました。

そうした特殊性を持ち出されると反論はしにくいという気は確かにします。令和二年判決のケースで、四歳での非常に重篤な高次脳機能障害を被った子どもに対して、お前は何てことを言うんだと批判されるだろうなと思いながら、私はNBLの論文を書いていました。

個別事情に関していうと、その子の状況が非常に大変重い意味を持っているということは、私ももちろん感じます。ただ、最高裁が述べたことを言葉としてずっと見ていったときに、やはり一般化されてしまうのではないか。そこには、少なくとも一般化に対して歯止めをするツールがちゃんと組み込まれていないのではないか、というのがここまで述べてきたということになります。

こうした問題点を踏まえた上で一体どういうふうになるのかというと、繰り返しになりますが、令和二年判決は、①死亡後を含む期待稼働期間に応じた逸失利益の損害賠償が認められるという従来の判例を維持する、そして、②逸失利益は将来の各時点で発生する損害であって、将来の損害である逸失利益については、定期金賠償が認められるということが内容となっているのだろうと思います。

こうした二つの命題というのがあって、これをどういうふうに処理をするのかというと、選択1は、逸失利益は将来損害だとしつつ、死亡後の逸失利益の賠償も定期金賠償で認めるという令和二年判決のような形のものです。しかし、これは繰り返しになりますが、賠償請求権の主体ではなく単なる客体になってしまうという問題があるのだろうと思います。

これは、実はできるだけ意識しないようにしてきた我が国の損害賠償の深刻な問題、つまり死亡後の逸失利益の賠償を認めるという理論的には説明困難な、何か触れてはいけない問題を多分あからさまにするということなんではないかなと感じています。その意味で、「裸の王様問題」と書いています。

ちなみに、私は、裸の王さまの物語が嫌いです。あそこで子どもが「王様は裸だ」と言ったのは、他の人だって気がついてないわけではなく、皆が一生懸命秘密だと隠してきたことだったのに、空気を読めないまま言っただけではないかと思っています。

選択2というのが、これまでの下級審裁判例ではということになるのですが、要するに死亡までの定期金賠償を認めるというものです。ただこれは確かに、最初から死亡してしまった場合の逸失利益の賠償との間で、非常に大きなアンバランスが生じるということを否定できないと思います。

この両者を何とか組み合わせるというのは実は難しいのではないか、困難なのではないかというのが、冒頭で申し上げた解のない連立方程式を解かなければいけない状況にあってということではないかと思っています。

最後に、考えられる将来の方向性ということについて少しだけ述べておきます。恐らく大人の解決というのは、小池裁判官が書かれているよりは、もう少し踏み込んだ形で死亡後の逸失利益の扱いについて区別するというアプローチが考えられるのかもしれないと思います。死亡前後で分けられる逸失利益の二本立てということで、具体的には、将来の損害としての逸失利益は、被害者の死亡によって将来の統計的数値を前提として、計算される現在の損害に代わる。損害そのものが変質するというふうに捉えれば、民訴法一一七条を使うことはより容易になるのだろうと思います。

それに対して、後遺症についての状態は変わらないからという説明では、すでに触れたように、やはり十分ではないだろうと思います。大人の解決と申し上げましたのは、同時に私自身がどうも大人にならないなといつも感じていますので、正直に言うとやはりここで両方とも上手く両立させるということは、困難なのではないのかなとも感じています。

そうすると、進む方向としては、扶養利益の侵害等の損害賠償請求権という形の扶養利益侵害構成、死亡については、相続構成を否定する。少なくとも死後の逸失利益についての相続構成は否定するという方向か、やはり平成八年判決の理解にあったような形で労働能力の喪失が確定した時点で、逸失利益は現在の損害として成立するんだというふうなものが、その方向が考えられるのかなと私自身は感じています。

今回、あらためて令和二年判決の評釈を読み直させてもらっている中で面白いなと思ったのは、あくまで逸失利益というこだわり方をするのではなくて、今日の山口先生のご報告の中にもあったのですが、遺族補償なんだという捉え方について結構触れられていた点です。例えばそこにあがっている高橋眞教授の評釈もそういう側面が強く出ていたのではないかと思います。こうした説明は不要だという評釈もまたあるのですが、私自身は扶養的なものとしてこの問題を捉えていく、遺族補償の問題だとして捉えていくというのは、私自身が示している方向とは違うのかもしれませんが、死亡後の逸失利益について、それほど自明ではないのだということを意識したアプローチなのではないかと考えています。

非常に雑駁な報告となってしまいましたが、私からの報告は以上とさせて頂きます。

司会・浦川　窪田さん、どうもありがとうございました。窪田さんからの報告で、令和二年の最高裁判決では、損害と損害の帰属主体の関係をどう捉えるのかという問題が改めて表面化してきているという鋭い問題提起が行われました。それはともかく最高裁が定期金賠償を認める判決を出した以上、今後の損害賠償実務をどのように運用していくかなど、いろいろな問題点が当然出てくるわけで、その意味で訴訟手続法の観点から問題点の整理と今後の方向性などについてご報告をしていただきたいと思います。

金賠償が認められる。

○ 選択１：逸失利益は将来損害だとしつつ，死亡後の逸失利益の賠償を認める場合（令和２年判決？）

- 賠償請求権の主体ではなく，遺族にとっての利益を生み出す機械として位置づけられるにすぎない被害者（西原理論の問題提起が典型的に当てはまる）
- できるだけ意識しないようにしてきた我が国の損害賠償の深刻な課題（「裸の王さま」問題）

○ 選択２：逸失利益の定期金賠償を認めつつ，途中で被害者が死亡した場合には，それ以後の逸失利益の賠償を認めないとする場合（下級審裁判例）

- 最初から死亡後の逸失利益の賠償を認める場合との間で生じるアンバランス

↓

○ 命題①と②を両立させる形での合理的な説明は困難なのではないか？

## ２．考えられる将来の方向性

○ 大人の解決

- 令和２年判決を前提としつつ，被害者死亡時の扱いを法的に明確にする（被害者が生存している場合の逸失利益の損害賠償請求権と被害者死亡後の遺失利益の損害賠償請求権を異なるものとして位置づける＝死亡前後で分けられる逸失利益賠償の二本立て？）。

↓

- 将来の損害としての逸失利益は，被害者の死亡によって将来の統計的数値を前提として計算される現在の損害となる。

○ 大人になれない報告者の考えたこと

- 命題①と命題②の両立はそもそも不可能なのではないか。
- 不法行為によって生じた被害者の死亡（不法行為と相当因果関係がある被害者の死亡）によって遺族には，扶養利益の侵害等の損害賠償請求権が帰属する（相続構成を通じた命題①を否定する）。
- 被害者の生死に関わらず，労働能力の喪失が確定した時点で，逸失利益は現在の損害として生じ，その損害賠償請求権が認められる（命題②の否定）。

（参考文献）窪田充見「定期金賠償の役割と課題」ジュリスト 1403 号 54 頁（2010 年），同「逸失利益の定期金賠償についての覚書」神戸法学雑誌 68 巻 4 号 43 頁（2019 年），同「後遺障害による逸失利益の定期金賠償 ── 最一判令和２・７・９をめぐって」ＮＢＬ1182 号 4 頁（2020 年）

ないとされていた場合），加害者にとっても履行期前での賠償が強制されることから中間利息の控除を説明することが可能だと考えられる。しかし，将来損害であり，定期金賠償が可能であるという場合，加害者の側の求めだけでなされる一時金賠償は，履行期前の早期弁済にすぎない。この場合に，中間利息を控除することは当然ではないと思われる。ここでは誰の主張で一時金賠償がなされるのか（被害者自身が望んだものなのか），に即した判断が必要となる。

- 令和２年判決を前提として考えられる状況：定期金賠償を主とする請求（一定の一時金が必要だとしても，将来損害の一部についての一時金賠償請求が考えられる）

※　この点は，実際上も重要な問題となる。従来は，定期金賠償の問題として，将来の定期金の支払いの確保が意識されていたが（被害者のためには一時金の方がよいという判断），交通事故のように賠償責任保険によってカバーされるケースが多い事故類型においては，こうした支払いのリスクは比較的少なく，中間利息の控除という大きな経済的損失を回避することが可能である以上（中間利息を控除されないことによる利益は，明らかに保険会社の支払いのリスクよりも大きいだろう），被害者（遺族）としては，定期金賠償を求めるのが合理的な行動である。

○　定期金賠償をめぐる問題
- 被害者が死亡した場合であっても，相続人（遺族）は，定期金による賠償を請求することができるのか？

↑

- 死亡後の逸失利益も，将来の各時点で発生する損害である以上（それが誰に生じる損害なのかという理論的問題を度外視すれば），これを否定すべき理論的根拠はない。
- 逸失利益についての定期金賠償で特に念頭に置かれていたのは，インフレ等の経済状況の変化で，被害者の死亡後であっても，この点に変わりはない（被害者の死亡によって定期金賠償の基礎が失われたという説明は自明のものではない）。

○　被害者死亡後の定期金賠償についての扱い
- 相続人（遺族）に定期金方式での損害賠償請求権を認めるのか？
- 一時金方式に変更するとすれば，その根拠は何なのか？

## Ⅲ　逸失利益の定期金賠償が抱える課題と考えられる方向性

### １．令和２年判決に対する報告者の見方

○　前提となる命題

①　死亡後を含む期待稼働期間に応じた逸失利益の損害賠償が認められる（従来の判例の維持）。

②　逸失利益は将来の各時点で発生する損害であり，将来の損害である逸失利益については定期

末弘博士の家族共同体被害者説は，この説明に唯一成功しているものと考えられるが，被害者を家族共同体とすること枠組みに対する反発が強く，一般的には支持されなかった。

○ 被害者の死亡後の逸失利益の賠償を認めるための二つの可能性

- 「現在の損害」アプローチ：相続構成の対象となる逸失利益についての被害者の損害賠償請求権は，将来の事情をふまえて算定される「現在の損害」である。したがって，死亡後を含む将来の事情によって算定される損害賠償請求権は，すでに不法行為時に成立しているのであり，それが相続される。
- 「遺族の損害」アプローチ：被害者の稼働能力が失われたことによる損害（あるいは被害者死亡後の逸失利益に相当する損害）は，遺族に発生しているものであり，遺族がこの損害賠償請求権を有する（≒この問題についての家族共同体被害者説）。

○ 最判平成 8 年 4 月 25 日民集 50 巻 5 号 1221 頁（貝採り事件）の二つの意味

- 死亡後の逸失利益の賠償を正当化する「現在の損害」アプローチとしての意義
- 逸失利益についての損害賠償請求権が発生した後の事情を考慮しないという具体的な判断

※ 平成８年判決の評価や解釈は必ずしも一致しているわけではない。多くの場合には，切断説か継続説かという文脈で語られる。しかし，同判決は，因果関係の問題として位置づけてはおらず（その点で，切断説か継続説かという問題の立て方自体が不適当である），不法行為時に確定的に発生する損害賠償請求権という観点から説明している（その点で，その後の事情が影響を与えないのは当然である）。

## 2．令和２年判決の位置づけ

○ 令和２年判決における逸失利益の位置づけと判断の根拠

- 将来の損害としての逸失利益
- 死亡後の逸失利益を認めてきた従来の判例（期待稼働年数を前提として計算された逸失利益の賠償を認める判例）とのバランス

## 3．令和２年判決が投げかける問題

○ 将来の損害としての逸失利益の位置づけ

- 死亡後の逸失利益についての不透明な状況の復活
- 平成８年判決の関係と同判決の位置づけの必要性

○ 一時金賠償の扱い

- 原則として定期金賠償を求めることができるはずであり，一時金賠償は本来例外的なものとなる。
- 一時金方式での賠償においても中間利息の控除は当然なのか？

※ 逸失利益は将来損害であるが，一時金賠償が当然のものとされていた場合（その方式しか

シンポジウム②

# 我が国の損害賠償法が抱える課題 ── 令和２年判決を契機として

神戸大学教授
窪田充見

## Ⅰ　定期金賠償についての報告者の基本的な考え方

○　定期金賠償の機能：被害者についての状況や環境の変化に対応した損害賠償（実態に即した損害賠償の実現）

- 積極損害におけるメリット：後遺障害の変化，医療・介護技術の変化，損害の不発生による賠償の終了（被害者の治癒または死亡）
- 消極損害（逸失利益）におけるメリット：被害者の稼働能力の変化，逸失利益の算定の基礎となる物価や所得水準の変化

○　民事訴訟法 117 条の導入とそれをめぐる議論

- 参照対象とされたドイツ法
- 議論の際に想定されていた損害

## Ⅱ　令和２年判決がもたらした課題 ── 報告者が問題として感じている点

### １．我が国における固有の状況：被害者死亡後の逸失利益の損害賠償請求権

○　逸失利益（消極損害）の損害賠償についての一般的なイメージ？

- いつ逸失利益（消極損害）が発生するのか：将来の各時点？
- 誰が消極損害についての賠償請求権を有するか：人身損害を被った者（被害者）？

○　人身損害としての逸失利益の概念を不透明にしている「被害者死亡後の逸失利益」の損害賠償

- 我が国における確立した実務としての「被害者死亡後の逸失利益」についての損害賠償（相続構成）の肯定

↓

- 死亡後の逸失利益についての賠償請求権（あるいは被害者死亡後の逸失利益という損害）は誰に発生しているのか？
- この問題をめぐって展開されたさまざまな主張と最終的に理論的に明確にされないまま「負傷損害＞死亡損害」となることが不当だという理由づけた判例

※　この問題をめぐっては様々な見解が主張されたが，いずれも死亡した被害者の逸失利益の賠償を合理的に説明することには成功していないと思われる（これらの構成は，主として即死の場合にも，損害賠償請求権の相続が認められるという点にあった）。こうした中で，

報告3

# 定期金賠償に関する民事訴訟法的視点からの考察

## ――令和二年判決を契機として――

宇都宮遼平
（大東文化大学法学部特任講師）

司会・高野　ご報告をお願いする宇都宮遼平さんのご紹介をさせていただきます。宇都宮さんは、二〇一三年に明治大学法学部を卒業され、その後、二〇一五年、早稲田大学大学院法学研究科に進まれ、二〇二〇年には同法学研究科博士後期課程研究指導終了退学、二〇二二年には博士（法学）の学位を取得されています。この間、日本学術振興会特別研究員、レーゲンスブルク大学客員研究員、そして早稲田大学法学部助手などを歴任されて、現在は、大東文化大学法学部特任講師をなされています。また、「将来損害の現在化についての一考察」、あるいは「不法行為による損害賠償請求訴訟の訴訟物」といった論稿も発表されていて、本日のシンポジウムでご報告をいただくのに非常にふさわしい方だと思われます。それでは宇都宮さん、よろしくお願いいたします。

大東文化大学の宇都宮です。本日は、このような錚々たるメンバーの中に、私のような小者を混ぜていただきまして、誠にありがとうございます。

私の方からは、民事訴訟法的視点からの考察ということでご報告をさせていただきますが、民訴法学者の先生方からは、私の考え方が、民訴法学者の一般的な考え方ではないというご忠告を受けておりますので、その点、ご留意をさせていただきまして、報告をさせていただきたいと思います。

なお、レジュメの方に注意書きを付すことができなかったのですが、本報告の内容の一部につきましては、先ほどご紹介に与りました当方の業績の一部を利用させていただいています。不法行為による損害賠償請求訴訟の訴訟物というのは、私の博士論文になりますが、リポジトリ化が遅れており、まだ公開はされておらず、六月に公開予定〔報告者注：二〇二二年七月二七日公開〕ということでお話を伺っておりますことをあらかじめ付言させていただきたいと思います。

それでは、レジュメに沿って報告をさせていただきたいと思います。令和二年判決は、定期金賠償のあり方について再考を迫るものであります。平成八年改正民訴法で、定期金賠償を命じた確定判決の変更を求める訴えが規定上明定されたため、損害賠償の方法として定期金賠償が日本の実体法の許容するものであることが明らかになりましたが、損害概念と定期金賠償との関係、定期金賠償が認められる要件の詳細などの実体法レベルの問題は、従来と同様解釈に委ねられているものとされています。

もっとも、その解釈に際しては、実体法的視点からの考察だけでなく、従来、定期金賠償との関係で議論の蓄積がなされてきました処分権主義に関する民訴法二四六条や、判決の変更を求める訴えに関する同一一七条のような民訴法規の規律を手がかりとした、民訴法的視点からの考察もまた有用であるように思われます。

本報告は、こうした民訴法的視点から、令和二年判決を契機として浮き彫りとなった定期金賠償をめぐる諸問題に関し、考察するものであります。

なお、先ほど他の先生方からもご指摘がありましたように、民訴法一一七条の立法に際しましては、ドイツ法から大きな影響を受けたことが推測されるということが指摘されています。したがって、本報告においても、必要に応じてドイツ法を参考にしたいと思います。

それではまず初めに、定期金賠償と処分権主義、そして必要な限りで訴訟物について、論じていきたいと思います。

令和二年判決は、定期金賠償請求に対して定期金賠償判決を下したものであり、それ自体は直接、処分権主義の問題に関わるものではありません。しかし、後遺障害逸失利益が定期金賠償の対象となり得るのは、不法行為に基づく損害賠償制度の「目的及び理念に照らして相当と認められるとき」に限られるものと判示していることからすると、後遺障害逸失利益の賠償方法として定期金賠償が相当でないと判断される場合があり得るということになります。

したがって、原告が後遺障害逸失利益について定期金賠償を求めている場合に、こうした判断がなされてしまったとき、裁判所は職権で一時金賠償判決を下すことができるのか（すなわち、原告の定期金賠償請求の申立てに拘束されないのか）、あるいは反対に、むしろこちらの問題点だけが論じられることが一般的であるということが指摘されていますが、一時金賠償請求に対して定期金賠償判決を下すことができるのかというかたちで、処分権主義が問題となることになります。

ところで、民訴法二四六条を中核的内容とする処分権主義は、民事訴訟の対象となる権利関係が、元来当事者の自由処分に委ねられているとする私的自治の原則にその根拠を置きます。判例には、民訴法二四六条にいう「事項」とは訴訟物の意味に解すべきであるとするものがありますが、そのほか、審判手続の種類、審判の順序の決定も、それが当事者の選択にまかされている限度では、当事者に選択の自由を認め、その決定に裁判所が拘束されるのが当然でありますし、また、求める判決内容の決定も、当事者の自由処分にまかされてしかるべきであると考えられます。したがって、申立事項は、広義の請求（原告の被告に対する一定の法的利益の主張と、その主張を認容して特定の判決（勝訴の給付判決・確認判決・形成判決）をせよという裁判所に対する要求）と同義に用いられているものと解し得ます。

そして、定期金賠償請求についても、それが広義の請求として一時金賠償請求と異なるところがある場合には、処分権主義が問題となることになるため、両賠償方法の広義の請求としての異同を検討する必要があります。

この点、旧訴訟物理論によれば、一時金賠償請求訴訟の場合も、定期金賠償請求訴訟の場合も、訴訟物は、民法七〇九条の不法行為に基づく損害賠償請求権であるとされています。

　そして、定期金賠償判決においても、この損害賠償請求権は口頭弁論終結時に存在するものであることから、判決の基礎となる定期金賠償請求訴訟も、将来の給付の訴え（民訴法一三五条）ではなく、現在の給付の訴えとみなされるものとされています。

　しかし、学説の数だけからいえば、定期金賠償請求訴訟を将来の給付の訴えとみなす有力説の数がかなりにのぼる状況になっており、裁判例も、一時金賠償の分割払と判断された事例を除けば、基本的にはこれを将来の給付の訴えとみなしているものと思われます。したがって、第一次的には、現在給付か、将来給付かという点に、両賠償方法の形式的な差異は見出されるものということができます。

　もっとも、原告の申立ての範囲内であれば、その一部について認容判決をすることは、原告の通常の意思に合致するものと推測されるため、処分権主義違反とはならず、現在給付請求に対して将来給付判決をすることも、一部認容として一般には可能と解されています。そして、これを前提として、現在給付としての一時金賠償請求に対して、その一部認容として、将来給付としての定期金賠償判決をすることも許されるとする見解があります。

　しかし、これに対しては、裁判所がそのような期限の利益を債務者に付与することが許されるかという実体法上の先決問題との関係で、定期金賠償判決が判決後の債務者の資力の悪化のリスクに全面的にさらされることからすると、損害賠償請求権者がこのリスクを甘受して自ら定期金賠償判決を求める場合はともかく、裁判所が一時金賠償判決の申立てに対して原告の意思に反して定期金賠償判決をすることは疑問であるとする反対説もあります。

　他方で、こうしたリスクは、損害保険制度でカヴァーできると考える（また、民訴法一一七条の新設により事情変更に対処する制度的手当ができ、賠償ノイローゼや被害者心理も決定的な問題ではないと考える）場合には、原告の申立てにかかわらず、裁判所の裁量で定期金賠償判決もなし得ることとなるから、損害賠償義務の履行に関する諸制度が整備されることにより、かかる救済方法に関する原告の申立ての拘束力が認められるかが定まるとする指摘もあります。

しかし、このように単純に割り切ってよいのかについて、私自身は疑問を感じています。この点について考察する前に、ドイツ法における定期金賠償に関する規律を参照したいと思います。

ドイツ民法典（ＢＧＢ）八四三条一項は、「身体又は健康の侵害により、侵害を受けた者の稼働能力が喪失若しくは減少し、又は必要費が増加した場合には、侵害を受けた者に対し、定期金の支払いによって損害賠償をしなければならない」と規定します。この損害賠償定期金は、将来の反復的給付を求める訴えに関するドイツ民訴法典（ＺＰＯ）二五八条にいわゆる反復的給付に含まれるものと解されており、したがって、損害賠償定期金の支払を求める訴えは将来の給付の訴えとしての性質を有するものと解されています。

他方で、ＢＧＢ八四三条三項は、「侵害を受けた者は、重大な事由があるときは、定期金に代えて元本による一時金払いを請求することができる」と規定します。条文上は「元本による」と規定されていますが、判例をみてみますと、一時金の額それ自体は、「支払われるべき定期金相当額を元本として、給付の継続が想定される期間に発生するその利息収益分を差し引いた額」とされていますので、日本における中間利息の控除と同じような処理がなされているものと考えられます。

一時金払は単一の賠償請求権のための一つの選択肢であり、定期金払との組み合わせが比較的柔軟に認められています。なお、その前提として、ドイツにおいては、ＢＧＢ八四三条一項に基づく定期金賠償請求権が単一のものであり、それが独立した訴訟物を構成するものと解されています。このように、ドイツにおいては、損害項目ごとに訴訟物を構成するものと解されているようです。

この両賠償方法の差異は、一時金払が、元本価額の算出に際しての将来の予測が外れてしまうという予測リスク（Prognoserisiko）、を、予測が外れてしまうことを甘受するということにより、意識的に負担し、その人的及び経済的関係の将来における展開を考慮に入れることを放棄するところの、裁判官の裁量による和解（Vergleich）としての性質を有するものであるという点にあります。そして、定期金の支払を求める申立てと一時金の支払を求める申立てとは、質的に異なる「異質のもの（aliud）」として把握されており、重大な事由が認められないことにより請求が棄却されることを回避するためには、一時金の支払を求める原告は、定期金の支払を求めることを予備的に申し立てておかなければならないものとされています。

この点、倉田卓次「定期金賠償試論」同『民事交通訴訟の課題』（日本評論社、一九七〇年）一一七頁においては、一時金払の請求にはＢＧＢ八四三条三項の重大な事由の要件の立証を要するから、立証に失敗すれば、定期金払の判決になるとする記述がありますが、実際には、このような付加的要件としての処理はなされておらず、一時金賠償と定期金賠償とでは申立てレベルで異なるものといえるかと思います。

このように、履行確保の制度を用意しているドイツ〔報告者注：時間の関係で割愛したが、ドイツは担保提供に関する規定（ＢＧＢ八四三条二項、ＺＰＯ三二四条）を置く〕においても、裁判所による賠償方法の修正は認められていません。そうすると、損害賠償義務の履行に関する諸制度が整備されることと、救済方法に関する原告の申立ての拘束力が認められるかが定まることとは、論理必然には結びつかず、資力悪化のリスクという点は、両賠償方法の差異の決定的な要因たり得ないように思われます。

ここからは私見ということになりますので、先ほど申し上げた通り、民訴法学者の一般的な見解ではないというところになりますが、思うに、両賠償方法の広義の請求としての差異は、ここでは端的に、訴訟物たる損害賠償請求権の行使態様ともいうべき処分方法の差異に見出すべきであると考えます。

そもそも、一時金賠償請求に対する定期金賠償判決を認める見解は、定期金賠償を一時金賠償に対する期限の猶予のようにみるのでありますが、当初から確定額の現在債権として一時金賠償を請求している原告が期限の猶予を与えたという構成を採用することは論理矛盾であり、原告が猶予の付与を否定しているにもかかわらず、被告側の申立てだけで、または裁判所の裁量により履行期限の猶予を認めることは実体法上できないはずであります。

また、一時金賠償における中間利息の控除が運用益を差し引くことによる被害者の不当利得の防止を目的とするものであることからすれば、それは、本来は将来に受け取るべきものを現時点で受け取るがゆえに、それだけ早期に賠償金を受け取ることについての調整ということになります。

したがって、ここでは、定期金賠償を一時金賠償に対する期限の猶予とみるのではなく、反対に、一時金賠償を定期金賠償に対する期限の利益の喪失、あるいは剝奪とみるという、発想の転換が必要であるように思われます。確かに、日本では、損害賠償は、一般に一時金賠償によるものとされています。しかし、沿革的にみれば、それは将来の給付の訴えに関する規定を欠く旧民訴法下の実務において定着したものであることからすれば、将来給付としての定期金賠償が実体法上承認された現行法下においては、少なくとも両賠償方法の実体法上の法的性質決定のうえでは、むしろ定期金賠償を出発点として考えた方が、はるかに摩擦が少ないように思われるのであります。

なお、これは定期金賠償を原則的な賠償方法とすることをも含意するものではありません。この点については後ほど説明をさせていただきます。

もっとも、かかる定期金賠償は、将来の事情変更が生じ得るものであり、だからこそ、これを命じた確定判決の変更の訴えが民訴法一一七条で認められているものと考えられるのですが、債権の内容が確定しているとはいえないこと、また仮に将来の事情変更が生じないとしても、賠償額の算定において中間利息を控除する一時金賠償とこれを控除しない定期金賠償とでは本来的に賠償額が異なることから、定期金賠償を一時金賠償の分割払とみることはできず、また一時金賠償も、かかる一時金賠償の分割払に対する期限の利益の放棄とは本質的に異なるものであるということができます。

すなわち、ドイツにおけるのと同じように、一時金賠償は裁判官の裁量による和解としての性質を有し、元本価額の算出に際しての将来の予測リスクを負担するものと考えるべきであると思います。定期金賠償との間で賠償額の多寡が生じ得るのは、かかる一時金賠償の性質から導かれる、いわば当然の帰結であり、それ自体もまた、両賠償方法の差異を決定付ける直接の要因であるわけではありません。

なお、先ほど、これは定期金賠償を原則的な賠償方法とすることをも含意するものではないということをお話しさせていただきましたが、ドイツにおいても、現在は、和解を用いて一時金和解というかたちで一時金賠償の方式をとるという実務が定着しているようであります。

したがって、少なくとも請求権の発生態様といったような、実体法上の性質決定については、少なくとも定期金賠償を原則とし、一時金賠償は、そうした将来の変動というもののリスクを意識的に負担する、すなわち、一時金賠償の時点で和解内容通りに債権債務関係が確定され、したがって、後の変更の訴えも認められない、というようなかたちで性質決定をすべきであると考えます。ただし、日本においては、従来、一時金賠償が原則とされてきましたので、そのようなかたちでの賠償方法というものを原則的なものとするというかたちで理解すればよいのではないかと思います。

ある意味、山口先生と窪田先生の折衷案ということになるかもしれませんけれども、私自身はこのように考えています。

したがって、両賠償方法は、広義の請求として異なるものということができ、定期金賠償請求に対して一時金賠償判決をすることも、一時金賠償請求に対して定期金賠償判決をすることも、処分権主義に違反し、許されないものと考えられます。そして、原告が申し立てた方法による賠償が認められない場合には、請求棄却判決が下されることになります。この点、一時金と定期金との選択が可能と解される場合には、一時金を選択する意思が原告にあったとしても、ゼロか定期金かという選択であれば後者をとるのが通常の意思と考えられるとの指摘もありますが、両賠償方法が広義の請求として異なるものである以上、原告が申し立てていない方法での賠償を命ずる判決は形式的には認められないものであり、そのような判決は下すべきでないと考えます。

なお、この問題は、原告が予備的な申立てをしている場合には、先鋭化することはなかったという指摘があり、今後、かかる予備的な申立てが実務において定着していく可能性はあるように思います。問題は、一時金賠償請求を申し立てている原告に対し、被告の側から定期金賠償の方が妥当であると主張された場合（あるいはその反対の場合）であり、学説には、この場合に、一時金賠償による不利益を被る被告（賠償義務者）にも、かかる申立てを認めることに意義があるとして、処分権主義を修正するものがあります。

しかし、この場合において、いずれの賠償方法も認容し得るというときには、かかる被告の申立てにより原告が申し立てていない方法での賠償を命ずる判決を下し得るとすることには、疑問が残ります。ここでは、被告からの主張があったとしても、裁判所としては釈明権を行使し得るにとどまるのではないかと考えます。

次に、判決の変更を求める訴えと既判力の関係についてお話をさせていただきます。民訴法一一七条一項本文は、「口頭弁論終結前に生じた損害につき定期金による賠償を命じた確定判決について、口頭弁論終結後に、後遺障害の程度、賃金水準その他の損害額の算定の基礎となった事情に著しい変更が生じた場合には、その判決の変更を求める訴えを提起することができる」と規定します。本条の訴えの法的性質は、確定判決中の損害の賠償を命ずる部分につき、損害額の算定の基礎となった事情の変更に基づいて判決の変更を求める、訴訟法上の形成の訴えの一種であるとされており、当該確定判決の命ずる賠償金たる定期金の価額の算定の基礎となった事情が事後に顕著に変動した場合に、将来に向けてその変動に応じて算定し直した価額と抵触する限度で当該確定判決の既判力を破り、債務名義である確定判決自体をその限度で変更する（したがってその変更される分、執行力の限度が変更される）ものであるとされています。

先ほど申し上げました通り、民訴法一一七条の立法に際しては、ＺＰＯ（旧）三二三条を参考にするものとされていたのでありますが、ＺＰＯ三二三条の変更の訴えの性質をめぐっては、従来、裁判所の予測が現実の展開と異なった場合に、公平（Billigkeit）の理由から将来の給付判決の既判力を打破し、変化した事実に適合させることを認めるものとする公平説（Billigkeitstheorie）と、ＺＰＯ三二三条の変更の訴えは既判力の時的限界と調和し、判決は事実審の口頭弁論終結の時点で客観的に存在する事実を基にして効力を有するのであり、事情が裁判官の予測と異なる場合に新たな事実関係に基づき新たな裁判を提起することは最初の訴訟の既判力により妨げられることはなく、変更判決は既判力を打破するのではなく既判力と調和すると主張する確認説（Bestätigungstheorie）との間で、学説の対立がありました。

しかし、現在は、「裁判は、その基礎を維持してそれに適合させなければならない」と規定するＺＰＯ三二三条四項が、立法当初からの通説であるとされる公平説を維持することを表現したものとされていることから、ドイツにおいては、今や、公平説によることが、法文上も明確であるということが指摘されています。すなわち、ＺＰＯ三二三条一項一文は、「判決が、将来履行期の到来する回帰的給付の義務を含むときは、各当事者は、その変更を申し立てることができる」と規定します。この回帰的給付請求権は、実体法によれば、要件事実の充足による一回的・不変的な法律効果として発生するものではなく、将来の経過の中で継続的に発生するものであります。

そうすると、既判力は口頭弁論終結後に生じた事実の主張を排除しないことから、本来であれば、ＺＰＯ三二三条によって将来の展開を顧慮することが可能となったといっても、それは、既判力を破るものとしては表現されないはずであるところ、ZPO二五八条により手続法は、先ほど申し上げました通り、この請求権を単一の権利として扱っており、それゆえ、裁判は現在の法律状況だけでなく、将来の法律状況にも関連するものとなるということであります。

したがって、この将来の給付判決（回帰的給付判決）の既判力は、将来の法律状況、すなわち口頭弁論終結後の事実にも及ぶことを前提としており、判決の基礎となった予測についても既判力が発生すると考えることになります。

もっとも、事情変更の適法性の判断に関し、ドイツでは倒錯した状況が存在しているということが指摘されています。これはどういうことかと申しますと、学説上、ドイツにおいては、確認説も、現在有力に主張されているところであり、判例の中には、口頭弁論終結前の客観的事実関係との違いが見出されなければ、爾後の変更を認めないとする、確認説によったとされるようなものも見当たります。また、本来であれば、予測から外れれば、変更が認められるというのが公平説からの帰結ですが、この変更の範囲を狭めるべきであるという学説も有力に主張されていることから、必ずしも公平説から論理的に導かれる結論に至っているとはいえないという状況があるようです。

したがって、ドイツにおきましては、この既判力の打破としての特徴付けからその解釈のための基準を導き出してはならないということが指摘されているところであります。

このように、ドイツにおいては、公平説によることが法文上も明確であるものの、事情変更の適法性の判断基準は、必ずしも既判力の打破という特徴づけから導き出されるものではなく、単純に将来の給付判決（回帰的給付判決）の既判力の脆弱性をどのように評価するかという点に帰着しているように思われます。この点、定期金賠償を「請求する原告は、その脆弱性を引き受けることを覚悟して訴えを提起したと見られるのであり、予測と現実とのズレはある程度は甘受すべきであろう」とする指摘もありますが、一時金賠償が元本価額の算出に際しての将来の予測リスクを負担するものである以上、これと対置される定期金賠償判決の将来の事情に対する既判力は謙抑的なものと解すべきであるように思われます。

したがって、事情変更は、口頭弁論終結後のものでなければならないから、口頭弁論終結時までに生じていた後遺障害の認定が誤っていたなどの主張は、本条の理由とはなりません。これに対し、定期金賠償判決の既判力が、判決の基礎となった予測についても発生すると考える以上、前訴において当事者が判決理由において損害額算定の基礎とされた事情と異なる事情を主張し、それが排斥されたにもかかわらず、後に当事者の主張する事情が生じたとの事実経過は、本条の訴えを否定する理由にはならないものと解するのが、公平説からの自然な帰結であるように思いますので、この点においては、ドイツに従うべきではないと考えています。

最後に、以上の民訴法的視点からの考察をもとに、後遺障害逸失利益の定期金賠償の対象適格性について若干の検討を行いたいと思います。先だってお話がありましたように、後遺障害逸失利益については、従来、最判平成八年四月二五日民集五〇巻五号一二二一頁（貝採り事件判決）が、継続説を採用していたのでありますが、被害者が死亡すれば打ち切りであって、給付期間は残っていても相続の問題は起こらないとされる定期金賠償の性質とは相容れないとして、後遺障害逸失利益の定期金賠償の対象適格性を否定する見解がありました。

しかし、令和二年判決は、特にかかる定期金賠償の性質に言及することなく、後遺障害逸失利益につき定期金賠償を命ずるに当たっては、交通事故の時点で、被害者が死亡する原因となる具体的事由が存在し、近い将来における死亡が客観的に予測されていたなどの特段の事情がない限り、就労可能期間の終期より前の被害者の死亡時を定期金賠償の終期とすることを要しないと解するのが相当であるとして、継続説を採用する旨判示していることから、この問題は依然として残されているように思われるからであります。

そもそも、定期金賠償が、被害者が死亡すれば打ち切りであるとされるのは、それが、請求権の具体化が将来の時間的経過に依存している関係にあるような性質の損害について、実体に即した賠償を実現するために行われるものであるところ、被害者が死亡すれば賠償すべき損害も最早生じなくなるものと考えられることによるものであります。

もっとも、先だってお話がありましたように、日本において賠償されるべき逸失利益には、被害者死亡後の逸失利益（死亡逸失利益）も含まれており、それが被害者の相続人に相続によって承継されるという、比較法的にみればかなり特殊な相続構成が採られており、ドイツ法とは、その前提を異にするものということができます。したがって、死亡逸失利益の賠償を認めていることとの関係では、継続説を採用していることは、それ自体の適否はともかく、後遺障害逸失利益の定期金賠償の対象適格性を否定することとは論理必然には結びつかないように思われます。

思うに、定期金賠償判決の既判力が、判決の基礎となった予測についても発生すると考える公平説に従うならば、定期金賠償の対象適格性の判断に際しては、当該損害が、その額の算定に際し、将来の予測を含む性質のものであるかどうかが重要な基準となるものと考えます。

この点、判例には、後遺障害逸失利益の額の算定に際し、労働能力喪失率表とは別に、具体的な減収の有無を考慮に入れたものがあり、このことは、後遺障害逸失利益が、不法行為後に生じる将来の損害であるという理解に親和的であるということが指摘されています。したがって、後遺障害逸失利益は、その額の算定に際し、将来の予測を含む性質のものであり、定期金賠償の対象適格性を有するものということができるように思います。

もっとも、死亡逸失利益については、将来事情の変更により損害額が変動するという事態を想定し難いことから、一般に、定期金賠償の対象適格性が否定されています。しかし、先ほど窪田先生からもご指摘がありましたように、被害者死亡後もなお賃金水準その他の事情変更の可能性は存在するのでありますから、その額の算定に際しては、やはり将来の予測が含まれているものと解すべきであり、定期金賠償の対象適格性を有するものということができるように思われます。

最後に、令和二年判決は、小池裕裁判官による補足意見において、被害者の死亡によってその後の期間について後遺障害等の変動可能性がなくなったことは、損害額の算定の基礎に関わる事情に著しい変更が生じたものと解することができるから、支払義務者は、民訴法一一七条を適用又は類推適用して、被害者の死亡後に、就労可能期間の終期までの期間にかかる定期金賠償について、判決の変更を求める訴えの提起時における現在価値に引き直した一時金賠償に変更する訴えを提起するという方法も検討に値するとしています。

被害者の死亡後から就労可能期間の終期までの期間にかかる後遺障害逸失利益は、死亡逸失利益と同一に扱うべきであるように思います。これは、先ほど、窪田先生が仰った、いわゆる大人の解決と一致するように思いますが、このように考えますと、死亡逸失利益については、一般に、定期金賠償の対象適格性が否定されていることからすると、相続構成の前提のもとでも、相続人は一時金賠償によらざるを得ないことになります。この場合、損害額の算定の基礎に関わる事情の著しい変更という点では、被害者の死亡を契機として、残債権の予測リスクが消滅し（あるいは放棄され）、損害額が確定することになるものと解し得るかもしれませんが、本来原告の処分に委ねられるべき賠償方法の変更を民訴法一一七条の適用により得るかという点には疑問が残りますし、仮に民訴法一一七条の適用により得るとしても、相続人の訴えの提起は義務的なものとなる（定期金賠償の対象適格性を失うために一時金賠償の訴えによることしか認められないというかたちになるので、相続人の訴えの提起が義務的なものとなる）と考えられます。

一方で、小池補足意見の予定する支払義務者の側からの訴えの提起は期待し得ないことになってしまうのではないだろうかと考えます。また、定期金賠償の対象適格性を有するものとしたとしても、その前提には、被害者死亡後の事情変更の可能性が存在するのであるから、そもそも小池補足意見の想定するように、事情変更が生じたものと解することはできないのではないかと思います。

結局、結論的には、小池補足意見の方法は採用し得ないものといわざるを得ないように思います。小池補足意見には、山口先生の報告でありました紛争解決における一回性・終局性へと繋がる、一時金賠償の有する清算的側面への期待があるように思われます。しかし、やはりこの問題は、死亡逸失利益の相続構成という帰結そのものの妥当性に帰着するものであるように思われ、窪田先生の問題意識というものも非常に重要なものとなってくるのではないかと思います。

私からの報告は以上とさせていただきたいと思います。ありがとうございました。

司会・高野　宇都宮さん、どうもありがとうございました。

もっとも、死亡逸失利益については、将来事情の変更により損害額が変動するという事態を想定し難いことから、一般に、定期金賠償の対象適格性が否定されている[60]。しかし、被害者死亡後もなお賃金水準その他の事情変更の可能性は存在するのであるから[61]、その額の算定に際しては、やはり将来の予測が含まれているものと解すべきであり、定期金賠償の対象適格性を有するものということができるように思われる。

3　被害者死亡後の一時金賠償への変更の訴えの可否（小池補足意見の評価）

令和2年判決は、小池裕裁判官による補足意見において、被害者の死亡によってその後の期間について後遺障害等の変動可能性がなくなったことは、損害額の算定の基礎に関わる事情に著しい変更が生じたものと解することができるから、支払義務者は、民訴法117条を適用または類推適用して、被害者の死亡後に、就労可能期間の終期までの期間にかかる定期金賠償について、判決の変更を求める訴えの提起時における現在価値に引き直した一時金賠償に変更する訴えを提起するという方法も検討に値するとしている。

被害者の死亡後から就労可能期間の終期までの期間にかかる後遺障害逸失利益は、死亡逸失利益と同一に扱うべきであるが、死亡逸失利益については、一般に、定期金賠償の対象適格性が否定されていることからすると、相続構成の前提のもとでも、相続人は一時金賠償によらざるを得ないことになる。この場合、損害額の算定の基礎に関わる事情の著しい変更という点では、被害者の死亡を契機として、残債権の予測リスクが消滅し（あるいは放棄され）、損害額が確定することになるものと解しうるかもしれないが、本来原告の処分に委ねられるべき賠償方法の変更を民訴法 117 条の適用によりうるかという点には疑問が残るし[62]、仮に民訴法117条の適用によりうるとしても、相続人の訴えの提起は義務的なものとなる一方で、小池補足意見の予定する支払義務者の側からの訴えの提起は期待し得ないことになってしまうのではないだろうか。また、定期金賠償の対象適格性を有するものとしたとしても、その前提には、被害者死亡後の事情変更の可能性が存在するのであるから、そもそも事情変更が生じたものと解することはできないことになる。結局、結論的には、小池補足意見の方法は採用し得ないものと言わざるを得ないであろう。

小池補足意見には、一時金賠償の有する清算的側面[63]への期待がうかがえるが、やはりこの問題は、死亡逸失利益の相続構成という帰結そのものの妥当性に帰着するものであるように思われる。

---

参照。

[60] 藤村和夫＝山野嘉朗『概説 交通事故賠償法』（日本評論社、3版、2014）295頁参照。

[61] 加藤甲斐斗「判批」新・判例解説Watch29号（2021）4頁、窪田充見「判批」NBL1182号（2020）11頁参照。

[62] なお、ドイツでは、BGB843条3項の重大な事由が前訴判決確定後に生じた場合には、既判力を有する判決の後でも被害者は将来のために一時金賠償請求することができるものとされている。Vgl. Staudinger/*Vieweg*, a. a. O. (Anm. 22), §843 Rn. 36.

[63] ドイツでは、一時金による支払は、「その案件の『片を付けるために（vom Tisch zu sein)』」、今日の実務においては、定期金による支払よりも一般的なものとされており、中でも、裁判外の和解の場合において顕著にその傾向がみられることが指摘されている。Vgl. Kötz/*Wagner*, a. a. O. (Anm. 19), S. 280；ケッツ/ヴァーグナー（吉村ほか監訳）・前掲注19・350頁参照。勅使川原・前掲注11・267頁以下脚注21）も参照。

ことなく、後遺障害逸失利益につき定期金賠償を命ずるに当たっては、交通事故の時点で、被害者が死亡する原因となる具体的事由が存在し、近い将来における死亡が客観的に予測されていたなどの特段の事情がない限り、就労可能期間の終期より前の被害者の死亡時を定期金賠償の終期とすることを要しないと解するのが相当であるとして、継続説を採用する旨判示していることから、この問題は依然として残されているように思われるからである。

2 死亡逸失利益の相続構成という特殊性

そもそも、定期金賠償が、被害者が死亡すれば打ち切りであるとされるのは、それが、請求権の具体化が将来の時間的経過に依存している関係にあるような性質の損害について、実体に即した賠償を実現するために行われるものであるところ[55]、被害者が死亡すれば、賠償すべき損害も最早生じなくなるものと考えられることによるものである。

もっとも、日本において賠償されるべき逸失利益には、被害者死亡後の逸失利益（死亡逸失利益）も含まれており、それが被害者の相続人に相続によって承継されるという、比較法的にみればかなり特殊な相続構成が採られており、ドイツ法とは、その前提を異にするものということができる[56]。したがって、死亡逸失利益の賠償を認めていることとの関係では、継続説を採用していることは、（それ自体の適否はともかく）後遺障害逸失利益の定期金賠償の対象適格性を否定することとは論理必然には結びつかないように思われる。

思うに、定期金賠償判決の既判力が、判決の基礎となった予測についても発生すると考える（公平説）ならば、定期金賠償の対象適格性の判断に際しては、当該損害が、その額の算定に際し、将来の予測を含む性質のものであるかどうかが重要な基準となるものと考える。この点、判例には、後遺障害逸失利益の額の算定に際し、労働能力喪失率表とは別に、具体的な減収の有無を考慮に入れたものがあり[57]、このことは、後遺障害逸失利益が、不法行為後に生じる将来の損害であるという理解に親和的であるということが指摘されている[58]。したがって、後遺障害逸失利益は、その額の算定に際し、将来の予測を含む性質のものであり、定期金賠償の対象適格性を有するものということができよう[59]。

---

[55] 法務省民事局参事官室編・前掲注 30・131 頁参照。

[56] 窪田・前掲注 28・51 頁参照。ドイツ法では、逸失利益の定期金賠償はあくまで被害者自身が生存中について認められるものであり、被害者が死亡した場合には、その被害者の死亡について賠償義務者の責任が及ぶ場合に、遺族には扶養利益の侵害の賠償が認められるのであり、被害者の死後の逸失利益が相続されるのではないとされる。

[57] 最判昭和 42 年 11 月 10 日民集 21 巻 9 号 2352 頁、最判昭和 48 年 11 月 16 日集民 110 号 469 頁、最判昭和 56 年 12 月 22 日民集 35 巻 9 号 1350 頁等参照。

[58] 窪田・前掲注 28・48 頁。ただし、将来の定期昇給やベースアップといった賃金上昇（賃上げ）を後遺障害逸失利益の算定において斟酌することについては、大多数の裁判例は否定的である（将来の定期昇給分については、公務員、大企業労働者のように、昇給規定が整備されている場合は認める裁判例が多い）とされている。北河・前掲注 27・143 頁以下参照。

[59] なお、元々、立案担当者の解説には、定期金賠償の対象となる、請求権の具体化が将来の時間的経過に依存している関係にあるような性質の損害の典型例として、「人身損害の場合における逸失利益」も挙げられている。法務省民事局参事官室編・前掲注 30・131 頁

が指摘されており[48]、既判力の打破としての特徴づけからその解釈のための基準を導き出してはならないということが指摘されている[49]。

3　日本法への示唆

このように、ドイツにおいては、公平説によることが法文上も明確であるものの、事情変更の適法性の判断基準は、必ずしも既判力の打破という特徴づけから導き出されるものではなく、単純に将来の給付判決（回帰的給付判決）の既判力の脆弱性をどのように評価するかという点に帰着しているように思われる。この点、定期金賠償を「請求する原告は、その脆弱性を引き受けることを覚悟して訴えを提起したと見られるのであり、予測と現実とのズレはある程度は甘受すべきであろう」[50]とする指摘もあるが、一時金賠償が元本価額の算出に際しての将来の予測リスクを負担するものである以上、これと対置される定期金賠償判決の将来の事情に対する既判力は謙抑的なものと解すべきであるように思われる[51]。

したがって、事情変更は、口頭弁論終結後のものでなければならないから、口頭弁論終結時までに生じていた後遺障害の認定が誤っていたなどの主張は、本条の理由とはならないが[52]、これに対し、定期金賠償判決の既判力が、判決の基礎となった予測についても発生すると考える以上、前訴において当事者が判決理由において損害額算定の基礎とされた事情と異なる事情を主張し、それが排斥されたにもかかわらず、後に当事者の主張する事情が生じたとの事実経過は、本条の訴えを否定する理由にはならないものと解するのが、公平説からの自然な帰結であろう[53]。

三　後遺障害逸失利益と定期金賠償

1　継続説と定期金賠償との関係

以上の民訴法的視点からの考察をもとに、最後に、後遺障害逸失利益の定期金賠償の対象適格性について検討する。後遺障害逸失利益については、従来、最判平成8年4月25日民集50巻5号1221頁（貝採り事件判決）が、継続説を採用していたのであるが、被害者が死亡すれば打ち切りであって、給付期間は残っていても相続の問題は起こらないとされる定期金賠償の性質とは相容れないとして、後遺障害逸失利益の定期金賠償の対象適格性を否定する見解があった[54]。しかし、令和2年判決は、特にかかる定期金賠償の性質に言及する

---

48　山本弘「将来の損害の拡大・縮小または損害額の算定基準の変動と損害賠償請求訴訟」同『民事訴訟法・倒産法の研究』（有斐閣、2019）235頁参照。

49　Vgl. Stein/Jonas/*Althammer*, a. a. O. (Anm. 45), §323 Rn. 3.

50　高橋宏志「確定判決後の追加請求」中野貞一郎古稀『判例民事訴訟法の理論（下）』（有斐閣、1995）262頁。

51　山本（弘）・前掲注48・238頁参照。

52　秋山ほか・前掲注10・548頁参照。

53　秋山ほか・前掲注10・549頁参照。これに対しては、問題とされている事情変更につき確定判決の口頭弁論終結時において予測不可能であったことを要件とすべきであるとする有力説がある。雛形＝増森・前掲注2・20頁、高田・前掲注3・189頁等参照。

54　三木・前掲注11・173頁以下参照。後遺障害逸失利益は、継続説を前提とする限り、その本質において回帰性を有していないので、実体法上、一時金賠償の性質を有するものであるとする。

る確定判決自体をその限度で変更する（したがってその変更される分、執行力の限度が変更される）ものであるとされている[40]。

2 ドイツ法における変更の訴えに関する規律

民訴法 117 条の立法に際しては、ZPO（旧）323 条を参考にするものとされていたのであるが[41]、ZPO323 条の変更の訴えの性質をめぐっては、従来、裁判所の予測が現実の展開と異なった場合に、公平（Billigkeit）の理由から将来の給付判決の既判力を打破し、変化した事実に適合させることを認めるものとする公平説（Billigkeitstheorie）と、ZPO323 条の変更の訴えは既判力の時的限界と調和し、判決は事実審の口頭弁論終結の時点で客観的に存在する事実を基にして効力を有するのであり、事情が裁判官の予測と異なる場合に新たな事実関係に基づき新たな裁判を提起することは最初の訴訟の既判力により妨げられることはなく、変更判決は既判力を打破するのではなく既判力と調和すると主張する確認説（Bestätigungstheorie）との間で、学説の対立があった[42]。しかし、現在は、「裁判は、その基礎を維持してそれに適合させなければならない」[43]と規定する ZPO323 条 4 項が、立法当初からの通説であるとされる公平説[44]を維持することを表現したものとされていることから、今や、公平説によることが、法文上も明確であるということが指摘されている[45]。すなわち、ZPO323 条 1 項 1 文は、「判決が、将来履行期の到来する回帰的給付の義務を含むときは、各当事者は、その変更を申し立てることができる」と規定する。この回帰的給付請求権は、実体法によれば、要件事実の充足による一回的・不変的な法律効果として発生するものではなく、将来の経過の中で継続的に発生するものである。そうすると、既判力は、口頭弁論終結後に生じた事実の主張を排除しないから、ZPO323 条によって将来の展開を顧慮することが可能となったといっても、それは、既判力を破るものとしては表現されないはずであるところ、ZPO258 条により、手続法はこの請求権を単一の権利として扱っており、それゆえ、裁判は現在の法律状況だけでなく、将来の法律状況にも関連するものとなるということである[46]。したがって、この将来の給付判決（回帰的給付判決）の既判力は、将来の法律状況、すなわち口頭弁論終結後の事実にも及ぶことを前提としており、判決の基礎となった予測についても既判力が発生すると考えることになる[47]。

もっとも、事情変更の適法性の判断に関し、ドイツでは倒錯した状況が存在していること

---

[40] 雛形＝増森・前掲注 2・15 頁参照。

[41] 雛形＝増森・前掲注 2・4 頁参照。

[42] 内山衛次「将来の給付の訴え」鈴木正裕古稀『民事訴訟法の史的展開』（有斐閣、2002）124 頁および 129 頁以下脚注（33）参照。

[43] 本報告における ZPO の訳文は、法務大臣官房司法法制部編『ドイツ民事訴訟法典——2011 年 12 月 22 日現在』（法曹会、2012 年）に依拠した。

[44] 角森正雄「将来の給付判決と事情の変更：ドイツ法における変更の訴えを中心にして」富大経済論集 34 巻 3 号（1989）50 頁参照。

[45] Vgl. Stein/Jonas/*Althammer*, Kommentar zur Zivilprozessordnung Bd. 4, 23. Aufl. 2018, §323 Rn. 1 und 84; Rosenberg/Schwab/*Gottwald*, Zivilprozessrecht, 18. Aufl., 2018, §159 Rn. 4.

[46] Vgl. Stein/Jonas/*Althammer*, a. a. O. (Anm. 45), §323 Rn. 2.

[47] 角森・前掲注 44・50 頁参照。

ることも、処分権主義に違反し、許されないものと考えられる。そして、原告が申し立てた方法による賠償が認められない場合には、請求棄却判決が下されることになる。この点、一時金と定期金との選択が可能と解される場合には一時金を選択する意思が原告にあったとしても、ゼロか定期金かという選択であれば後者をとるのが通常の意思と考えられるとの指摘もあるが[34]、両賠償方法が広義の請求として異なるものである以上、原告が申し立てていない方法での賠償を命ずる判決を下すべきでないと考える。

なお、この問題は、原告が予備的な申立てをしている場合には、先鋭化することはなかったという指摘があり[35]、今後、かかる予備的な申立てが実務において定着していく可能性はある。問題は、一時金賠償請求を申し立てている原告に対し、被告の側から定期金賠償の方が妥当であると主張された場合（あるいはその反対の場合）であり、学説には、この場合に、一時金賠償による不利益を被る被告（賠償義務者）にも、かかる申立てを認めることに意義があるとして、処分権主義を修正するものがある[36]。しかし、この場合において、いずれの賠償方法も認容しうるというときには、かかる被告の申立てにより原告が申し立てていない方法での賠償を命ずる判決を下しうるとすることには、疑問が残る[37]。ここでは、被告からの主張があったとしても、裁判所としては釈明権を行使しうるにとどまるであろう[38]。

## 二　判決の変更を求める訴えと既判力

### 1　判決の変更を求める訴えの法的性質

民訴法 117 条 1 項本文は、「口頭弁論終結前に生じた損害につき定期金による賠償を命じた確定判決について、口頭弁論終結後に、後遺障害の程度、賃金水準その他の損害額の算定の基礎となった事情に著しい変更が生じた場合には、その判決の変更を求める訴えを提起することができる」と規定する。本条の訴えの法的性質は、確定判決中の損害の賠償を命ずる部分につき、損害額の算定の基礎となった事情の変更に基づいて判決の変更を求める、訴訟法上の形成の訴えの一種であるとされており[39]、当該確定判決の命ずる賠償金たる定期金の価額の算定の基礎となった事情が事後に顕著に変動した場合に、将来に向けてその変動に応じて算定し直した価額と抵触する限度で当該確定判決の既判力を破り、債務名義であ

---

34　高田＝三木＝山本（克）＝山本（和）・前掲注 13・960 頁〔山本（和）〕参照。
35　坂田・前掲注 9・185 頁参照。
36　坂田・前掲注 9・185 頁以下参照。修正処分権主義説とされるが、もっとも、被告による定期金賠償請求の申立てが、実質上は抗弁と同じ機能を有することから、その実際的適用においては弁論主義説と大差ないとされる。なお、弁論主義説については、倉田卓次「年金賠償再論」同『民事裁判論集――将来損害・事実認定・交通訴訟』（判例タイムズ社、2007）25 頁参照。
37　越山・前掲注 26・257 頁、岡田・前掲注 11・120 頁参照。
38　したがって、裁判所裁量説（倉田・前掲注 36・24 頁参照。坂田・前掲注 9・186 頁以下も参照）を採用することは困難であろう。なお、フランスでは、不法行為の損害賠償の内容や方法については、民法典には規定がなく、強行規定がある場合を除き、裁判所がその専権（pouvoir souverain）により定めるべきものとされているようである。江藤价泰「判決において定期金賠償を命ずることの可否」鈴木忠一＝三ヶ月章監修『実務民事訴訟講座 3』（日本評論社、1969）296 頁参照。
39　法務省民事局参事官室編・前掲注 30・134 頁参照。

履行期限の猶予を認めることは実体法上できないはずである[26]。また、一時金賠償における中間利息の控除が運用益を差し引くことによる被害者の不当利得の防止を目的とするものである[27]ことからすれば、それは、本来は将来に受け取るべきものを現時点で受け取るがゆえに、それだけ早期に賠償金を受け取ることについての調整ということになる[28]。したがって、ここでは、定期金賠償を一時金賠償に対する期限の猶予とみるのではなく、一時金賠償を定期金賠償に対する期限の利益の喪失[29]とみるという、発想の転換が必要であるように思われる。確かに、日本では、損害賠償は、一般に一時金賠償によるものとされている[30]。しかし、沿革的にみれば、それは将来の給付の訴えに関する規定を欠く旧民訴法下の実務において定着したものである[31]ことからすれば、将来給付としての定期金賠償が実体法上承認された現行法下においては、少なくとも両賠償方法の実体法上の法的性質決定のうえでは、むしろ定期金賠償を出発点として考えた方が、はるかに摩擦が少ないように思われるのである（なお、これは定期金賠償を原則的な賠償方法とすることをも含意するものではない）。

もっとも、かかる定期金賠償は、将来の事情変更が生じうるものであり（だからこそ、これを命じた確定判決の変更の訴えが民訴法117条で認められている）、債権の内容が確定しているとはいえないこと、また仮に将来の事情変更が生じないとしても、賠償額の算定において中間利息を控除する一時金賠償とこれを控除しない定期金賠償とでは本来的に賠償額が異なることから、定期金賠償を一時金賠償の分割払とみることはできず、また一時金賠償も、かかる一時金賠償の分割払に対する期限の利益の放棄とは本質的に異なるものであるということができる[32]。すなわち、一時金賠償は裁判官の裁量による和解としての性質を有し、元本価額の算出に際しての将来の予測リスクを負担するものと考えるべきである。定期金賠償との間で賠償額の多寡が生じうるのは、かかる一時金賠償の性質から導かれる、いわば当然の帰結であり、それ自体もまた、両賠償方法の差異を決定づける直接の要因であるわけではない[33]。

したがって、両賠償方法は、広義の請求として異なるものということができ、定期金賠償請求に対して一時金賠償判決をすることも、一時金賠償請求に対して定期金賠償判決をす

---

[26] 越山和広「定期金賠償積極論と処分権主義：被害者の申立てによらない定期金賠償の可能性をめぐって」関法56巻2・3号（2006）241頁参照

[27] 北河隆之『交通事故損害賠償法』（弘文堂、2版、2016）224頁以下参照。

[28] 窪田充見「逸失利益の定期金賠償についての覚書」神戸68巻4号（2019）48頁参照。

[29] 勅使川原・前掲注11・278頁および同脚注56）は、「一時金賠償方式は、『将来具体化する損害も現時点での損害に引き直す』フィクションを是認した上での救済方式であ」り、「この限りで、一時金賠償方式では、抽象的には既発生だが将来具体化する損害につき、加害者・債務者が持ち得たはずの『期限の利益』は、最初から失わしめられることが是認されている」とする。

[30] 法務省民事局参事官室編『一問一答 新民事訴訟法』（商事法務、1996）130頁参照。

[31] 倉田・前掲注11・106頁参照。

[32] 勅使川原・前掲注11・264頁は、一時金賠償の分割払を、「既に確定・具体化した債権の期限の猶予を行なうものであり、被害・加害者による期限の利益の放棄によって、一括払いに切り替えられるものである」とする。

[33] 両賠償方法の間に賠償額の多寡が生じうることから質的（あるいは量的）相違を理由づけるものとして、岡田・前掲注11・120頁、山本（克）・前掲注4・669頁参照。

て元本による一時金払いを請求することができる」と規定する。条文上は「元本による」と規定されているが、一時金の額それ自体は、「支払われるべき定期金相当額を元本として、給付の継続が想定される期間に発生するその利息収益分を差し引いた額」とされている[19]。

一時金払は単一の賠償請求権のための一つの選択肢であり、定期金払との組み合わせが比較的柔軟に認められている[20]。両賠償方法の差異は、一時金払が、元本価額の算出に際しての将来の予測リスク（Prognoserisiko）を意識的に負担し、その人的および経済的関係の将来における展開を考慮に入れることを放棄するところの、裁判官の裁量による和解（Vergleich）としての性質を有するものである[21]という点にある。そして、定期金の支払を求める申立てと一時金の支払を求める申立てとは、質的に異なる「異質のもの（*aliud*）」として把握されており[22]、重大な事由が認められないことにより請求が棄却されることを回避するためには、一時金の支払を求める原告は、定期金の支払を求めることを予備的に申し立てておかなければならないものとされている[23]。

4　日本法への示唆

このように、履行確保の制度を用意しているドイツにおいても、裁判所による賠償方法の修正は認められていない[24]。そうすると、損害賠償義務の履行に関する諸制度が整備されることと、救済方法に関する原告の申立ての拘束力が認められるかが定まることとは、論理必然には結びつかず[25]、資力悪化のリスクという点は、両賠償方法の差異の決定的な要因たり得ないように思われる。

思うに、両賠償方法の広義の請求としての差異は、ここでは端的に、訴訟物たる損害賠償請求権の行使態様ともいうべき処分方法の差異に見出すべきであると考える。そもそも、一時金賠償請求に対する定期金賠償判決を認める見解は、定期金賠償を一時金賠償に対する期限の猶予のようにみるのであるが、当初から確定額の現在債権として一時金賠償を請求している原告が期限の猶予を与えたという構成を採用することは論理矛盾であり、原告が猶予の付与を否定するにもかかわらず、被告側の申立てだけで、または裁判所の裁量により

[19] BGH, VersR 1981, 283. Vgl. Kötz/*Wagner*, Deliktsrecht, 14. Aufl., 2021, S. 280; ハイン＝ケッツ/ゲルハルト＝ヴァーグナー（吉村良一ほか監訳）『ドイツ不法行為法』（法律文化社、2011）350頁参照。

[20] Vgl. Staudinger/*Vieweg*, BGB, 2015, §843 Rn. 36. その前提として、ドイツにおいては、BGB843条1項に基づく定期金賠償請求権が単一のものであり、それが独立した訴訟物を構成するものと解されている。Vgl. BGH NJW 1958, 343; BGH NJW 1974, 41.

[21] BGH NJW 1981, 818, 819; Staudinger/*Viewig*, a. a. O. (Anm. 20), §843 Rn. 37.

[22] Vgl. BGH NJW 1998, 3411, 3412. 事案は、慰謝料請求に関するものである。岡田・前掲注11・115頁も参照。

[23] Vgl. RGZ 136, 373, 375; Staudinger/*Vieweg*, a. a. O. (Anm. 20), §843 Rn. 38 und 163. なお、倉田・前掲注11・117頁は、一時金払の請求にはBGB843条3項の重大な事由の要件の立証を要するから、立証に失敗すれば、定期金払の判決になるとするが、そのような両者間の融通性はドイツにおいても否定されていることになる。

[24] 岡田・前掲注11・115頁参照。

[25] 岡田・前掲注11・121頁以下参照。

もっとも、原告の申立ての範囲内であれば、その一部について認容判決をすることは、原告の通常の意思に合致するものと推測されるため、処分権主義違反とはならず、現在給付請求に対して将来給付判決をすることも、一部認容として一般には可能と解されている[13]。そして、これを前提として、現在給付としての一時金賠償請求に対して、その一部認容として将来給付としての定期金賠償判決をすることも許されるとする見解がある[14]。しかし、これに対しては、裁判所がそのような期限の利益を債務者に付与することが許されるかという実体法上の先決問題との関係で、定期金賠償判決が判決後の債務者の資力の悪化のリスクに全面的にさらされることからすると、損害賠償請求権者がこのリスクを甘受して自ら定期金賠償判決を求める場合はともかく、裁判所が一時金賠償判決の申立てに対して原告の意思に反して定期金賠償判決をすることは疑問であるとする反対説もある[15]。

他方で、こうしたリスクは、損害保険制度でカヴァーできると考える（また、民訴法117条の新設により事情変更に対処する制度的手当ができ、賠償ノイローゼや被害者心理も決定的な問題ではないと考える）場合には、原告の申立てにかかわらず、裁判所の裁量で定期金賠償判決もなしうることとなるから、損害賠償義務の履行に関する諸制度が整備されることにより、かかる救済方法に関する原告の申立ての拘束力が認められるかが定まるとする指摘もある[16]。しかし、このように単純に割り切ってよいのかについては、疑問が残る。この点について考察する前に、ドイツ法における定期金賠償に関する規律を参照する。

3　ドイツ法における定期金賠償に関する規律

ドイツ民法典（BGB）843条1項は、「身体又は健康の侵害により、侵害を受けた者の稼働能力が喪失若しくは減少し、又は必要費が増加した場合には、侵害を受けた者に対し、定期金の支払いによって損害賠償をしなければならない」[17]と規定する。この損害賠償定期金は、将来の反復的給付を求める訴えに関するドイツ民訴法典（ZPO）258条にいわゆる反復的給付に含まれるものと解されており[18]、したがって、損害賠償定期金の支払を求める訴えは将来の給付の訴えとしての性質を有するものと解されている。

他方で、BGB843条3項は、「侵害を受けた者は、重大な事由があるときは、定期金に代え

---

[13] 高田裕成＝三木浩一＝山本克己＝山本和彦『注釈民事訴訟法 第4巻』（有斐閣、2017）960頁以下および959頁〔山本和彦〕参照。
[14] 倉田・前掲注11・117頁等参照。
[15] 中野貞一郎＝松浦馨＝鈴木正裕編『新民事訴訟法講義』（有斐閣、3版、2018）469頁〔松本博之〕参照。日本では、定期金賠償にあたって、かかる時間的経過に起因する債務者の無資力化のリスクの増大に対応する履行確保の制度的保障を持たないことから、少なくとも履行確保の制度的保障がないうちは、利害得失のある両賠償方式は同じ制度的基盤の上に立つものとしてみることはできず、救済方式の選択権が、当事者の処分権とみるべきであるとするものとして、勅使川原・前掲注11・278頁以下参照。
[16] 坂田・前掲注9・185頁参照。
[17] 本報告におけるBGBの邦訳は、E. ドイチュ／H. -J. アーレンス（浦川道太郎訳）『ドイツ不法行為法』（日本評論社、2008）に依拠した。
[18] Vgl. Münchkomm/*Becker-Eberhard*, ZPO Bd. 1, 6. Aufl, 2020, §258 Rn. 6; Stein/Jonas/*Roth*, Kommentar zur Zivilprozessordnung Bd. 3, 23. Aufl., 2016, §258 Rn. 2 und 5.

民訴法 246 条を中核的内容とする処分権主義は、民事訴訟の対象となる権利関係が、元来当事者の自由処分に委ねられているとする私的自治の原則にその根拠を置く[5]。判例には、民訴法 246 条にいう「事項」とは訴訟物の意味に解すべきであるとするものがある[6]が、そのほか、審判手続の種類、審判の順序の決定も、それが当事者の選択にまかされている限度では、当事者に選択の自由を認め、その決定に裁判所が拘束されるのが当然であるし、また、求める判決内容の決定も、当事者の自由処分にまかされてしかるべきであると考えられる[7]。したがって、申立事項は、広義の請求（原告の被告に対する一定の法的利益の主張と、その主張を認容して特定の判決（勝訴の給付判決・確認判決・形成判決）をせよという裁判所に対する要求）と同義に用いられているものと解しうる[8]。そして、定期金賠償請求についても、それが広義の請求として一時金賠償請求と異なるところがある場合には、処分権主義が問題となることになるため、両賠償方法の広義の請求としての異同を検討する必要がある。

2　将来給付としての定期金賠償と無資力化のリスクの問題

旧訴訟物理論によれば、一時金賠償請求訴訟の場合も、定期金賠償請求訴訟の場合も、訴訟物は、民法 709 条の不法行為に基づく損害賠償請求権である[9]。そして、定期金賠償判決においても、この損害賠償請求権は口頭弁論終結時に存在するものであることから、判決の基礎となる定期金賠償請求訴訟も、将来の給付の訴え（民訴法 135 条）ではなく、現在の給付の訴えとみなされるものとされている[10]。しかし、学説の数だけからいえば、定期金賠償請求訴訟を将来の給付の訴えとみなす有力説の数がかなりにのぼる状況になっており[11]、裁判例も、一時金賠償の分割払と判断された事例を除けば、基本的にはこれを将来の給付の訴えとみなしているものと思われる[12]。したがって、現在給付か将来給付かという点に、両賠償方法の形式的な差異は見出されるものということができる。

---

斐閣、2015）670 頁参照）。リーディングケースとされる最判昭和 62 年 2 月 6 日集民 150 号 75 頁（付添看護費用に関するもの）も、後者の問題点に関するものであった。

5　兼子一ほか『条解 民事訴訟法』（弘文堂、2 版、2011）1335 頁以下〔竹下守夫〕参照。

6　最判昭和 33 年 7 月 8 日民集 12 巻 11 号 1740 頁。

7　兼子ほか・前掲注 5・1336 頁〔竹下〕参照。

8　新堂幸司『新民事訴訟法』（有斐閣、6 版、2019）330 頁および 308 頁以下参照。

9　坂田宏「処分権主義よりみた定期金賠償判決」谷口安平古稀『現代民事司法の諸相』（成文堂、2005）183 頁以下参照。

10　秋山幹男ほか『コンメンタール民事訴訟法Ⅱ』（日本評論社、3 版、2022）544 頁、雛形＝増森・前掲注 2・11 頁参照。

11　例えば、倉田卓次「定期金賠償試論」同『民事交通訴訟の課題』（日本評論社、1970）105 頁、越山和広「定期金賠償と新民事訴訟法一一七条の変更の訴えについて」近法 45 巻 2 号（1998）83 頁、高田・前掲注 3・171 頁、勅使川原和彦「定期金賠償請求訴訟と処分権主義」同『民事訴訟法理論と「時間」的価値』（成文堂、2009）279 頁、岡田洋一「定期金賠償と処分権主義」法論 87 巻 2・3 合併号（2014）101 頁、三木浩一「後遺障害逸失利益と定期金賠償」加藤哲夫古稀『民事手続法の発展』（成文堂、2020）163 頁等参照。

12　一時金賠償の分割払と判断された事例として、札幌高判平成 16 年 7 月 16 日金判 1225 号 16 頁、名古屋地判平成 16 年 7 月 7 日交民 37 巻 4 号 917 頁等参照。なお、定期金賠償に関する裁判例を一覧にまとめたものとして、勅使川原・前掲注 11・250 頁以下および 288 頁以下参照。

シンポジウム③

## 定期金賠償に関する民事訴訟法的視点からの考察——令和2年判決を契機として

2022年5月28日

令和4年度（第53回）日本交通法学会定期総会シンポジウム

**宇都宮　遼平（大東文化大学）**

はじめに

最判令和2年7月9日民集74巻4号1204頁（令和2年判決）は、定期金賠償[1]のあり方について再考を迫るものである。平成8（1996）年改正民訴法で、定期金賠償を命じた確定判決の変更を求める訴えが規定上明定されたため、損害賠償の方法として定期金賠償が日本の実体法の許容するものであることが明らかになったが、損害概念と定期金賠償との関係、定期金賠償が認められる要件の詳細などの実体法レベルの問題は、従来と同様解釈に委ねられているものとされている[2]。もっとも、その解釈に際しては、実体法的視点からの考察だけでなく、従来、定期金賠償との関係で議論の蓄積がなされてきた処分権主義に関する民訴法246条や、判決の変更を求める訴えに関する同117条のような民訴法規の規律を手がかりとした、民訴法的視点からの考察もまた有用であるように思われる。

本報告は、こうした民訴法的視点から、令和2年判決を契機として浮き彫りとなった定期金賠償をめぐる諸問題に関し考察するものである。なお、民訴法117条の立法に際しては、ドイツ法から大きな影響を受けたことが推測されるということが指摘されている[3]。したがって、本報告においても、ドイツ法を参考にする。

### 一　定期金賠償と処分権主義、訴訟物

#### 1　定期金賠償と処分権主義との関係

令和2年判決は、定期金賠償請求に対して定期金賠償判決を下したものであり、それ自体は直接、処分権主義の問題に関わるものではない。しかし、後遺障害逸失利益が定期金賠償の対象となりうるのは、不法行為に基づく損害賠償制度の「目的及び理念に照らして相当と認められるとき」に限られるものと判示していることからすると、後遺障害逸失利益の賠償方法として定期金賠償が相当でないと判断される場合がありうるということになる。したがって、原告が後遺障害逸失利益について定期金賠償を求めている場合に、こうした判断がなされてしまったとき、裁判所は職権で一時金賠償判決を下すことができるのか（すなわち、原告の定期金賠償請求の申立てに拘束されないのか）、あるいは反対に、一時金賠償請求に対して定期金賠償判決を下すことができるのかというかたちで、処分権主義が問題となることになる[4]。

---

[1] 本報告においては、「定期金賠償」の語を、民訴法117条1項の「定期金による賠償」と同義に用いることとする。

[2] 雛形要松＝増森珠美「定期金による賠償を命じた確定判決の変更を求める訴え」三宅省三ほか編『新民事訴訟法大系―理論と実務―第2巻』（青林書院、1997）9頁参照。

[3] 高田裕成「定期金賠償判決と変更の訴え」竹下守夫＝今井功編『講座 新民事訴訟法Ⅰ』（弘文堂、1998）179頁参照。

[4] なお、後者の問題点だけが論じられることが一般的であるということが指摘されている（山本克己「定期金賠償と民事訴訟法246条」伊藤眞古稀『民事手続の現代的使命』（有

# 報告4　令和二年七月九日最判を受けての保険実務

志村　崇
（損害保険ジャパン株式会社　保険金サービス企画部自動車グループ課長代理）

司会・高野　ただいま訴訟手続法の観点から、以前から議論のある問題についてどう整理していくべきかというお話をいただきました。いずれにしても、いろいろ問題が残されすぎていて実務対応としてはどうすべきなのだと、悩みが多いわけでありますが、ここで損害保険ジャパン株式会社保険金サービス企画部自動車グループ課長代理の志村崇さんからご報告をいただくことにします。

志村さんは、二〇〇六年に損害保険ジャパン株式会社に入社され、自動車保険金支払部門において東京地区の人身損害事案を取り扱われ、二〇一三年からは千葉地区の人身損害事案の担当をされました。二〇一九年四月からは保険金サービス部門を統括する保険サービス企画部に異動されまして、現在に至っています。今回の最高裁判決の影響で、今後定期金賠償を求める事案が今までよりは増えるのではないかとは思われますが、実際のところ、具体的な対応は損保会社が行わざるを得ないわけでして、どのように対応していくか。その方針を決定することも、今や先延ばしができない状態であることは間違いないだろうと思います。

現在、定期金賠償の請求が行われる事案は増えているのか、どのくらいあるのか。それに対する損保会社としての対応の仕方はどうなのか。あるいは定期金賠償を実施するようになった場合、今後どのような問題が発生してきそうなのか、損保会社以外の関係者も非常に興味があるところだと思いますので、定期金賠償を現実的に運用する観点からの不安な点、あるいは解決すべき点などについてご報告をいただければと思います。

それでは、志村さん、よろしくお願いいたします。

ただいまご紹介に預かりました損害保険ジャパンの志村と申します。本日は、このような貴重な機会を頂戴し、大変ありがたく思います。お声掛けくださった事務局の皆様に改めて感謝申し上げます。

さて、本件は当社の自動車保険である対人賠償責任保険の事案です。本判決を受けてどのように考えるのか、そして、保険会社の実務にどのような影響を与えるのかという観点を中心に個人的な見解も交えながらご報告をさせていただきます。理解の深い皆様方には、稚拙な内容と捉えられるところもあろうかと存じますが、何卒ご容赦いただければ幸いです。

それでは、まず始めに、保険会社のことにつきまして少し触れさせていただきます。

私ども保険会社は、日々大量の自動車事故を取り扱っています。そしてこの大量の事故について、保険を通じて当事者の方と深く関わる立場にあります。

自動車保険には、加入者自身の損害を担保する「ファーストパーティ型」の保険、今回のような加入者の賠償責任を負担する「サードパーティ型」の保険があります。昭和四九年に発売した示談交渉サービス付きの自動車保険をはじめ、その後、お客様の利便性や補償性などを前提として各社様々な保険商品を発売しています。

このような保険商品を通じた交通事故における保険会社の役割は、大量に発生する交通事故について、お客さまからお預かりした貴重な保険料を公平かつ迅速に適正な保険金としてお支払いすることにあります。なかでも賠償責任保険においては、当事者の感情、事実認定、評価といった点などで対立することが多くあります。そのため、保険会社の担当者は、契約者や被保険者の代理という立場である一方、当事者間の調整役として被害者の方へも丁寧な説明や親身な対応などにより被害者を支援するなど、事故の解決のみならず社会的にも重要な役割を担っているものと自負しています。

そして、保険は相互扶助の精神から成り立つもので、保険金の支払と保険料の間には絶妙なバランスがあります。そのため、被害者保護のためにということで、多くお支払いすればよいというものでもありません。

このような実情を前提として、保険会社の担当者は、調整役として公平、迅速、大量の処理を行い、一定定型的、定額的に処理をすることが求められています。

そして、当事者の気持ちの整理を含めた、示談による一回的・終局的な解決を当然のこととして行ってきたという背景があります。

ここからは、本題の将来介護料と逸失利益の賠償方法につきまして、実務目線でみていきます。

まず前提として、定期金賠償と一時金賠償を比較した場合、中間利息の控除によって一時金賠償の方が見かけ上の金額が低くなります。見かけ上と申しますのは、本判決の補足意見でも触れられていますが、中間利息控除はあくまで等価性を保つための擬制的な手法によるものの結果ですので、本質的には同じという位置付けと考えています。

しかしながら、介護料は現実的に支出を余儀なくされる性質のものでありますので、予定通りの運用がされないことで不足といった事態も想定されます。

こうした背景や、民訴法一一七条の新設によって、将来介護料においては、より現実に即した賠償として定期金による賠償が一定認められてきたと理解しています。

一方、逸失利益は、このような介護料とは性質が異なるという認識の下、定期金になじまないと捉えられる傾向にありましたが、一八歳未満の未就労者については就労開始時期までの期間が算定されないという、いわゆる「中抜き」によって見かけ上の金額の差というものがより顕著となる課題がありました（参照〈表1〉収入額を令和二年賃金センサス企業規模計・学歴計・男とした場合の、労働能力喪失率一〇〇％における逸失利益試算額比較表）。

こうした中、後遺障害逸失利益についても定期金での請求が可能であるという本判決により、被害者の選択肢が増えたものとして受け止めています。

やや本論からは脱線するかもしれませんが、判決文中の「交通事故の被害者が事故に起因する後遺障害による逸失利益について定期金による賠償を求めている場合」の部分につきまして、検討します。

これまで定期金賠償においては、債務不履行のリスクというものが取り上げられてきました。数十年も先のことで何があるか分からない、もしかしたら保険会社が破綻するかもしれないという可能性もゼロとは言い切れません。まして保険に加入していない加害者においては、途中で支払が滞るといったことも考えられることから、定期金での賠償を求めることはなかなか考え難いものです。

よって、今回の判決は、加害者の保険加入が前提の考え方、支払方法なのではないかと考えられ、保険会社が担う社会的責務について改めて痛感したところです。

続きまして、先だって先生方からもいろいろなお話がありましたが、本判決の違和感が残ったところにつきまして、ご説明いたします。

逸失利益の定期金賠償で、就労予定年数の終期よりも前に死亡した場合に、その後も支払を継続するというところです。定期金賠償とは、その都度発生する損害について、その都度賠償するという回帰的な給付という位置付けで考えてきました。そして、平成一一年一二月二〇日の最判では、「一時金賠償方式をとる場合には」という一時金賠償方式を前提として、「損害は交通事故の時に一定の内容のものとして発生したと観念され、交通事故後に生じた事由によって損害の内容に消長を来さないものである」とされていることから、この平成一一年最判を見る限りでは、定期金賠償においては射程外で、今回最高裁は新しい考え方を示したのではないかと考えています。

確かに、本判決でも引用する平成八年最判の、事故後に生じた事由によって、加害者の負担する賠償義務が変わるということは、公平性の理念においては判旨のとおりと考えていますが、これまで長年、保険会社では、一時金賠償というものが身に染み込んでしまっていることもあり、逸失利益を定期金でお支払をすると考えたときには、単なる分割払という見え方になってしまいます。

少し余談にはなりますが、若年者の多くは社会に出て働きたいという意欲があり、障がい者雇用などが社会的にも受容されている現在において、仮に働けるような身体的状態であっても、定期金による安定した収入が得られることや、民訴法一一七条による再度の紛争の懸念が足枷となることにより、働くことの機会を奪うことになりかねないかという心配もあります。

また、若年者の逸失利益は全年齢平均給与額で算定するということが一般的ですので、被害者は毎月手取りで約四五万円を受領することになります。四〇代、五〇代になるとやや見劣りする金額かもしれませんが、若年者には高額に感じます。これは極端な例にはなりますが、理屈上では、例えば若年者の時代に一〇年間毎月四五万円を受領した後、仮に一〇年後にもし一〇〇％働けるというようなことがあった場合、その後の逸失利益は発生しないということになるので、当初の一〇年間というのがやや高額という点にも、少し違和感があります。

次に、現在も争いとなっている課題としまして、「目的及び理念に照らして相当と認められるとき」という法理判決と考えられる部分が抽象的であり、この「相当と認められるとき」が、どのような「とき」であるのかという判決の射程が必ずしも明確になっているとは言えないと考えます。

本判決では、個別事情を総合考慮して、相当と認められるというべきであるとして、相当と認められる「とき」の一例を示したものと考えられますが、その他のケースにおいては、補足意見のとおり、どのような場合に「相当と認められる」かが明確ではないということが、実務においては、担当者における判断のバラツキというところにつながると懸念しています。

実際、この判断のバラツキというものを最小化するためには、一定の内部規定という何らかの目安を設定することが被害者への迅速かつ公平な賠償につながるのではないかと考えますが、内容について判断の基礎となる「喪失期間」「喪失率」「障害の内容」「その他考慮すべき事情」について、どのような目安を用いればよいのかということが、本判決からは見出すことが難しいという課題があります。

そして、この「相当と認められるとき」が明確ではないことで、大量の交通事故を扱う保険会社として悩ましい点は、裁判外における被害者からの請求に対する対応です。

裁判では、個別具体的な事情について裁判所を通して、当事者双方が理論的に主張立証を行うということができます。しかし、裁判外においては、一部報道で取り上げられていた「定期金賠償は一時金賠償と比べて、賠償額が増える」という点にのみ焦点が当てられ、相当と認められるときとはどういうときで、認められる場合とそうでない場合があること、なぜそのような検討をするのかということなどについて、実態に即した賠償の実現や、紛争の継続という問題点についての議論をすることが難しく、なかなか納得感を得ることが難しいのではないかと思います。

例えば、頚椎捻挫後の神経症状として後遺障害一四級が認定となった被害者が、後遺障害逸失利益を定期金で求めたような場合、目的と理念に照らして相当かどうかという文言のみでは、説明しきることや理解を得ることは難しいと思います。

このような場合の考え方としては、将来算定となる事情に著しい変動が生じたとしても、喪失率が五%と限定されているので、影響を受ける範囲もかなり限定的で、喪失期間も五年などの限定された短期的な認定となることが多く、定期金によらなければ将来被害者に著しい不合理が生じるとまでは言えないことから、一時金による賠償でも十分解決可能であると考えられます。

しかしながら、この考え方というのが、本判決では明確に示されていないこともあり、一般の方との見解の相違や、理解を得ること自体が難しいといった可能性が考えられ、紛争化してしまうひとつの原因になり得ると考えています。

次に、症状固定の考え方と後遺障害程度の変動可能性といった点について、見ていきます。まず自動車事故における「後遺障害」とは、傷害が治った時に、身体に残された精神的又は肉体的な毀損状態で、傷害と後遺障害の間に相当因果関係が認められ、その存在が医学的に認められる状態のことと定義されています。

そして、この「傷害が治った時」とは、治療の効果がこれ以上期待できず、将来においても回復が期待できないというもので、症状が固定した状態として、一般的に「症状固定」と呼ばれています。

そうしますと、一部の障害を除けば、症状固定時における残存症状というものは、永久に残存するということが前提となりますので、症状が将来、著しく変動するということは、想定していないのではないかと言えます。

しかしながら、なかには、「〈図1〉症状推移と将来の変動のイメージ」に示すとおり、残存症状に変動が生じるようなケースもゼロではありません。

この「症状固定」につきましては、後遺障害診断書が立証資料となります。後遺障害診断書には、医師が障害内容の増悪と緩解の見通しを記載する欄があります。

後遺障害診断書は、症状が固定して、後遺障害が残存したことを医師が評価するものですので、実際症状が固定していることが前提で、「増悪・緩解の見込みなし」や「症状固定している」というような症状が変動しないという記載が大多数ではないかと思います。

そして、保険会社は、この後遺障害診断書などの立証資料に基づいて、症状が固定しているということを確認し、残存している後遺障害を調査して、どの後遺障害等級に当てはまるのかということを審査していくことになり、その結果に基づいて損害賠償額の算定をするというような流れになります。

以上の後遺障害という定義と症状固定の考え方を前提に、本判決の双方後遺障害の主張を見てみますと、原告は後遺障害三級を主張し、被告は後遺障害五級が相当ではないかという主張をしています。最判や、その後の下級審裁判例で判示されていることなどを結果論として見る限りにおいて、定期金賠償による解決が相当かという点については、将来の変動可能性、つまり現時点の算定額と将来の現実化した損害額というものの乖離の可能性がポイントになるのではないかと考えています。

この被告の五級相当の主張が、裁判所としては単に症状固定時の評価として、五級が相当であるということだけにとどまらず、症状固定時から現在において五級相当まで回復しているのかもしれない、すなわち緩解傾向にあるのかもしれない。そうすると、将来変動する可能性もあるのではないかと捉え、これを考慮要素として定期金を認めたと考えることができます。事故当時四歳、高次機能障害、喪失率一〇〇％という、本件の個別事情というものが前提とはなりますが、若年の高次脳機能障害は自然的経過を超えて改善することがあり得、現在の回復の状況を考慮したときには、この先何十年という長い期間でみた場合に、労働能力喪失率一〇〇％という事情に変動が生じるという可能性を考慮し、双方のバランスをみて見出した結論が将来事情の変更が可能な定期金賠償であったと考えているところです。

以上を踏まえると、裁判では、個別事情を十分に考慮して、定期金賠償が認められるものかということを判断していくことが可能ではありますが、一般的な多くの事案に端的に当てはめて判断することはかなり困難であり、定期金賠償は裁判外においてはあまりなじむものではなく、むしろ議論を複雑化させてトラブルの原因にもなり得ることを保険会社は懸念しています。

そうしますと、現状では、結局のところ裁判所の判断に委ねざるを得ないというケースも多く出てくるのではないかと危惧しており、大量、迅速、公平という対応が求められる保険会社には悩ましい課題であって、一般の方に対して分かりやすく納得感のある説明ができるような判断の目安のようなものが欲しいところでもあり、今後の裁判例の集積が待たれます。

次に、被害者と保険会社の関わりが長期的になることによる課題を見ていきたいと思います。まず、一時金賠償の場合は、中間利息控除、賃金水準や物価の変動、費消や運用損失などのリスクやデメリットがある反面、一回的、終局的な解決ができるという大きなメリットがあります。一時金で解決したような場合は、例えば、後遺障害による損害のお支払をして解決となった後に、仮に奇跡的な回復によって症状が劇的に改善したとしても、よほどのことがない限り保険会社が被害者に対して返還を求めたりするケースはありません。

一方で、ごくまれに症状が増悪したとか想定外の症状が生じたとして、示談後に請求をされるようなケースがあります。このような場合は、相当因果関係や示談という性質を踏まえて検討していくことになりますが、争いに発展するケースも多くあると思います。

定期金賠償の場合は、支払が続く限り、症状や就労状況などについて定期的に確認をさせていただくことになります。被害者にとっては、症状が固定して後遺障害の認定を受けているにもかかわらず、症状変化の確認をされるという煩わしいと感じるような関わりが長期間にわたって続くことになります。被害者は見かけ上の賠償受領額といった金銭的メリットが大きいものの、保険会社と長期的にかかわっていかなければいけないということや、将来、再度紛争が再燃するといった可能性も慎重に検討する必要があると考えています。

そして、定期金賠償が意図するところの実態に即した公平に適う賠償を実現するためには、正しい情報を申告していただくという被害者の協力も必要不可欠になるかと思います。

しかしながら、判決文には書かれていませんので、被害者にはこのような協力をする義務がないことになります。そうすると、協力的な被害者の方とそうでない被害者の方との公平性という観点で課題が出てきてしまうと考えています。

この点につき、裁判所が後遺障害逸失利益の定期金賠償を認容する場合は、被害者の方に一定の申告義務を課すなどの判決をしていただけると、将来においても、より実態に即した公平な賠償の実現につながるということになるのではないかと期待していますが、やはり難しいと思っています。

次は、保険会社の支払管理体制に関する課題についてです。

保険会社は、支払が完了していない事案については、個別に担当者を設定し支払の事務処理であったり、契約者や被害者の方に定期的に連絡を実施したりしています。

また、担当者がこれらの手続を適切に行えているかという管理者による管理も行っています。一時金で解決した場合、担当者や管理者は、解決後はその事案について管理する必要がなくなりますが、定期金の場合は支払が続くため、管理すべき事案が増え続けていくことになります。

このような人や書類といった管理負荷ということは、保険会社としては避けることができないと考えており、支払自動化やシステム構築といった意見もありますが、莫大な投資コストも必要となるため、今後の定期金賠償事案の件数等の推移を見ながら、仕組みや効率化を検討していく必要があると考えています。

後遺障害逸失利益の定期金支払における固有の課題は、被害者との長期的な関わりや保険会社の支払管理体制といったもののほか、本日も議論が多数上がっている支払終期より前に被害者が死亡したような場合の取扱いが、固有の課題になると考えています。

このことは、被害者が未受領の将来分の定期金が相続上で問題となり得ると考えられますし、ご遺族の方に定期金賠償を継続するということについては、ご遺族の方にその都度損害が生じているといえるのか、それを契約者の方に理解を得られるように説明できるのか、その都度賠償すべき必要があるのかという点で、なかなか難しい問題です。

また、このような場合には、一時金に変更して支払うことが合理的ではないかと考えます。補足意見でも述べられていたとおり、後遺障害の変動可能性がなくなったことによる、民訴法一一七条による訴えの提起ということも併せて必要ということになりそうですので、これまで無関係であった被害者のご遺族の方と訴訟を行うという紛争を避けることができない状況も想定されます。

最後に、一時金賠償と定期金賠償の事例をまとめましたので、簡単にご紹介をさせていただきます。

まず、一時金賠償と定期金賠償、将来介護料と逸失利益の関係性を見てみますと（参照〈表2〉逸失利益と介護料の請求方式と事例）、これまで一時金賠償で解決していた通常の事案を「類型1」として、次に介護料のみ定期金で対応する事案を「類型2」、本判決のように逸失利益と介護料の両方を定期金請求する事案を「類型3」、逸失利益を定期金で介護料を一時金で請求する事案を「類型4」、介護料の請求がない後遺障害の低位等級の事案を「類型5」と、区分して検討しました。

類型4と5には岐阜地判と札幌地判があり、当社の事案としては大多数が逸失利益と介護料ともに定期金請求「類型3」の事案です。

最判後の判決が気になりますので、岐阜地判と札幌地判も交えて少し比較をしてみます（参照〈表3〉後遺障害逸失利益の定期金賠償請求事例）。

まず、先ほどの「類型3」の判例としては、本判決が該当して、後遺障害の内容は高次脳機能障害、喪失率一〇〇%、喪失期間四九年、過失相殺二〇％という事案で、逸失利益、介護料ともに定期金での賠償が認められています。

もう一つ、「類型4」に岐阜地判が該当して、後遺障害の内容は遷延性意識障害で、喪失率一〇〇％、喪失期間三一年、過失相殺五五％という事案です。

「類型5」に札幌地判が該当して、高次脳機能障害で、喪失率三五％、喪失期間四二年、過失相殺一〇％という事案です。仄聞したところでは、「類型4」の岐阜地判と「類型5」の札幌地判は、高裁で和解をしているので、地裁判決をこの場でご紹介するのが適切かという点はあるものの、地裁判決では、逸失利益を一時金賠償と判決しています。

これらの事例と、当社の事例を併せて、「後遺障害等級と労働能力喪失率」を「横軸」、「労働能力喪失期間」を「縦軸」としてマットリックスでまとめてみますと〈参照〈表4〉後遺障害逸失利益の定期金賠償請求事例〉、労働能力喪失率一〇〇％の事案が大部分を占めているということが現在の請求状況です。

そして、将来の変動可能性といった観点で見てみますと、現時点で算定された損害額と将来の実態との著しい乖離が生じる可能性があることについては、喪失率と喪失期間に相関関係がありますので、表の「左上」が最も乖離が生じる可能性が大きく、表の「右下」が最も乖離が生じる可能性が小さいということになると考えています。

ここで、先ほどの「類型4」、逸失利益を定期金、介護料を一時金で請求した岐阜地判の内容を紹介します。判決は、「原告自身が将来の介護費用を一時金の方式による賠償を求めていることからすれば、その状態が将来的に変動する可能性がないことを前提においていると考えざるを得ない」との裁判所の考えを示しつつ、「一時金の形で損害を評価した場合に、将来における事情の変更により、現時点において算定された損害額と現実の損害額に大きなかい離が生じ原告に不利益が生じる事態を具体的に想定することは困難であり、上記の不法行為制度の目的及び理念に照らして、定期金の方式による賠償を命じるのが相当と認められる場合には当たらないというべきである」として、逸失利益、介護料ともに、一時金による賠償を命じています。

次に、先ほどの「類型5」、逸失利益を定期金、介護料の請求がない札幌地判の内容を紹介します。判決は、「高次脳機能障害の程度が今後大きく変化することは考え難い」ということと、「現在の日本のような成熟社会においては、長期間経過したとしても賃金水準が大幅に上昇するとは考え難い」との裁判所の考えを示しつつ、喪失率が三五％であることから、影響を受ける範囲も三五％にとどまるとして、「算定された損害額と将来において現実化する損害額との間に大きな乖離が生じる可能性は高いとはいえず、当該乖離が生じる場合に民事訴訟法一一七条によってその是正を図ることができるようにすることが強く要請されるものとは言い難い」ということと、現実的に「相当程度の収入を得ることが可能」であることから、その都度定期金による支払をする「必要性が高いとはいえない」として、後遺障害逸失利益について一時金による賠償を命じています。

このように、本最判以降、後遺障害逸失利益の定期金賠償を命じたという判決が見当たりませんので、本最判や岐阜地判、札幌地判の内容をもとに考察した結果を報告します。

まず、民法上、損害賠償においては一時金でなければならないという定めはなく、民訴法一一七条によって、定期金賠償判決について将来著しい事情の変更が生じた場合、確定判決の変更を求める訴えを提起することができることから、後遺障害の逸失利益についても定期金による請求は選択肢としてあるということが整理できます。

一方、最高裁はこのことを前提として、交通事故においては、損害賠償制度の目的と理念に照らして相当と認められるときが対象となる、と判示したものと理解しています。

そして、「相当と認められるとき」がどのようなときであるのかという点が、最判では必ずしも明確になっているとは言えない状況であり、以上のことや二つの地判も併せて見る限りにおいては、定期金賠償が相当と認められるときというのは、実態に即した公平に適う損害賠償の実現が求められる事案ということになると考えています。

この点は、現時点での算定額と将来の算定額に著しい乖離が生じる場合を想定しているものと捉えられ、その実は症状の変動可能性が一つの大きなポイントになると考えています。

そうすると、喪失率が一〇〇％の場合、症状の変動によって乖離が生じる場合というのは改善しかないということになり、改善の主張をするのは通常、被告側ということになるため、被告側が将来の改善可能性の主張を行わないと、その他の個別事情にもよりますが、定期金賠償を認めるという選択肢がやや狭まるのではないかと考えます。

以上のことから、後遺障害逸失利益の定期金賠償が認められるケースというのは、喪失期間が長期で、将来、症状が変動する可能性があって、労働能力喪失率や過失相殺も踏まえて、現時点で算定される損害額と将来の損害額に著しい乖離が生じる可能性を否定できない事案について、より実態に近い、公平な損害賠償を実現していくというために、認められるものではないかと考えます。

以上が、私からのご報告です。ご清聴いただきましてありがとうございました。

司会・高野　志村さん、どうもありがとうございました。実際、損保側としてどのような対応をするかといろいろ悩ましい点などご報告いただきまして、確かにそういう問題が今後出てくるのだろうなと思いました。

３．定期金賠償請求の事例報告

Sompo Japan Insurance Inc.

（５）後遺障害逸失利益の定期金による賠償が相当と認められる場合の考察

本判決より約２年が経過しようとしているところ、現段階においては、本判決以外で定期金賠償を認めた判決は見当たらない。前掲の２件の地裁判決においても、本判決の「損害賠償の目的と理念に照らして相当」という点に個別事情を当てはめて、合理的な解釈をしているものと考える。

本判決や２件の地裁判決をふまえ検討すると、現在の日本のような成熟社会においては賃金水準が将来著しく変動することは想定しづらいことから、症状（障害）の変動可能性が判断ポイントであると考えられる。症状（障害）の変動可能性については、労働能力喪失率が１００％の場合、本判決の類似事案であっても、加害者が症状固定時の後遺障害等級の評価を争うことや、症状固定後の症状（障害）改善の主張（現状における等級評価の主張）がなされなければ、症状（障害）の変動（改善）可能性には結びつかないものと考えられる。一方、被害者は症状（障害）の変動（増悪）の可能性を主張したとしても、労働能力喪失率が１００％を超えることはなく、変動可能性の主張は困難とならざるを得ない。また、労働能力喪失率が１００％未満の場合、被害者は症状（障害）の変動（増悪）可能性を主張することができるものの、症状固定後の著しい症状増悪については、「外傷の一般的な経過（疾病と異なり次第に改善）」と異なり、事故との相当因果関係があるとする医学的知見に乏しいため、変動可能性の主張は困難とならざるを得ない。

以上のことから、喪失期間が長期にわたるもので、症状（障害）が変動する可能性があり、労働能力喪失率や過失相殺もふまえた、現時点で算定される損害額と将来の損害額に著しい乖離が生じる可能性を否定できない事案が、より実態に近い公平な損害賠償の実現のため、後遺障害逸失利益が定期金賠償として認められるものと考える。

## 3．定期金賠償請求の事例報告



### （4）岐阜地判、札幌地判について

#### ① 岐阜地判（判決文抜粋）

本件事故による後遺症状について症状固定と診断された当時３１歳であった。その後遺障害の内容は頭部外傷後遷延性意識障害及び四肢体幹運動障害であって、後遺障害等級は１級１号と認定され、労働能力喪失率は１００％であると認められる。

すなわち、原告の後遺障害及び労働能力喪失の程度が、将来、さらに重篤化し、その点から原告に生じる逸失利益の額がより大きくなることは考え難い状態にある。他方、その症状が改善することも稀にはあり得ると考えられるが、原告自身が将来の介護費用を一時金の方式による賠償を求めていることからすれば、その状態が将来的に変動する可能性がないことを前提においていると考えざるを得ない。

また、原告が将来において得られる収入の見込みについていえば、原告は、会社を自ら経営していく前提で基礎収入を算定し、労働能力喪失期間を考慮することを求めているのであり、従前の就労状況からしても原告がａ社を経営していく蓋然性が高いものと考えられる。そうすると、上記のとおり原告の労働能力喪失の程度が将来的に軽減されることは想定されていないため、損害が現実化した時点で、実際に原告が会社を経営し現実に収入を得ていることは想定できず、結局、将来の現実の収入が現時点で算定する収入を上回る事態が生じることを想定し得ない。

そうすると、本件については、後遺障害による逸失利益について、一時金の形で損害を評価した場合に、将来における事情の変更により、現時点において算定された損害額と現実の損害額に大きなかい離が生じ原告に不利益が生じる事態を具体的に想定することは困難であり、上記の不法行為制度の目的及び理念に照らして、定期金の方式による賠償を命じるのが相当と認められる場合には当たらないというべきである。

したがって、逸失利益についても一時金の方式により賠償額を算定すべきである。



## 3．定期金賠償請求の事例報告

Sompo Japan Insurance Inc.

### （4）岐阜地判、札幌地判について

#### ② 札幌地判（判決文抜粋）

原告は本件事故当時２３歳と比較的若年であって就労可能期間が長期間（現時点から約４０年間）に及ぶものであることに加え、高次脳機能障害という後遺障害の性質にも鑑みると、同就労可能期間中に、逸失利益算定の基礎となる事情に変更が生じる可能性があることは否定できない。もっとも、原告は既に成人しており、本件事故後４年以上が経過していることからすると、上記１（１）アの高次脳機能障害の程度が今後大きく変化することは考え難い。

また、上記１（１）アの高次脳機能障害の内容及び労働能力喪失の程度を前提とすると、賃金水準等の変化があったとしても、それが逸失利益に与える影響は限定的である（そもそも現在の日本のような成熟社会においては長期間が経過したとしても賃金水準が大幅に上昇するとは考え難い上、賃金水準が一定程度上昇したとしても、原告の逸失利益に対しては当該上昇率の３５％の範囲で影響が及ぶにとどまる。）。

これらの事情に鑑みると、算定された損害額と将来において現実化する損害の額との間に大きな乖離が生じる可能性は高いとはいえず、当該乖離が生じる場合に民事訴訟法１１７条によってその是正を図ることができるようにすることが強く要請されるものとはいい難い。

さらに、上記１（１）を前提とすると、高次脳機能障害等の後遺障害が存在しても、なお原告は自らの労働によって相当程度の収入を得ることが可能であって、将来において取得すべき利益の喪失が現実化する都度これに対応する時期にその利益に対応する定期金の支払をさせるべき必要性も高いとはいえない。

以上によれば、本件においては、不法行為に基づく損害賠償制度の目的及び理念に照らして逸失利益を定期金賠償の対象とするのが相当であるとまでは認められない。

上記１（１）ア：頭部外傷後の右半身の身体性機能障害による影響も踏まえると、原告の本件事故による後遺障害は、「神経系統の機能又は精神に障害を残し、服することができる労務が相当な程度に制限されるもの」として後遺障害等級９級１０号に該当するものと認められるから、労働能力喪失率としては３５％をもって相当と認める。（判決文より一部抜粋）

## 3．定期金賠償請求の事例報告

Sompo Japan Insurance Inc.

### （2）定期金賠償請求事件の判決状況

＜表３＞後遺障害逸失利益の定期金賠償請求事例

| | 最判<br>令和２年０７月０９日 | 岐阜地判（控訴後和解）<br>令和２年１２月２３日 | 札幌地判（控訴後和解）<br>令和２年１２月２８日 |
|---|---|---|---|
| 事故日 | 平成１９年２月3日 | 平成３０年１月6日 | 平成２８年６月１日 |
| 被害者の過失有無（%） | 有（２０%） | 有（５５%） | 有（１０%） |
| 症状固定時年齢 | １１歳 | ３１歳 | ２３歳 |
| 後遺障害等級 | ３級３号 | １級１号 | ９級１０号 |
| 後遺障害内容 | 高次脳機能障害 | 遷延性意識障害 | 高次脳機能障害 |
| 喪失率・喪失期間 | １００%・４９年間 | １００%・３１年間 | ３５%・４２年間 |
| 介護料の請求方式 | 定期金 | 一時金 | 請求無し |
| 判決内容 | 逸失利益：定期金<br>介護料　：定期金 | 逸失利益：一時金<br>介護料　：一時金 | 逸失利益：一時金<br>介護料　：請求無 |



## 3．定期金賠償請求の事例報告

Sompo Japan Insurance Inc.

### （3）労働能力喪失期間と後遺障害の程度（労働能力喪失率）の請求事例分布

＜表４＞後遺障害逸失利益の定期金賠償請求事例

| 喪失期間 | 1～3級<br>100% | 4級<br>92% | 5級<br>79% | 6級<br>67% | 7級<br>56% | 8級<br>45% | 9級<br>35% |
|---|---|---|---|---|---|---|---|
| 49年～ | 最判<br>事例A | | | | | | |
| 40年～48年 | 事例BCD | | | | 事例H | | 札幌地判<br>事例I |
| 30年～39年 | 岐阜地判<br>事例EF | | | | | | |
| 20年～29年 | | | | | | | |
| ～19年 | 事例G | | | | | | |

（上表の横軸の見出し：後遺障害の程度（労働能力喪失率））

現在係争中の事案を含め、事例としては喪失率100%の事案が大半

介護料の請求が無い事案

【岐阜地判、事例E】
介護料の請求は一時金

表の右下にいくほど、現時点で算定された損害額と将来の損害額に乖離が生じる可能性が低くなる

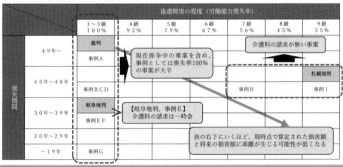

## 2．保険会社における実務上の課題

Sompo Japan Insurance Inc.

### ② 後遺障害逸失利益の定期金支払い対応における固有の課題

介護料の定期金支払い対応については、介護内容の変化を介護利用明細等で、生存の確認を住民票等により確認を行っている。一方、逸失利益の定期金支払い対応については、就労の実態確認や身体的・精神的な就労可否の確認も必要となる。支払い期日までにこれらの情報を完備し、個別に支払い処理を安定的に行うためには、今後の後遺障害逸失利益の定期金賠償事案の件数推移を見ながら、適切な支払管理体制の構築を検討する必要がある。

その他、後遺障害逸失利益を定期金による賠償で対応する場合、介護料では支払の終期が被害者の死亡までであったため、特段の問題が生じなかった相続に関する課題もある。後遺障害逸失利益の定期金賠償では、被害者が就労終期までに死亡した場合、被害者の遺族（相続人）が申告する相続財産(*8)に影響を及ぼすことになり、「被害者の死亡によってその後の期間について後遺障害等の変動可能性がなくなったことは、損害額の算定の基礎に関わる事情に著しい変更が生じたものと解することができる」との補足意見が述べられていることからも、民訴法１１７条による判決の変更を求める訴えの提起が必要となり、これまで無関係であった被害者遺族に訴訟を強いることにもなる。

＊8：所得税法上、被害者及び被害者の相続人が受領する損害賠償金は非課税となる（所得税法第９条）。被相続人が未受領のまま死亡した場合の損害賠償金は、その損害賠償債権（損害賠償金を受領する権利）が相続財産となり、課税対象となる（相続税法第２条）。



## 3．定期金賠償請求の事例報告

Sompo Japan Insurance Inc.

### （1）後遺障害逸失利益と介護料の請求方式の整理と事例

本判決においては、逸失利益ならびに介護料共に定期金による賠償の求めがあったものの（類型3）、下表2に示すとおり、介護料を一時金で逸失利益を定期金で賠償を求める場合がある（類型4）。その他、そもそも介護料の請求自体がないケースにおいて逸失利益を定期金による賠償を求める場合もある（類型5）。

＜表２＞逸失利益と介護料の請求方式と事例

| 類型 | 逸失利益 | 介護料 | 訴訟事例 | 当社事例 |
|---|---|---|---|---|
| 類型1 | 一時金請求 | 一時金請求 | 大多数 | ーーー |
| 類型2 | 一時金請求 | 定期金請求 | 極めて稀 | ーーー |
| 類型3 | 定期金請求 | 定期金請求 | 最高裁 | 事例ＡＢＣＦ：係争中<br>事例ＤＧ　　：一時金賠償解決 |
| 類型4 | 定期金請求 | 一時金請求 | 岐阜地裁 | 事例Ｅ　　：一時金賠償解決 |
| 類型5 | 定期金請求 | 請求無し | 札幌地裁 | 事例ＨＩ　　：係争中 |

## 2．保険会社における実務上の課題



### ② 定期金賠償の場合、保険会社との関わりは長期的なものとなる

定期金賠償の場合、保険会社が定期的な支払いを実施するにあたり、症状や就労状況などについて、定期的な確認を行うこととなり、被害者にとっては保険会社との煩わしい関わりが一生涯続くことになる。この点については、本件原告の訴訟代理人による「被害者にとっては一生涯、保険会社との間で紛争が続く負担があるなどのデメリットがあり、選択には慎重な判断が必要である」とのコメントが一般紙に掲載されているとおり、被害者は見かけ上の賠償受領額といった表面上のメリットだけによらない、慎重な検討をする必要がある。

そして、本最判の意義は、より実態に近い公平な損害賠償の実現を期待するものと捉えられ、その後通院を要しない場合や、職業介護人の利用実態が乏しい場合などにおいては、第三者による実態の証明が困難となることから、被害者の協力が必要不可欠となる。しかしながら、被害者には保険会社からの求めに応じて症状や就労状況等を開示しなければならない義務は存在せず、虚偽の申告は許されないまでも、協力するか否かは被害者の意思によるものとならざるを得ない。

保険会社に協力的な被害者とそうではない被害者とでは、実態確認に関わる保険会社の労力や入手できる情報の正確性に乖離が生じる事態も想定される。本判決が期待する実態に近い適切な損害賠償の実現（損害賠償の目的である原状回復）のためにも、また、被害者間の公平性という観点や損害賠償の理念である公平な損害の分担といった観点からも、保険会社側は被害者からの申告の必要性について予備的に主張し、裁判所は後遺障害逸失利益の定期金賠償を認容する場合は被害者に一定の申告義務を課すなど、被害者と保険会社の長期的な関わりの点を意識した判決が期待されるところである。



## 2．保険会社における実務上の課題

Sompo Japan Insurance Inc.

### （3）事務処理に関わる課題

### ① 保険会社の支払管理体制

保険会社の支払管理の負担について、「定期金による賠償に伴う債権管理等の負担、損害賠償額の等価性を保つための擬制的手法である中間利息控除に関する利害を考慮要素として重視することは相当ではない」として補足意見において相当性を判断するうえでの考慮要素から除外されている 。

この点、保険会社では、支払いが完了していない事案については、支払準備金の算出管理から支払い手続き事務について担当者を設定し、定期的に契約者ならびに被害者へ連絡を取り、事案を管理している。また、適切に事案管理がなされているか、適切な時期に支払いが実施されているかなど、責任者による管理も行っている。このような保険会社の管理体制のほか、大量の支払書類の管理などの負担も含め支払いが長期にわたる定期金賠償においては、支払いが完了していない事案としての件数が増加していくため、一定の管理負荷が生じることは否めない。

なお、将来介護料については現実的に支出を余儀なくされる損害であることから、一時金支払いによる費消リスクなどを回避し安定的な介護料を提供する方法として、当社ではこれまでに、一部の賠償事案において介護料の定期金支払いや、保険特約として介護料の定期金支払いを実施してきた実績があるものの、ユーザーからのニーズは多くはなかったため、極めて限定的な対応件数にとどまり、また、現在では特約販売も行っていない。

【原審】
将来介護費用についても長期にわたる定期金賠償が認められており、後遺障害逸失利益について定期金賠償を認めても、被控訴人らの損害賠償債務の支払管理等において特に過重な負担にはならない。

## 2．保険会社における実務上の課題

Sompo Japan Insurance Inc.

### ⑥ 判断基準に関わる課題の総括

本判決は、「損害賠償の目的及び理念に照らして相当と認められるとき」（一般的な法理）としつつ、「以上を本件についてみてみると」（事例判決性）において個別事情を総合考慮して後遺障害逸失利益の定期金賠償を認めたものである。将来の症状増悪・緩解は、病態や被害者の個別事情によるところが大きいものであることから、一般的な多くの事案に統一的に当てはめて判断することは困難であり、本判決に基づき、裁判外において後遺障害逸失利益の定期金賠償を求めることは議論を複雑化させ、今なお、裁判上でも争いのある不明確な状態であることからも、今後、トラブルの増加が懸念され、結局のところ、裁判所の判断に委ねざるを得ないことになり、交通事故の迅速・円満な解決を目指す保険会社にとっては、悩ましい課題である。

もともと個別事案に応じて判断していく裁判所の考え方(*7)としては、非常に合理的なものではあるものの、「大量」「迅速」「公平」な対応が求められる保険会社にとっては、一般的な法理とまではいかないまでも、一定、統一的に判断できる目安が欲しいところであり、今後の判例集積が待たれるところである。

＊7：講演録「最高裁判例とは何か」藤田宙靖（「横浜法学」第２２巻３号）

- 裁判官にとってまず何よりも大事なのは、目の前に存在する事件において、（両当事者の主張を含め）自分が行うべき判断の前提となる事実は何であるかについて正確に把握すること（正確な事実認定）であり、次いで、その個別の事実関係を前提とした上で、最も適正な紛争解決の在り方は何かを判断することであります。（292頁）
- 判決理由というのは、一般論を展開しているように見えても、実はそれは、その事件の個別的な事実関係と切り離して理解することはできないのであって、これは最高裁判例にあっても基本的に同じことです。（293頁）
- 要するに、厳密に言えば全ての最高裁判決は本来「事例判決」であるのであって、「法理判決」のように見えるものであっても、その実「事例判決」としての性質を内蔵するものであることを否定できない、ということです。（294頁）



## 2．保険会社における実務上の課題

Sompo Japan Insurance Inc.

### （2）被害者と保険会社の長期的な関わりの課題

### ① 一時金賠償後の症状変動対応

一時金賠償の場合、「中間利息控除」「賃金水準の増加変動」「費消や運用損失」といったリスクやデメリットの存在があるものの、その時点における蓋然性に基づいた賠償により、概ね一回的・終局的な解決をすることができる。仮に、その後、被害者に著しい症状の改善が見られたからといって、通常、保険会社がその後の被害者の状況に関与することはない。一方で、著しい症状（障害）の増悪があったような場合は、示談の時点で想定されていない損害として請求がなされることがあり、相当因果関係や錯誤による無効などの争いに発展するケースがある。

【最判昭和４３年３月１５日】

一般に、不法行為による損害賠償の示談において、被害者が一定額の支払をうけることで満足し、その余の賠償請求権を放棄したときは、被害者は、示談当時にそれ以上の損害が存在したとしても、あるいは、それ以上の損害が事後に生じたとしても、示談額を上廻る損害については、事後に請求しえない趣旨と解するのが相当である。（・・・中略・・・）

このように、全損害を正確に把握し難い状況のもとにおいて、早急に少額の賠償金をもって満足する旨の示談がされた場合においては、示談によって被害者が放棄した損害賠償請求権は、示談当時予想していた損害についてのもののみと解すべきであって、その当時予想できなかった不測の再手術や後遺症がその後発生した場合その損害についてまで、賠償請求権を放棄した趣旨と解するのは当事者の合理的意思に合致するものとはいえない。

【大阪地判令和３年１月８日】

［原告の主張］　本件合意は、平成２８年２月１２日当時、原告が股関節唇損傷、右胸鎖関節亜脱臼等にり患していたことを前提とせずに合意したものであるから、錯誤により無効である（旧民法９５条本文）。

［被告の主張］　本件は、本件交通事故後に早急に小額で示談した事案でもないから、判例（最高裁昭和４０年（オ）第３４７号同４３年３月１５日第二小法廷判決・民集２２巻３号５８７頁）を踏まえても、原告の主張は理由がない。

［裁判所の判断］　原告において、本件合意時に予見し得なかった傷害・症状が、本件合意後に新たに生じたものとは認められない。

## 2．保険会社における実務上の課題

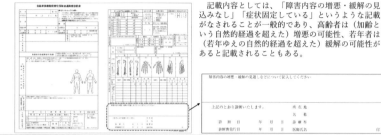

### ④後遺障害診断書における「症状固定日」と「障害内容の増悪・緩解の見通し」

医師が作成する後遺障害診断書には、「障害内容の増悪・緩解の見通し」について記載する欄がある。この「障害内容の増悪・緩解の見通し」とは、症状固定日時点で残存した症状（障害）の見通しのことで、増悪とは残存した症状（障害）が悪化する、緩解とは残存した症状（障害）が改善することである。

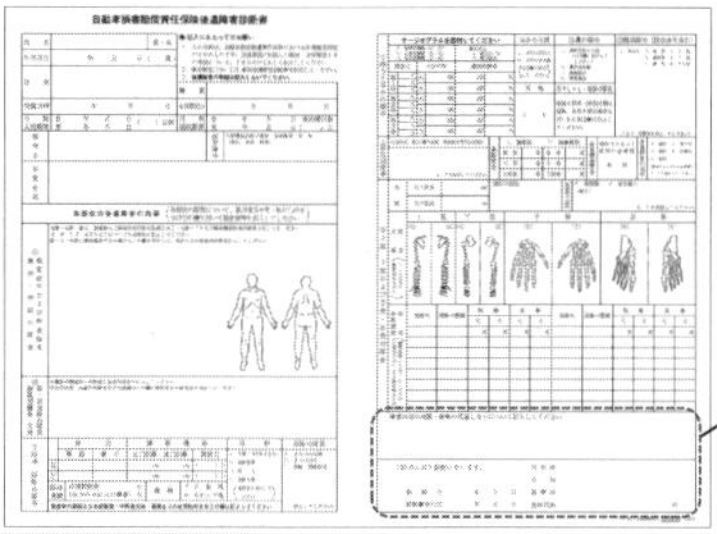

記載内容としては、「障害内容の増悪・緩解の見通しなし」「症状固定している」というような記載がなされることが一般的であり、高齢者は（加齢という自然的経過を超えた）増悪の可能性、若年者は（若年ゆえの自然的経過を超えた）緩解の可能性があると記載されることもある。

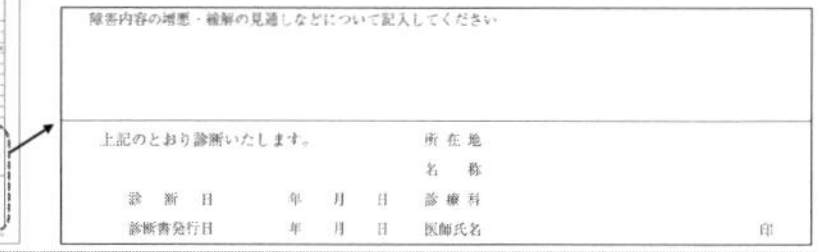




## 2．保険会社における実務上の課題



### ⑤症状固定時の評価の問題と症状固定後の将来の変動可能性

症状の増悪・緩解という点を本件についてみてみると、原告側は後遺障害３級を主張していたのに対して、被告側は「比較的軽度な症状が残存するまでに回復していること」「今後も症状改善が期待できること」から５級が相当であると主張していた(*6)ものである。この後遺障害等級評価の差や症状改善傾向の主張が、将来の改善可能性という判断に結びついたものとも考えられる。なお、後遺障害等級の主張の差は、症状固定時の評価の問題であって、症状固定後の将来の変動可能性とは議論を異にするところである。

最高裁は、「事故当時４歳」（労働能力喪失期間）、「高次脳機能障害」（後遺障害の内容）、「労働能力を全部喪失」（労働能力喪失率）という点を総合考慮しつつ、若年者の場合の高次脳機能障害は自然的経過を超えた症状（障害）の改善が稀とはいえどもあり得るという経験則から、この先の長い将来においては、労働能力喪失率１００％という後遺障害の程度に著しい変更が生じる可能性を、被告の主張も踏まえて導き出した結論が、定期金賠償による解決であったと捉えることもできる。

なお、労働能力喪失という観点においては、現在の喪失率が１００％の被害者の場合、これ以上、喪失率の増加はなく、将来、著しい事情の変更が認められた場合に有利になる可能性があるのは保険会社側となる。将来の著しい事情の変更可能性を定期金賠償の考慮要素の一つとするならば、症状改善の可能性が残される中で保険会社が一時金を主張することは、将来、著しい事情の変更により有利となる可能性を放棄しているともいえ、一時金による賠償が認められても良いのではなかろうか。

*6：【原審】
被控訴人らは、控訴人一郎の高次脳機能障害としての後遺障害は、比較的軽度な症状が残存するまでに回復しており、若年者の頭部外傷後の後遺障害については、脳の可塑性あるいは代償機能によって成人に至るまで脳機能の回復が図れることから、今後も状態の改善が期待できるとして、控訴人一郎の後遺障害等級は、現状においては５級相当と評価するのが相当であって、控訴人一郎が就労開始年齢に達した段階で労働能力を全て喪失しているものと判断することは相当ではないと主張する。

## 2．保険会社における実務上の課題



### ② 裁判外での定期金賠償請求

一部の報道において「定期金賠償では一時金賠償と比べ将来の利息を控除されないため、賠償額が増える」という点をクローズアップして、広く社会一般に発信されている。しかしながら、「どのような場合において定期金賠償が認められるか」という課題については、特段記載が見受けられない。

ここで実務上課題となるのが、裁判外において被害者から定期金による賠償の求めがあった場合である。報道を見た被害者は、定期金による賠償の方が一時金による賠償より高額な賠償を受けることができるとの認識を念頭に賠償請求をすることになり、中間利息の控除が等価性を保つための擬制的手法であることや、紛争の一回的・終局的な解決の意味合い、どのような場合において定期金賠償が認められるかという課題についての情報量や理解に差があり、納得感のある説明をすることは容易ではない。

例えば、労働能力喪失期間が５年や１０年といった長期とは言えない場合においては、将来算定の基礎となる事情に著しい変更が生じる可能性や損害額に大きな乖離が生じることは想定し難く、仮に現時点で想定できるとするならば、それは現時点において一定解決可能な問題とも捉えられ、必ずしも定期金賠償による解決の必要性はないように思える。さらに、この期間が１０年では長期とは言えないが、２０年、３０年であれば長期と言えるのかなど、合理的な期間の目安を定めることも適切な判断をすることも困難な状況であり、被害者側と保険会社側で解釈に乖離が生じたとしてもおかしくはない。



## 2．保険会社における実務上の課題



### ③「症状固定」と「後遺障害の程度の変動可能性」

後遺障害とは、自動車事故により受傷した傷害がなおったときに、身体に残された精神的または肉体的な毀損状態のことで、傷害と後遺障害の間に相当因果関係が認められ、かつ、その存在が医学的に認められる状態をいい、この「傷害がなおったとき」とは、その傷害に対する治療の効果が、もうこれ以上は期待できなくなり、将来においても回復の見込めないもので、その症状が固定した状態を指す。

これらの後遺障害の前提となる考え方から、症状固定時における残存症状は、永久残存性（一部の軽度な神経障害や非器質性精神障害などを除く）を基本とした後遺障害による労働能力喪失を評価しているものであり、基本的には将来にわたって障害内容に著しい事情の変更が生じることを前提としてはいないものといえる。

＜図１＞症状推移と将来の変動のイメージ

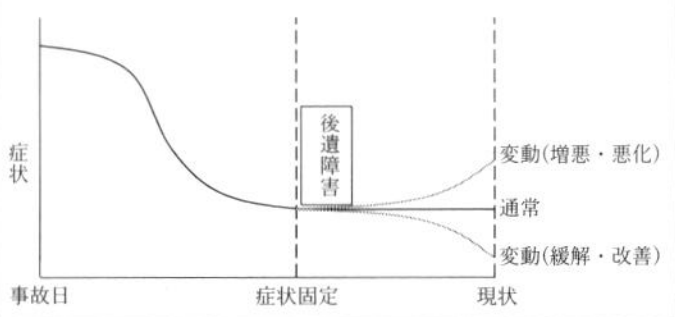


【労災補償障害認定必携　第１７版（69～70頁）】
負傷又は疾病（以下「傷病」という。）がなおったときに残存する当該傷傷病と相当因果関係を有し、かつ、将来においても回復が困難と見込まれる精神的又は身体的なき損状態（以下「障害」という。）であって、その存在が医学的に認められ、労働能力のそう失を伴うものを障害補償の対象としているものである。なお、ここにいう「なおったとき」とは、傷病に対して行われる医学上一般に承認された治療方法（以下、「療養」という。）をもってしても、その効果が期待し得ない状態（療養の終了）で、かつ、残存する症状が、自然的経過によって到達すると認められる最終の状態（症状の固定）に達したときをいう。したがって、障害の評価は、原則として療養の評価が期待し得ない状態となり、症状が固定したときにこれを行うこととなる。

## 1．本判決を受けて



### （4）本判決に関わる違和感

交通事故の時点で、被害者が死亡する原因となる具体的事由が存在し、近い将来における死亡が客観的に予測されていたなどの特段の事情がない限り、就労可能年数の終期より前の被害者の死亡時を定期金による賠償の終期とすることを要しないと解するが相当である。【判決文抜粋】

これまで、保険会社の賠償対応において、不法行為による損害は、そのすべてが不法行為時（事故時）に発生し、直ちに遅滞に陥ること【最三小判昭和37.9.4】、同一事故により同一人に生じた人身損害についての訴訟物は一個であること【最一小判昭和38.4.5】、後遺障害の逸失利益の算定においては、事故後に別の原因で死亡した場合であっても特段の事情がない限り就労可能期間の認定において考慮すべきではないこと【最一小判平成8.4.25】、そのような場合であっても生活費を控除することはできないこと【最二小判平成8.5.31】、介護費用の賠償においては、死亡後に要した介護費用を請求することはできないこと【最一小判平成11.12.20】などの判例を踏まえ、民事法定利率（民法404条）による中間利息を控除【最三小判平成17.6.14】した一時金による実務が定着していた。

後遺障害逸失利益も事故時に発生する損害と観念する一方、回帰的な給付の位置づけである定期金賠償において６７歳を就労終期とすることへの違和感が残る。また、後遺障害逸失利益を事故時に発生したものとみなして、分割払いのような方式で賃金センサスの学歴計・全年齢平均賃金を将来にわたり定期的に支払うことは、若年者の期間に対しても全年齢平均賃金を支払うことになり、将来の著しい事情の変更に伴う民訴法117条による変更の訴えの可能性が残されていることから、違和感がある。



## 2．保険会社における実務上の課題



### （1）判断基準に関わる課題

#### ① 判決の射程が必ずしも明確ではない

本判決では、民訴法１１７条の趣旨（*5）にも触れ、「目的及び理念に照らして相当と認められるときは、同逸失利益は、定期金による賠償の対象となるものと解される」としているものの、「どのような場合に、あるいは、どのような事情を考慮して定期金による賠償となると解することができるか（相当性の判断）については、解釈に委ねられている」という補足意見が述べられており、判決の射程が必ずしも明確にはなっていないことから、保険会社としては、本判決において後遺障害逸失利益の請求がある全ての場合において、定期金賠償が認められると判断したものではないと捉えている。

保険会社の実務上、担当者における判断基準のバラつきを最小化し、被害者への迅速かつ公平な賠償を実現するためにも、一定の内部規定を設定する必要がある。将来、算定の基礎となる事情に著しい変更が生じる可能性があり、それにより損害額に大きな乖離が生じることが現時点で想定できる場合において定期金による賠償を認めると解することはできるものの、具体的には「喪失期間」「喪失率」「障害の内容」「その他考慮すべき事情」が必ずしも明確ではなく、補足意見でも述べられているとおり、どのような判断基準を設定することが適切であるのか、本判決のみで見出すことは困難である。

＊5：同条の趣旨は、口頭弁論終結前に生じているがその具体化が将来の時間的経過に依存している関係にあるような性質の損害については、実態に即した賠償を実現するために定期金による賠償が認められる場合があることを前提として、そのような賠償を命じた確定判決の基礎となった事情について、口頭弁論終結後に著しい変更が生じた場合には、事後的に上記かい離を是正し、現実化した損害の額に対応した損害賠償額とすることが公平に適うということにあると解される。（判決文抜粋）

### （2）将来介護料と後遺障害逸失利益の賠償方法

一時金による賠償では中間利息の控除により定期金による賠償と比べ、見かけ上の金額が低く抑えられ、若年被害者の場合はより顕著となることや、民事法定利率での安定した運用益の確保が疑問視されるなど、将来支出を余儀なくされる介護料の不足等についての課題があったが、民訴法117条が新設されてからは、これらの課題等の解決として、定期金による賠償を採用する判決が増えてきた。

一方で、後遺障害の逸失利益については、支出を余儀なくされる将来介護料とは性質が異なることなどの理由から、これまで定期金による賠償が認められた判決は極少数にとどまる。保険会社の実務においても、後遺障害逸失利益については、その性質や蓄積された判例を基に一時金による賠償を当然のこと[*3]として対応してきたところ、将来介護料と同様の課題のほか、後遺障害逸失利益では症状固定時の年齢が１８歳未満の学生において、就労始期までの年数に応じた係数控除が行われることから、将来介護料より更にその差が顕著となる＜表１＞ことや、将来における賃金水準の変動リスクなどのデメリットがあり、本判決により、被害者の選択肢が増えたものと受け止めている。

＜表１＞収入額を令和２年賃金センサス 企業規模計・学歴計・男とした場合の、労働能力喪失率100%における逸失利益試算額比較表

| 症状固定時年齢 | 収入額 | 労働能力喪失期間 | ﾗｲﾌﾞ ﾆｯﾂ係数（３%） | 定期金 | 一時金 |
|---|---|---|---|---|---|
| 10歳 | 5,459,500円 | **49 年** | 20.1312 | 267,515,500円 | **109,906,286円** |
| 18歳 | 5,459,500円 | 49 年 | 25.5016 | 267,515,500円 | 139,225,985円 |
| 20歳 | 5,459,500円 | 47 年 | 25.0247 | 256,596,500円 | 136,622,350円 |

※本件におけるライプニッツ係数（５%）は、症状固定時１０歳のため12.2973（18.7605－6.4632）

＊3：新しい交通賠償論の胎動（24項）「一時金賠償方式は不法行為に基づく損害賠償に関する紛争を解決するシステムとしては、大変優れたもの」



1．本判決を受けて

Sompo Japan Insurance Inc.

### （3）現実的には保険会社の存在が不可欠

> 交通事故の被害者が事故に起因する後遺障害による逸失利益について定期金による賠償を求めている場合において、上記目的及び理念に照らして相当と認められるときは、同逸失利益は、定期金による賠償の対象となるものと解される。【判決文抜粋】

➢ 後遺障害逸失利益が定期金による賠償の対象となる要件

| 被害者が後遺障害による逸失利益について定期金による賠償を求めている場合 | ＋ | 目的及び理念に照らして相当と認められるとき |
|---|---|---|

加害者が任意保険に未加入の場合は、賠償資力の問題が生じるため、不法行為に基づく損害賠償制度の目的（原状回復）に照らして相当と認められないことが考えられる。また、単純に一時金で支払う資力がない場合の分割払いとしての選択肢としても考えられるものの、毎月加害者が逸失利益相当額を支払い続けることは現実的ではなく、支払いが滞ることも十分考えられるところであるから、任意保険に未加入の加害者に対して、被害者が後遺障害逸失利益の定期金による賠償を求めることは想定し難い。

以上のことから、本判決では後遺障害の逸失利益について定期金による賠償を保険会社による支払いに限定しておらず、不法行為における損害賠償という大きな枠組みの中で被害者の選択肢が増えたものの、現実的には保険会社の存在が必要不可欠であり、保険会社が担う社会的責務[*4]について改めて痛感している。

＊4：新しい交通賠償論の胎動（201項）「一体だれが定期金賠償における長期的支払いについて、十分な保証ができるのか」

シンポジウム④

令和４年度（第５３回）日本交通法学会定期総会
令和４年５月２８日

～シンポジウム報告～

# 令和2年7月9日最判を受けての保険実務

損害保険ジャパン株式会社
保険金サービス企画部　自動車グループ
志村　崇

Sompo Japan Insurance Inc.

## １．本判決を受けて

Sompo Japan Insurance Inc.

### （１）はじめに

我が国の自動車保有台数は、令和４年現在約８、２５０万台(＊1)に達し、自動車事故の件数は自動車技術のめざましい発達により近年減少傾向にあるものの、令和３年においては年間約３０万件(＊2)の人身事故が発生している。このような現状において、自動車保険が担う社会的な役割は大きく、相互扶助による安全・安心で持続可能な社会の実現のための事業運営を行っている。

自動車保険のなかでも、賠償責任保険については、昭和４９年３月１日に示談交渉サービス付き（対人賠償）の家庭用自動車保険を発売以降、損害賠償特有の複雑な問題と向き合いながら、事故の当事者間が感情的に対立する賠償問題について、大量・公平・迅速な処理を行ってきている。

賠償責任保険は、被保険者が法律上の賠償責任を負担することによって被る損害について支払う保険であり、契約者・被保険者を保護するという保険の性質がある一方、損害を被った被害者に対しても、経済的な回復や社会復帰などの支援をしつつ、公平で適切な賠償を行うことが求められる。なお、これらの保険金支払額は、保険料率などの契約者間の公平性に資する部分へも影響を与えることになる。

交通事故においては、様々な外傷が生じることや、事実認定・評価、モラルリスクなどの課題も内在し、複雑な賠償問題に発展することも少なくない。保険会社は、訴訟実務や判例を踏まえ、大量の交通事故の迅速処理や被害者間の公平性、法的安定性といった観点から、定型化・定額化による一定擬制した損害額の算定を行っている。（例：慰謝料、休業損害、逸失利益、将来介護料など）

また、交通事故という非日常的なストレス要因について、事故当事者の気持ちの整理を含めた、紛争の一回性・終局的解決という観点からも、一時金による賠償を当然のこととして行ってきた背景がある。

＊1：一般社団法人 自動車検査登録情報協会（令和４年１月末）
＊2：警察庁交通局（令和３年度）

## 指定発言　令和二年判決後の裁判実務の実情

森田浩美
（理事・東京地方裁判所民事第二七部部総括判事）

司会・高野　さて、ここで、最高裁判決を踏まえまして、下級審は定期金賠償について、どのような対応をとることになるのか、また、最高裁判決の後、定期金賠償が問題になる事例の動向はどうなのかというのは、大変興味が持たれるところではあります。今日は東京地方裁判所民事第二七部部総括判事で、本学会理事でもある森田浩美裁判官から、実務の現状等についてご発言をいただければと思います。それでは森田部長、よろしくお願いいたします。

東京地方裁判所の交通事件専門部・民事第二七部の部総括を務めています森田浩美と申します。本日は発言の機会を与えていただき、ありがとうございます。私からは、令和二年判決後の定期金賠償に関する裁判実務の実情について発言させていただきます。

原告が定期金賠償を求める事件は、従来から、ほとんどなく、当部に係属するのは数件にとどまっていました。令和二年判決後も、その数はさほど増えていません。これは当部に係属する事件の〇・五％にも満たない割合となっています。

その原因として、①将来の長期間にわたる支払について履行確保に不安があるため、被害者側が必ずしも積極的に定期金賠償を求める状況に至っていないこと、②定期金賠償の履行等のため当事者が長期間拘束され、紛争を一回的かつ終局的に解決できないことなどが考えられます。

将来の介護費については、その性質上、定期金賠償になじむ面もあると思われ、裁判上の和解が成立した事案が数件あります。しかし、後遺障害逸失利益については、定期金賠償を認めた判決又は和解に至ったものはまだありません。

令和二年判決は、相当性の判断について具体的基準を示しているわけではありませんが、具体的にどのような事情を考慮するかについては、令和三年九月、日弁連交通事故相談センター東京支部主催の講演会において、当部の島﨑卓二判事が講演いたしました。その内容は、令和四年版赤い本下巻の講演録編に掲載されていますので、ご参照ください。

令和二年判決の判示に照らすと、相当性の判断に当たっては、まず、後遺障害による症状の程度の変化の可能性、それが労働能力喪失率に与える影響などを踏まえ、不法行為時に算定される損害額と将来現実化する損害額との間に大きな乖離が生じ得るか否かを検討することになります。この点、後遺障害の程度が重いものであればあるほど、改善、あるいは悪化といった将来の事情により、算定の基礎となった労働能力喪失の程度が大きく変化し、大きな乖離が生じ得るとも考えられます。

令和二年判決は、被害者が事故時四歳という幼児の高次脳機能障害の事案で、労働能力喪失率は一〇〇％でしたが、発達成長の過程における症状の変化、この事案では改善が比較的想定しやすかったことが、大きな乖離が生じ得ることを肯定する事情になったと考えられます。これに対し、後遺障害の程度が重いものであるとしても、例えば遷延性意識障害や四肢麻痺などでは、たとえ被害者が若年であっても、将来における症状の変化がさほど想定されず、大きな乖離が生じ得ることを肯定しにくい場合もあるように思われます。

また、賃金水準等については、一定程度の増減は予測されているものであり、必ずしも決定的な要素とはなりにくいように思われます。もっとも、労働能力の喪失期間が長期間になればなるほど、社会情勢等の変化により予測した事情と現実の事情との乖離が生じやすいともいえるかと思われます。令和二年判決は、原告が未だ就業していない年少者の事案で、将来取得するであろう賃金水準の予測はそもそもフィクションによらざるを得ない上、労働能力喪失期間が四九年にも及ぶため、当初予測した基礎収入額との乖離が生じ得ることが予想されます。

このような観点から検討すると、後遺障害逸失利益について定期金賠償の相当性が認められる事案は、かなり限定的なものとなるのではないかと考えています。

先ほどもご紹介がありましたが、平成二年判決後に後遺障害逸失利益の定期金賠償を否定した二件の下級審裁判例は、いずれも将来の変動可能性が乏しいことを重視しています。特に、札幌地裁判決は、令和二年判決と同じ高次脳機能障害の事案ですが、原告が既に成人し、事故後四年以上経過していて大きな変化は想定しにくいこと、労働能力喪失率が三五%にとどまり賃金水準等の上昇による影響が限定的であることなどの理由を挙げています。

なお、死亡逸失利益については、定期金賠償を相当とすべき理由は見出しにくいように思われます。その理由として、死亡逸失利益は、被害者の死亡時に発生して金額も具体化し、原告は被害者に生じた損害賠償請求権を相続して行使していると考えられること、損害の算定の基礎事情につき将来の変動可能性が定型的に乏しいことなどが挙げられるかと思われます。

次に、原告が定期金賠償を請求していない場合に、定期金賠償を認めることができるかについてですが、一時金賠償と定期金賠償とは、支払方式の差異にすぎず、訴訟物である損害賠償請求権は同一であると考えるとすれば、直ちに処分権主義に違反するとまでいえるかは疑問があります。もっとも、定期金賠償には履行確保の制度的保障がないことや、紛争の一回的解決の利益などを考慮すると、被害者が定期金賠償を求めていない場合についてまで相当性を認めるのは困難ではないかと思われます。その意味で、定期金賠償の可否という実体的な判断に当たって、原告の意思が重要な考慮要素となるのではないかと考えられます。

次に、定期金賠償による判決の変更の訴えについてですが、定期金の算定に当たって、将来における一定程度の事情変更は判決の基礎として既に織り込み済みですので、変更判決をするためには、当該定期金の額を維持することが損害の程度や当事者の公平からみて不相当と判断される程度に至っていなければならないと考えられます。このような民訴法一一七条一項の趣旨を踏まえると、具体的な事案に即して、通常の予測の範囲を超える事情変更があったといえるかという観点から検討することになると思われますが、その割合の基準を一律にお示しするのは、なかなか難しいのではないかと考えています。

次に、被害者が労働能力喪失期間前に死亡した際の取扱いについて、ご説明いたします。

後遺障害逸失利益の定期金賠償は、被害者の死亡によって支払義務が終了するわけではないため、被害者が労働能力喪失期間満了前に死亡した場合、定期金払いが、当然に一時金払いに切り換わるわけではありません。しかし、小池判事の補足意見でも示唆されているとおり、確定判決の変更を求める訴えを提起し、その時点における将来の定期金について現在価値に引き直す現価計算を行い、一時金による支払を命ずる判決に変更することが考えられるのではないかと思われます。

このような訴えについては、額の算定そのものとは異なる場面ではありますが、少なくとも相当性の判断の基礎となった変動可能性に変化が生じたという観点からすると、民訴法一一七条一項を類推適用する基礎は肯定できるのでないかと考えられます。

定期金払いを一時金払いに変更するに当たっては、判決又は和解により定められた死亡時以降の定期金の額を前提とした上で、死亡時から定期金支払終期までの期間の未払の定期金の総額を計算し、その期間に対応する中間利息を控除して一時金の額を算定することになると考えられます。

最後に、定期金賠償による裁判上の和解の事例についてご紹介いたします。

定期金賠償については、被害者側のみならず、加害者側においても、特に保険会社の管理の手間や費用が増大すること、履行等のため長期間拘束され、紛争を一回的かつ終局的に解決することができないことなどから、消極的なことが多いように思われます。しかも、後遺障害逸失利益は被害者の死亡によって支払義務が消滅するわけではないため、被告側から定期金賠償を求めるインセンティブは乏しいように思われます。

他方、将来の介護費については、被害者が1級1号などの重い後遺障害を負い、実負担額が高額な事案において、定期金払いとする裁判上の和解をした事例が数件あります。

和解条項を検討するに当たっては、次のような点に留意して、当事者間の調整を図っています。

第一は、保険会社の参加です。

最高裁の事案では、保険会社が被告に含まれていましたが、被告に含まれていない事案も多々あります。

定期金賠償においては、将来の長期間にわたる支払について履行を確保するため、加害者側の任意保険会社に利害関係人として和解に参加していただくことが望ましいと考えられます。したがって、この点は当事者の意向にもよりますが、利害関係人として和解に参加していただくよう促すことがあります。

第二は、支払の時期です。

定期金による和解金の支払について、支払義務者の送金の手間や費用負担を考慮して、例えば、数か月分をまとめて、年二回に分けて支払うなどの調整を図ることがあります。

第三は、通知・報告に関する条項です。

将来の介護費は被害者の死亡により支払義務が消滅いたしますので、支払義務者が被害者の生存を確認するため、例えば年に一、二回、戸籍謄本を提出することを和解条項に盛り込んでいます。その他、支払義務者から被害者の状況に関する報告を求められたときは、これに誠実に対応することを約する旨の条項を定めたこともあります。

後遺障害逸失利益の定期金払いにおいても、同様に、将来の事情変更に備えて、被害者の生存のほか、就労の可否や実態について確認するための条項を定めることが考えられます。

第四は、事情変更条項です。

将来、症状の増悪又は改善による変動がある場合に備えて、一定の事由が生じたときは定期金の額を変更する旨の事情変更条項を設けておくことが考えられます。

事情変更条項については、先ほども申し上げたとおり、実際には、どの程度の事情変更があった場合に定期金の額を改定するかを特定するのは困難な場合が多いため、例えば、「後遺障害の程度、賃金水準その他損害額の算定の基礎となった事情に著しい変更が生じた場合には、当事者双方の協議により金額を変更することができる。」といった概括的な条項を設けることがあります。なお、将来介護費に関する定期金の額が介護費、雑費等の実負担額を基礎に定められた事案において、これが増額した時には実負担額に見合うように定期金の額を増額させる旨の条項を設けたこともあります。

第五は、定期金払いから一時金払いへの変換条項です。

後遺障害逸失利益の定期金払いについて、当事者双方が被害者の死亡時点で一時金払いに変換させることを希望するのであれば、あらかじめその旨の条項を設けておくことが考えられます。

一時金で支払う額について、和解条項で定めた死亡時以降の定期金の額を前提とせず、後遺障害の程度、賃金水準等の事情変更を考慮して、死亡時点で改めて残存する逸失利益の額を決定する場合にはその旨を和解条項で明らかにしておくことが望ましいと思われます。

定期金賠償が問題となった事例はまだ十分にあるわけではありませんが、本日のご報告を踏まえ、今後事例を集積する中で更に検討を進めてまいりたいと考えています。

本日はありがとうございました。

司会・高野　森田部長、どうもありがとうございました。さて、これまで四人の報告者のご報告とそれから森田部長にご発言をいただきました。これから少し休憩を入れまして、その後これをもとに質疑討論を再開していきたいと思います。

司会・浦川　それでは、質疑応答の時間に入っていきたいと思います。新美さんのほうからまず、山口さんと窪田さんに対して質問が出ています。これについてお願いできますか。

新美育文（明治大学）　お二方とも損害の発生時は不法行為時であるということと、それから定期金賠償であるということの説明をしたんですけれども、特に定期金賠償であるかどうかということと、あるいは損害がどういうものであるかということと損害発生時の問題とはリンクしないんじゃないかなという気がして質問したんです。要するに、不確定な損害が発生して、その額がまだ未確定だという考え方もあるのではないか。そう捉えたときに、必ずしも不法行為時に発生したかどうかということにそんなにこだわらずに議論していけるのかなと思って損害発生時はあまり気にしなくてもいいんじゃないか、あるいは不法行為時に発生したとしても、大きな理論的な支障はないのではないかと思って質問したわけです。その点について、ご教授いただけたらと思います。

司会・浦川　それでは山口さんからお願いできますか。

山口　私は、基本的にこの最高裁判決を支持する立場で考えていましたので、発生時を考えなくてもよいという発想はなく、あくまでも損害の発生時は不法行為時であるとしつつも整理はできるのではないかと考えていました。

このため、人身損害で後遺障害が残るという場合においては、不法行為時に損害が発生するのだけれども、しかし、それが持続的に続くと理解できるのではないかと考えます。そこで、差額説的に考えれば、持続的に損害が発生するとも考えることができるとは思いますが、そのような考え方ではなく、不法行為時に損害が発生して、それがその後、持続的に具体化するということでよろしいのではないか、それぞれの被害者の環境下で具体化する中で、金額が変わることはあり得るのではないかと考えていたところです。そういった意味でいうと、結論的には、新美先生の問題意識と近い部分があるのかもしれないとは思っています。以上です。

司会・浦川　それでは窪田さんお願いします。

窪田　うまくご質問に答えられる自信はあまりないのですが、今の山口先生のご説明に対しては、損害が具体化するというのは、実はそこで損害が発生しているのではないかなと感じはします。新美先生のお尋ねに対しては、損害論についてどういう立場を取るかで答え方が全く違ってくると思います。例えば身体侵害や後遺症が発生したという事実自体が損害であって、あとは金銭的評価の問題だと考えるのであればそれだけで終わるし、あるいは比較法的に見ても、フランス法のように損害項目を全く分けないという形でやるのであればそういうふうになると思います。ただ、こうした立場からは基本的には定期金賠償をしなければいけないというルールは出てこないのではないかと思います。

今回の最高裁判決でも大事なポイントというのはもちろん状況の変化というのはあるけれども、それが将来の損害であるということを観念した上で逸失利益を捉えているという点にあるように思います。逸失利益の捉え方としては一般的だと思いますが、我が国で損害論がどうなっているかというのはよく分からないところがあります。一般的によく言われるのは差額説をとっている。差額説というのは横軸に時間で、縦に金銭という形で元金を入れてグラフを描き、将来に発生している損害という捉え方なのではないかと思います。少なくともそうした捉え方をすると、定期金賠償というのは比較的上手に説明できるということになります。前提がどこまで共有できるのか分かりませんし、不法行為法における損害論は大変に混乱していると思いますが、少なくとも現在の実務で一般的だと言われる考え方を前提とすると、損害の発生時期というのは問題となるのではないかと私自身は考えています。

新美　損害賠償請求権という形ならばいいんですけれども、損害の発生時期はいつだというのは、結局、不利益の状態が浮動的であるという意味でも損害として捉えることができるのではないかと思って質問した次第です。窪田さんのお考えもよく分かりますけれども、その辺が確認したかったということです。ありがとうございました。

司会・浦川　それでは、続いてやはり新美さんからですが、宇都宮さんへのご質問です。

宇都宮　新美先生から頂いたご質問で、一時金か定期金か賠償方法の選択とされたが、算定方法の選択ではないか、認定資料も両者で異なるはずですが、という質問です。誠にありがとうございます。

私自身はそういう細かいところでの違いは両者に存在するのだろうという前提ではいます。ただ、今回このような立論の仕方をさせていただきました根拠としましては、報告でも述べましたように、履行確保のリスクの点で差異がなくなったら、両賠償方法は同じものになるのか、同じ申立てになるのかという問題があります。また、算定方法の選択というのも、例えば中間利息の控除というものは介していますが、元本の計算は基本的に同じということになるはずですので、両賠償方法を近づける、あるいは中間利息の控除を除けば全く同じものであると考えることも、一方では可能であるように思います。

他方で、私が疑問に感じているのは、処分権主義というのが、もう少し形式的なところで機能しているものであるという点であります。つまり、今回の報告内容でいいますと、広義の請求が違えば直ちに処分権主義違反に該当してしまう、というところに一番の力点が置かれており、そうであるならば、一時金か定期金かという両者を分ける根本的な要因はどこにあるのかということで、分析をさせていただいた次第であります。

そのようにみてみますと、民訴法上の議論としては、もう少し違うかたちで、例えば、申立てが形式的に異なるとしても、実質的に両者が同一のもの、一方が他方を包含するような関係であれば処分権主義違反とはならないというかたちで立論するのですが、そこに当事者の意思を介在させるといった手法には少し問題があるのではないかと思います。

なぜかと申しますと、私は訴訟物理論が専門なのですが、それを言い出すと、なぜ新訴訟物理論がとられていないのかという疑問が浮かび上がるからです。請求権競合の場合に、異なる請求権を持ち出せば、それは請求権が異なるということで処分権主義違反になります。しかし、お金が取れるということであれば、新訴訟物理論の方が、そこでは原告の合理的な意思との関係で整合的な説明ができるように思われます。なぜ一時金か定期金かというところで、ゼロか定期金かでいえば定期金をとるのが原告の合理的な意思であるという根拠を持ち出せるのかということに、根本的な疑問を感じています。

これは処分権主義自体の問題に帰着するのかもしれませんが、そういった理由から、私はもう少し大枠で、むしろ賠償方法そのものが異なるのではないかと立論させていただいた次第であります。以上です。

司会・浦川　よろしいでしょうか。それではずっと続きますけれども、新美さんから志村さんに対する質問です。

新美　志村さんの問題提起を伺ってから問題提起します。後遺症認定は一体どうなるのかということで皆さんのお考えがあればということで伺いたいと思いました。

司会・浦川　いかがでしょうか。

窪田　発言してよろしいですか。次の質問にもやや関連するのかなとは思いますが、新美先生がお書きになっているように、本人の状態の変化というのもあるわけですけれども、環境とか医療技術の進展によってガラッと変わるということはいくらでもあり得るだろうと思いますし、現に積極的損害の場合だったらそういうことを踏まえた上で介護費用が高くなったり、むしろ安くなったりとか、いろいろなパターンが考えられると思います。

どのようにあるべきなのかという後遺症認定の在り方ということについての直接のお答えにならないかもしれませんが、現在の後遺症認定というのは、ある種かなり無理をしていて、一定のところで症状固定と無理やり判断して出している。定期金賠償を使うのであれば、本来はもう少し柔軟な形でできるのではないか。症状固定というのはこれから二〇年先、三〇年先まで症状固定というのと、多分五年とかその程度のスパンで見ている症状固定とがあると思うのですが、そのようなものに対して定期金賠償でうまく対応できるのであれば、積極損害の場合でも消極損害の場合でも後遺症認定をもう少し自由にというか、症状固定と症状固定でないという二分ではなくてやっていくことができると思いました。

そのことを申し上げたのは、一方で、状況が変わることに対して定期金賠償は対応できるということもあるのですが、その状況が変わる中にもいろいろなタイプのものがありそうですし、本当は状況が変わらないということを現時点で明確に判断することはそもそも不可能ではないかと思います。

私が今日意外だったのは、実務のほうではむしろ定期金賠償はそんなに増えていない。その場合には症状の変化可能性があるかどうかを考慮するということでしたが、定期金賠償を認める基礎としては将来の損害であるということであれば、本来定期金賠償のほうが当たり前ではないかという考え方も、多分ドイツ法とかだろうと思いますが、そういうことがあり得ると思うんですね。

そうしたことを前提として考えていくと、私は基本的には最高裁判決に批判的な立場ということで呼ばれていると思うのですが、積極損害だけでなくて消極損害についても定期金賠償というのは本来ものすごく有用だと思っています。ただ、それが死亡後の逸失利益までいってしまうので慎重にということだったのですが、その慎重にというのが逸失利益の定期金賠償そのものを全体に対して消極的とか制限しなければという方向にいくのであるとすれば、本意ではないなというふうに思いながら伺っていました。

後半のほうは、今の新美先生からのご質問に直接関わりはありません。

新美　窪田さんと発想が非常に似ているんですが、僕はもう少しシニカルで、お医者さんが後遺症認定するというときはおよそヤマ勘で物をいっている。法律家というのは、そのことが分かっていて割り切って受け止めているのではないか。本来的、理念的には、定期金賠償が現実を反映してよろしいというんだけれども、どこかで割り切りしなければいけないというなら、あっさりと割り切ってやる一時金賠償でもいいのではないかという気がしているものですから、一体、現実に即した損害の把握というのは何なのか、どこで割り切るのかというのをもう少しきちんと押さえたほうがいいのではないか。我々はそこをもう少し議論したほうがよかろうと思って質問に出しました。基本的な出発点は窪田さんと一緒です。

司会・浦川　司会者からの発言で申し訳ありませんが、後遺症認定を柔軟化するといった場合に、どういうふうに賠償額算定をするのでしょうか。現在は、損害保険料率算出機構の損害調査で後遺症認定をしております。そして、損害保険料率算出機構では、事故と因果関係があって症状が悪化したことが医学的・客観的に証明される場合には後遺障害等級を上げることをしている。この方法は、現在の柔軟な対応ですが、その運用でも相当難しい問題がある。このように現在でも症状の変化を把握して後遺障害認定の見直しをしているわけですが、それを柔軟化するというと、症状の変化による定期金賠償の見直しの在り方を変えることになるのか。結局判断の基礎がはっきりしなくなり、賠償額算出の根拠がなくなってしまうのではないかと思いますが。

窪田　深く考えてしているわけではないので、具体的な段取りとしてどうなるかということはものすごく問題があると思いますが、後遺症の内容として、例えば何級であるという判断をしたというのが変わっていく場合に、重くなったのは被害者のほうからむしろ積極的に言ってくるので簡単なんですが、軽くなったときにうまく対応できるかどうかはちょっとよく分からないのですが、でもそれに対応していくというのはあり得るのかなと非常に抽象的に考えただけです。

　私も自動車事故の紛争処理審査会だったのですが、後遺症の認定が合意とはいわないんですが、そもそもお医者さんが判断するのは無理なんじゃないかというケースも非常に多い気がしますのでそういう発言をしました。

**司会・高野**　司会の高野ですが、非常に重要な問題点ですので、このまま議論を続けてもいいのですが、ほかの方から質問があります。今、後遺症認定問題は実は問題があって、変更判決を求めるときに、後遺障害が重度になった、軽度になったという点を立証するときに、損保料率機構の判断を抜きにして鑑定でも行って立証するんだろうかということになってしまうのでしょうか。そこら辺の実務的な問題も未解決でいろいろな問題があるという指摘をした上で、次にいきたいと思います。

　では、札幌の青野弁護士から質問があります。皆さんのお手元のチャット欄を覗けば青野先生の質問は書いてありますが、全員に意見を聞きたいということになっています。非常に長い文章が書かれていますので、青野先生にお聞きしたいのですが、端的に言うと、定期金賠償の相当性の判断で、賃金水準があがるだけで相当性ありという判断ができるのか。それとも、賃金水準の変更だけではダメなのではないか。どう思いますかということでよろしいですか。補足があればお願いいします。

**青野　渉**（弁護士）　高野先生のおまとめのとおりです。赤い本の島崎裁判官の論文で、期間が長いだけでは賃金水準の変更自体は想定されず、後遺障害の変更の可能性と合せ技でなければ認められないという趣旨の記載がございます。今日の森田部長のお話もそういうニュアンスだったと思います。しかし、そこまで限定的なことは最高裁は言っていないように判決文からは読めます。また、日本は確かに二〇年以上、物価や賃金が上昇しておりませんが、これはむしろ稀有で、先進国でみても二〇年くらいのスパンで、物価や賃金が3割以上上昇していることは普通です。そうすると、期間がある程度長ければ、物価や賃金水準の変更があるかどうかは「わからない」と言うほかなく、そうであれば定期金賠償を認めざるを得ないように思います。その辺、今日の報告者の先生方のご意見があれば伺いたいなと思った次第です。

**司会・高野**　では、その点についてまず山口先生からお願いします。

**山口**　私は、志村さんと森田裁判官のご報告の中で、後遺障害の変更可能性のところを強調されていたことについては、伺いながら、そうなのだろうかという疑問を少し持っておりました。これはご指摘の通り、最高裁の判決からこれが読めるかどうかという点が、まず一つあります。というのも、本判決は、最後の当てはめのところで、高次脳機能障害であることは指摘しており、だから将来の変更があり得るという点に着目している、との読み込みをすることは、確かに可能なのかもしれません。しかし、それが変更するか否かということについて、何かしら明示的に触れているかというと、判決は何も触れていないので、そこを重視しているのだろうかということについては、若干疑問がありました。

そしてもう一つは、私が初めの報告で申し上げたように、本判決は、定期金賠償による原状回復的な捉え方をしているのではないかということです。そして、持続する人身傷害について、定期金的な給付がなされることによって、不法行為時に遡って塡補がされた、あるいは損害がなかったとする考え方のところの方が、むしろ重要ではないかと考えています。そうだとすると、これは後遺障害の程度が変更するかどうかということよりも、一定程度長引くようなものであれば認められるのではないかと思っていました。

なお、その前の議論である、後遺症の認定をどのように行うかという点についても申し上げますと、例えば、私が判定委員等で関わったことのある、産科補償制度や、医薬品副作用被害救済制度における後遺障害の給付の部分については、後遺障害の種類によっては何年間かに一回、定期認定を行い、その程度を判定するという制度があります。定期金賠償を原状回復的に捉えていくとすると、このような社会保障的との連続という考え方が出てくるのではないかとも思っていたところで、今回の判決は、そうした道筋を与えるようなものになっているのではないかというのが、私の本判決の捉え方の、一番のポイントということになります。

先ほどのご質問にストレートに答えることにはなっていないかもしれませんが、私からの応答は以上です。

司会・高野　では窪田先生、お願いいたします。

窪田　私は今日どういう立場で来たのかというのがだんだん分からなくなってきたのですが、その点については実は山口先生のご判断とほぼ同じです。先ほど森田部長から後遺症の変動の可能性ということが出たのですが、このケースでは確かに、また、今日の資料の中でも原告は後遺障害3級を主張していて、被告では5級を主張していて、変わるかもしれないということがあったというのが関係しているかもしれないということですが、では3級で本当にもっと大きかったら定期金賠償は認められないことになるのかといったら、私自身はこのケースで認めていながら、もっと多いときに認めないということについてはかなり違和感があります。

繰り返しですが、定期金賠償が傷害損害だということを踏まえて、山口先生がおっしゃるように継続的なものということで14級か12級でというので認める必要があると思うんですけれども、非常に深刻なものなら認めるべきではないか。認めるべきだというのは、山口先生がおっしゃったこと以外に、一時金賠償にしたら中間利息が控除されるわけですね。これはものすごく大きな額を控除されて、それをもらったから普通に運用したって、将来の逸失利益は賄えるわけがないと。本当に厳密に逸失利益ということを捉えていくなら、それほど制限する必要はないのではないかなという気がしながらうかがっておりました。

司会・高野　次は、宇都宮先生お願いします。

宇都宮　私も実は山口先生、窪田先生と考え方の方向性は全く同じです。私は、もう少し訴訟法的というか、賠償方法という観点からお話しさせていただければと思いますが、報告の中でも述べましたように、ドイツにおいては定期金賠償が原則です。定期金賠償が一つの損害賠償請求権を構成するものであるということの根拠として一般的に述べられているのは、実は変動可能性ということではなくて、事情が変わらないのだという暗黙の了解があって初めて一本の請求権として認められるのだということで、原文は忘れてしまったのですが、ラテン語の法格言もあるようでそれが盛んに引用されております〔報告者注：法格言ではなく法律用語。clausula rebus sic stantibus（事態がこのようであるかぎりはという条項、事態存続の条項、事情変更約款。柴田光蔵『法律ラテン語辞典』（日本評論社、一九八五年）五八頁〕。そうであるとすると、そもそも定期金賠償請求権というものが認められることに変動可能性というものがもともと予定されていないということになるのではないか、そして、変動可能性がなくても、予測に反した変動が後で生じてくることがあるからこそ、変更の訴えというものとセットで使われるものであるという理解があるのではないかと思います。

したがって、定期金賠償の相当性の判断に変動可能性というものを認めるべきであるとすると、窪田先生の仰るように、定期金賠償を原則的にもっと使うべきという議論に行きがちなのかもしれませんが、私はそこまではいかなくてもいいのではないかと思います。しかし、その相当性の判断に際しては、変動可能性という要素は入らないのではないかと考えているところです。

司会・高野　それでは保険会社の側からという言い方はおかしいかもしれませんが、保険会社としては、どんどん定期金賠償をやりましょうということは言いにくいだろうと思いますが、今言った変動可能性のあたりをどのぐらい厳しくみるかについてお考えをお聞かせ願えればと思います。

志村　将来の変動というところについて後遺障害と賃金水準という二つの考慮要素があるという前提ですと、将来の賃金水準についてどのように立証していくかということが一つ問題であると思います。後遺障害の程度が将来変動するということについては、傷病名、症状経過、治療内容等から一定程度主張立証できると思いますが、賃金水準が変動するかもしれないというあまりにも漠然としたものだけでは、なかなかそれを以ってして将来の変動可能性ということを言ってしまっていいのかと思います。

司会・高野　それでは森田部長、実は昨年の講演会で民事二七部の裁判官が定期金賠償に関する見解を発表されていますので、真っ向から対立するような言い方はしにくいとは思いますが、率直に言って変動可能性の問題をどうお考えか、ご意見をお願いします。

森田　最高裁の判示において、算定の基礎となった後遺障害の程度、賃金水準その他の事情に著しい変更が生じ、とあり、後遺障害の程度あるいは賃金水準それ自体が大きな乖離を生じるかどうかを判断するための考慮要素になることは否定できないと考えます。

ただ、恐らく当初の金額が相当変わらなければ変更判決には至らないであろうと考えられますので、果たして現在の日本の社会経済的な状況の下で、変更判決が可能となるような賃金水準の変化というのは、あまり現実的には想定できないのではないか、一定程度の変化は織り込み済みだと判断されることが多いのではないかと考えています。

もっとも、被害者が幼少者の場合には、先ほど申し上げましたが、どういう就労をするかということ自体がフィクションであり、そのフィクションの前提となっている学歴とか就労状況とかの前提事実が著しく変わることはあり得ますので、それが結果的に賃金水準に跳ね返ったときには事情として考慮すべきではないかと考えます。

司会・高野　論を詰めていくと非常に微妙な問題で、賃金水準が動いたらどうするのかを考慮すると言い出したら、賃金水準は動くに決まっているだろうと判断せざるを得ないので、単純にそれだけで認められるかというと、そういう考え方にはならないだろうなと思います。賃金水準が今後相当動くだろうなという予測が立たないと、変更判決をすることが可能なのかなという感じはいたしますが、未解決の問題ですので、青野先生にはその程度で諦めていただいて、次の質問に移りたいと思います。

大阪の山本弁護士からの質問ですが、被害者が二〇歳以上でというのは要するに大人になってということですが、訴訟係属時に既に障害年金を受けていた。判決後も障害年金を受け続けていれば、著しい変更に該当するとみるべきかというようなご質問です。この点、損益相殺的な調整の問題も絡んでくるので質問の趣旨を確認したいのですが、障害年金は事故によって受けたのではなくて、あくまでも、もともと障害があったので障害年金を受給していた人が事故に遭ってということでしょうか、山本先生お願いします。

山本大助（弁護士）　大阪の弁護士の山本です。そうではなくて、事故で障害年金を受けるようになった方ということです。

司会・高野　将来分については損害額から控除しないという扱いですから、そうすると判決を出すときには恐らく控除しない、生の損害額を定期金払にするときに金幾ら幾らという形にすると思いますが、そのときに結局、障害年金、例えば障害年金の額が変わったらどうするのかという問題意識ですか、その点はいかがでしょうか。

山本　一時金の場合は将来受けられるかどうか分からないので控除しないというのが判決だと思うんですよ。その場合に、定期金で実際受け続けていたら、将来貰えるかどうか分からないので控除しないという前提はどうなるのかということです。

司会・高野　分かりました。宇都宮先生への質問ということですが、結局、今、将来分は控除しないという最高裁の判例理論は、年金は将来貰えるかどうか分からない不安定なものなので、賠償額から控除できないという論理展開をしているわけですが、そうすると、定期金賠償を命ずる判決の後も年金は貰えるという状態が続いたらどうなのか、年金が貰えるのだから、定期金支払額を変更してもよいのではないかということになるのかという問題です。ただこの場合、口頭弁論終結後に年金受領によって損害が塡補されてしまったということにもなるので、難しい議論ではあるかなと。先生のお考えをお聞かせください。

宇都宮　私としては、問題意識をきちんと理解できているか分からない部分がありますが、事情の変更が生じたかということを判断するに際しましては、裁判官が事実認定をする際に織り込んだ予測との違いというところで変更が生じたものと見るべきであると考えます。したがって、客観的事実関係ではなくて、あくまで判決の中に織り込まれた予測が異なっていた場合ということになります。前提としては、将来分について障害年金が受けられなかった場合には、それは結局控除されないということにはなりますが、将来それを受け取るとするならば、現在損害について控除されるという理解でよろしいでしょうか。

司会・高野　既に支給された部分は賠償額から控除されるが、将来分は控除されません。ところが、口頭弁論終結後にまだ年金給付がなされているという事実をどう考慮するか。ただその場合、損害賠償金を受領していることを理由として、年金は支給されないのではないかということもあるのでちょっと複雑な問題であると思います。

宇都宮　少し別の問題の話にもなってくると思いますが、ただ単純に変更があったかどうかということでいえば、それはあったということにはなり得るのかなと思います。ただ、前提としてお話しするのを忘れていたのですが、先ほどの森田先生のご発言とも関連してくるところで、私は予測に反した場合に変更を認める、要するに間口は広く決めておく一方で、それが「著しい変更であるかどうか」というところで間口を狭めるべきであると考えているところであります。当然、予測が当たったか外れたかというのはかなり大きなところでズレが生じるものでありますので、その部分はなるべく広く認めることが、定期金賠償というものが認められた趣旨としては合っているのではないかと考えます。ただ、それが一般的に見て著しい変更なのかどうか、既判力を打破してまで認められるべきものなのかどうかというところを変更の訴えのところで判断すべきであると思いますので、確かに形式的にみれば山本先生が仰るようなことは変更に当たるのかもしれないですが、それが果たして本当に著しい変更になるのかどうか、あるいは先ほどご指摘いただきましたような、また別の問題が発生するのではないかというところで議論すべき問題かと考えています。お答えになったかどうか分かりません。

司会・高野　山本先生、難しい問題なのでこの程度で打ち切りにしたいのですが、感想を述べさせていただきますと、障害年金というのはどういう障害年金かはっきりしません。例えば障害者総合支援法のような明らかに損害塡補はしないとみんなが思っているようなものが相変わらずずっと貰えているという場合に、それを全く考慮しないのかどうなのかという問題点は、公的代位が行われる公的給付と違って、その実情をどう評価するのか、事情の変更があると言えるのかは微妙な問題かなという感じがしています。難しい問題ですので、今後の諸先生方のご研究に任せるという形で次に移りたいと思います。

司会・浦川　松居先生からのご質問で、これはお答えにくいことかもしれませんが、森田部長に対して。

森田　ご質問をありがとうございます。遺族の扶養利益喪失損害について定期金賠償が可能かというご質問をいただきました。この点は、扶養利益喪失損害の性質をどのように考えるのかということとも関わると思います。これが実質的に被害者の死亡逸失利益に等しいと考えるとすれば、被害者の死亡時において、損害自体が発生し、金額も具体化し、損害の基礎事情についての将来の変動可能性が乏しいとして、定期金賠償を否定する判断もあり得るのではないかと思います。もっとも、この損害をどういう要素で算定したかということとも関わってくるのではないかと思います。

司会・浦川　ありがとうございます。青野先生から、ご意見ということろは省きましてさらにご質問がありますか。

青野　示談とか和解で変更判決が可能なのかというところについて、訴訟法の宇都宮先生と実務的なことを志村様にご教授いただければと思った次第です。

司会・浦川　これについてまず宇都宮先生、いかがでしょうか。

宇都宮　ご質問いただきありがとうございます。宇都宮です。この点に関する見解ということで議論が従前あったのかどうかというのは、申し訳ありませんが私の管見の及ばないところでして、存じ上げないところです。

ただ、私の考えとしましては、確かに判決ではないということではありますが、定期金賠償というものの性質を考えると、変更自体は何らかのかたちで認められるべきではないかと考えます。訴訟上の和解であれば、おそらく民訴法一一七条の類推適用でいくことになると思いますが、裁判外の和解においては、変更の主張は後訴の提起というかたちになるのではないかと思います。既判力は発生していないということになりますが、実体法上の確定効との関係で、予測判断が外れた場合には、後訴の提起で対応が可能なのではないかと現時点では考えている次第であります。

もう一点付言しますと、実はドイツにおいて議論があるところで、一時金賠償の場合に、確かに和解としての性質を有し、全く予測リスクを甘受するものではあるのですが、同じように予測を含むものである以上は、ＺＰＯ三二三条の変更の訴えを類推適用すべきであるという学説が有力に主張されているところであります。

その際には、定期金賠償による変更の訴えの場合よりも、「著しい変更」要件を厳しくみて、一時金賠償というものの性質からあまり多く変更を認めないというかたちで、射程を絞るという方向をとっていますが、同じように考えますと、民訴法一一七条の類推適用の場面についても、もう少し広い射程で、一時金賠償あるいは訴訟上の和解ということになりますが、裁判外の和解の場合にも認められる余地があるのではないかと考えている次第です。以上です。

司会・高野　損保ジャパンの志村さんに対しての問題は、定期金賠償するかどうかで結局話がつかなかった場合にどう対応していますかという質問です。

志村　ご指摘の点は、介護料の場合に定期金賠償というのがこれまで実際に保険会社としてやっていると思います、という前提での質問かと思われます。

青野　今の質問は、一回示談した後での、変更の話です。

志村　確かに介護料につきましては、これまで保険会社も訴外の示談という中で定期金賠償というのが多くはないのですが、一定の経験としてはあります。この場合、示談書とは別に覚書のようなものを取り交わして、何か変更が生じたときは別途協議するという条項を付してそれを覚書として双方で締結するというものですが、実際には介護料についてはこれまでそのような協議をしたという実績は、確認できる限りでは無いため、細かいところまでは経験がないことになります。

司会・高野　司会者から補足的な質問ですが、一応示談で定期金賠償の条項を決めておいた場合に、その後、介護費用がすごく高くなったから増額してくれと要求されたものの、いやいやそこまではどうなんだということで意見が割れたときに、解決方法として、合意をせずに裁判所で解決するという事例は過去にありましたか。

志村　無いですね。あくまで覚書を締結して、支払を始めて、介護料なので死亡すると終了ということで、死亡するまでお支払いするということで終わっているというものが大部分です。

司会・高野　青野先生、よろしいですか。

青野　分かりました。ありがとうございました。

司会・高野　理論構成はいろいろと考えつくとは思うんですが、この場であまりそういうふうなアイデア論ばかり言っていても仕方がないと思いますので、この程度にしておきたいと思います。あとは特段よろしいでしょうか。

司会・浦川　この際、ご意見があるという方は、チャットに書き込まずに、ミュートを外してご質問いただきたいと思います。報告者からご発言がありますか。

窪田　窪田ですが。

司会・浦川　では窪田先生お願いします。

窪田　青野弁護士から質問ではなくご意見ということで伺っていて、「被害者の方が定期金を選択しない最大の理由は、一生涯保険会社と付き合うことが嫌だ」というご指摘がありましたので、今後も増えないのではないかということですが、これも自分の立場がよく分かっていないという発言になりそうなのですが、今は、多分そういう状況なんだろうと思います。枠組みが変わっていったときに、実際にドイツでは定期金賠償というのが当たり前のように行われているということは、多分制度的な支えがあったら定期金賠償というのはもう少し簡単に行われると思います。一生、保険会社と闘わなければいけないというニュアンスではない仕組みというのが現実にはあり得るのではないかなと思いましたので、今すぐそうなるかどうかはともかく、私自身はそういうものを念頭に置きながら考えていましたということを発言させていただきました。

司会・浦川　まだ時間は残っておりますが、話を伺っていて報告者から補足することはありますか。宇都宮先生いかがでしょうか。

宇都宮　今の窪田先生の意見に真っ向から対立するかたちとなってしまいますが、意見を少し述べさせていただきます。法文上は、確かに定期金賠償が原則的な形態で、重大な事由がある場合にしか一時金賠償が認められないという建付けにはなっていますが、報告の中でも少し申し上げました通り、ドイツでは、和解のかたちで一時金で解決してしまうという実務が相当数増えているという話を伺ったことがあります。そこで考えられているのは、全く青野先生にご指摘いただいたところ、あるいは窪田先生も既にご指摘されているところではあるのですが、この事件に片をつけたいということで、訴訟に持ち込んでしまうと強制的に定期金にさせられてしまうということにもなってしまいますので、訴訟に持ち込まずに一時金賠償の和解で解決してしまうということになります。

私自身は再三申し上げております通り、損害論にも絡んできますが、請求権の性質自体は将来損害として、それが原則であると考えるべきでありますが、賠償方式として定期金賠償が原則とまでいえるかというと、そうではないと思います。和解と同じような性質を持っている一時金賠償が少なくとも日本では広く使われているという現状がある以上は、そこの部分は崩さなくてもいいのではないかと思います。ただ、定期金賠償にする場合には、一時金賠償から定期金賠償へという考え方ではなくて、もともとの原則的な形態に戻るという発想の転換が、従来行われていた議論を整理するのには必要なのではないかと考えている次第であります。少し補足的に述べさせていただきました。

司会・浦川　残り時間もあと一〇分程度ですので、可能ならばもう一度皆さんからお話をいただくというのはどうでしょうか。

司会・高野　今日の報告者・出席者から、補充、感想、今後どのように考えていくかなどについてご発言いただけたらと思います。山口先生からお願いいたします。

山口　私の今日の報告のポイントの一つは、定期金賠償により、定期金的な給付がなされた場合、これが給付されることによって、不法行為時に遡って損害が塡補されるという考え方があり得るということです。これは社会保障における社会保険給付では、まさに判例がそのように考えているのですが、そのような考え方が本判決の、原状回復的考え方につながるものとして注目しております。

そして、もう一つは、これが、かつての学説、ここでは伊藤先生と楠本先生を挙げておりますが、それらの学説が主張していた、定期金賠償の生活保障的機能を重視する考え方につながるものであるということです。その後、吉村良一先生の本などにも同様の考え方が示されているため、私としては、もう一度このような考え方を見直そうと思っているところです。

ただ、この時期における、後遺障害が将来生活権の侵害であるとする考え方は、さきほどの浦川先生のお話とも少しつながってくるところですが、例えば介護費用もかなり低いレベルでしか認められていなかったため、後遺障害に伴う様々な費用も積極的に評価しようという工夫の中で主張されていたとの側面があると思われます。しかし、現在では、介護費用と逸失利益も、その他の費目も、きっちりと分け、むしろ、費目を明確に分けることによってそれらを積み上げ、損害賠償額を確保することができるようになっていることから、現在において、直ちにかつての考え方、この時代の考え方をそのままの形で入れられるとは思っておりません。ただ、現在の考え方があまりにも費目ごとの算定に傾斜し、賠償方法についても、機械的に費目との対応関係が考えられてしまっているのではないかということ、費目だけを見て、機械的に賠償方法を決定してはならないということを、この最高裁は示したということができ、そのような反省を迫る判決であったと思っています。

**司会・高野**　それでは窪田先生お願いいします。

**窪田**　最後は本当に感想ということで発言させていただきます。今日、私自身は非常に理論的にガチガチに考えたらこうなるんじゃないか、ここは矛盾じゃないかというお話をしました。ただ、一方でずっと頭の片隅にあったのは、先ほど新美先生からご指摘があったお話がそうなのではないかと思うのですが、逸失利益というもの自体が所詮はフィクションで、エイヤーで決めて実はやってきただけではないかということでした。先ほど将来の損害だから定期金賠償が原則だと言いましたが、一方で、それこそフィクションの世界の出来事としてエイヤーで今決めていたというのを強調するのであれば、もうこれは一時金賠償だし、その一時金賠償にさほど厳密な背景があるわけではないのだろうなということがずっと頭の片隅にありました。

本当に感想ということになるのですが、ある意味では最高裁がここで定期金賠償を認めたことで、そうした逸失利益の意味や性質がもう一度問題になるのかなという感じがしています。以上です。

**司会・高野**　宇都宮先生お願いいします。

**宇都宮**　私は今回、学会デビューということだったのですが、大変貴重な機会を賜りましてありがたく思っています。

私も感想というか、前提としてそれを話すと長くなるというので端折った部分があります。冒頭にお話ししましたように、報告内容の一部は私の昨年度出しました博士論文の一部を使わせていただいていますが、そこでの主題は、最判昭和四八年四月五日民集二七巻三号四一九頁の前提である、損害賠償請求権が一個であり、不法行為時に確定的に発生しているという部分が、果たして今も整合性を保てる理論なのか、ということでありました。実は、私は昭和四八年判決にかなり批判的な意見でありましたので、その意味では令和二年判決の大前提を大分無視しているところはあるのですが、そういう問題意識があって、私自身が今回のような結論に至っているということをご理解いただければと思います。

私は、既判力の基準時というのが、将来の給付の訴えは一般に公平説で、一般的な口頭弁論終結時点という原則から外れるものではないかと考えています。そうであるとすると、損害賠償請求権というものも、将来の給付の訴えである定期金賠償の対象たり得るものと、そうでないものとは、少なくとも分かれるのではないかと考えられます。令和二年判決では、後遺症の逸失利益のみが申し立てられていますので問題にはならなかったのですが、それ以外の損害項目が一緒に申し立てられたときに、今まで述べられてきたような費目間の流用ができるのかどうかという問題が必ず生じてくると思います。

昭和四八年判決は、従来、定期金賠償が否定的に捉えられていた時代の判決でありますので、定期金賠償がこのように公に認められた以上は、そこの部分は考え直すべきではないか、といった思いで博士論文を書かせていただきました。最後はコマーシャルみたいになってしまいましたが、そういった思いのもとで、今回ご報告をさせていただきました。また先生方のご教示を賜われればと思います。ありがとうございました。

司会・高野　志村さん、ご感想をお願いします。

志村　損保ジャパンの志村です。改めまして一民間企業の実務担当者の視点からの内容で恐縮しております。また、このような機会を与えてくださったことを、改めてお礼を申し上げます。

実際にこの問題については、社内でも議論をしても、なかなか結論が出ないという難しい課題でして、私も頭を抱えていたところです。改めまして勉強させていただいて、良き経験になったということと、今日、先生方のご発言をお聞きして、特に印象に残った点としては、ドイツにおいては定期金が前提で、それで一時金を求めるという訴訟が多いというお話をいただきました。そうすると、心理的に一時金の方を請求したいと思う人が多いのでしょうというのが印象に残った点です。今日はいろいろ貴重なお話をお聞かせいただきましてありがとうございました。

司会・高野　最後に森田部長、感想とは限らずに何でも結構です。お願いします。

森田　本日はご報告の中で理論的な問題も含めて大変勉強させていただきました。ありがとうございます。やはり最高裁判決を機に、被害者の方にとって選択肢が示されたということが大きかったのではないかと思っています。実務におきましても、事案に即してどういう解決が望ましいのかという観点から、今後も真摯に検討してまいりたいと思います。

司会・浦川　大変多くの方のご参加を得て、有意義な検討ができたと思います。いずれにしましても、この最高裁判決は大変大きな問題を理論にも実務にも投げ掛けていて、当然ながら、ここの議論だけで解決できる問題ではなく、今後、この判例を受けて理論と実務がどう進んでいくか見守っていかなければいけないと思います。本日は長い間ご清聴、ご参加いただきましてありがとうございました。

司会・高野　非常に重要な判決を素材にして、ある意味、損害賠償法の根幹にも触れる一時金払か定期金払かという非常に根本的な問題について率直に意見交換していただきまして、大変興味深く伺いました。ある意味では交通法学会のみならず損害賠償法全体について大きな一歩になるのではないかと思います。本日は報告者の皆様、どうもありがとうございました。また参加して意見の交換に加わってくださった方にも感謝申し上げます。本当に今日はありがとうございました。

全体司会・新藤　以上をもちまして本日のご報告は全て終了いたしました。これをもちまして閉会いたします。本日は長時間ご参加いただきましてまことにありがとうございました。

# 報告1　人傷一括払制度について

司会　佐野　誠
（理事・福岡大学名誉教授）
報告　山下典孝
（青山学院大学法学部教授）

**全体司会・新藤**　これより個別報告に入ります。個別報告の一番目は、青山学院大学法学部の山下典孝教授による「人傷一括払制度について」です。司会は、佐野誠理事が務めます。それでは、佐野理事、山下様のご紹介をお願いいたします。

**司会・佐野**　第1報告の司会を務めます佐野誠です。よろしくお願いいたします。第1報告の報告者は青山学院大学教授の山下典孝先生です。山下先生は保険法の分野では大変著名な先生ですので、ここでは簡単な略歴のみご紹介いたします。山下先生は一九八九年に立命館大学法学部をご卒業後、一九九四年に中央大学大学院博士課程を修了されました。その後、高岡法科大学法学部専任講師、同助教授、岡山大学法学部助教授、大阪大学法科大学院准教授、同教授を歴任され、二〇一七年に青山学院大学法学部教授に就任されました。

今回の報告テーマである人傷一括払については、本年三月に最高裁の判決が出たばかりであり、大変ホットな話題であると同時に、保険実務からも大きな関心が寄せられています。それでは山下先生、よろしくお願いいたします。

青山学院大学の山下典孝と申します。この度は報告の機会を頂き有り難うございました。早速ですが追加配布させて頂きました PowerPoint 資料に従い、報告を進めさせて頂きます。本日の報告では、不当利得容認説の立場を採った最判令和四年三月二四日（以下「令和四年最判」と略します）における疑問点を踏まえ、かつ被害者と加害者の衡平な損害賠償の分担という損害賠償制度の理念を踏まえて、現行の人傷一括払制度の改善点について建設的な議論を展開することを目的とするものです。スライド四頁に人傷一括払における自賠責保険等における保険金相当額の回収をめぐる問題について、関係図を示しておりますが、その想定事例を基に説明をさせて頂きます。

VA間で交通事故が発生し、被害者であるVは人傷保険に加入していたとします。

V加入の人傷社は、被保険者Vに対して人傷一括払手続に従い内容を説明した上で、自賠責保険金等相当額を加えて人傷保険金を支払う、いわゆる人傷一括払を行います。仮に自賠責保険金相当額を三、〇〇〇万円、人傷損害額基準八、〇〇〇万円、裁判基準で一億円、過失割合は、Vが六割、Aが四割、保険金額一億円として、①人傷社が人傷一括払で八、〇〇〇万円の支払を行っているとします。②人傷一括払を行った人傷社は、加害者A加入の自賠社に対して、立替払を行った自賠責保険金相当額三、〇〇〇万円の回収を行います。その後、VとAとの間で人傷損額基準で示談が成立すれば、④人傷社は支払った人傷保険金のうちV自己過失部分を除く、VのAに対する損害賠償請求権に該当する債権を保険法二五条に基づき代位取得していますので、代位債権についてA又はAが加入している任意自動車保険会社（以下「対人社」といいます）に対して求償を行うことになります。

他方、VとAとで示談がまとまらず、③損害賠償請求に至り、VがAを相手方として損害賠償請求訴訟を提起した場合、人傷一括払によって人傷社がVに支払った自賠責保険金相当額である三、〇〇〇万円全部がAに対する損害賠償額から控除できるかが、人傷一括払による自賠回収の問題として、議論されてきた問題であります。人傷一括払の際には、人傷社は約款の人傷損害額基準で一括払をしているのですが、その後、被保険者Vが加害者Aに対して損害賠償請求訴訟を提起して、そこにおいて裁判所が下した裁判基準で判決が出たときに、人傷損害額基準と裁判基準とで開きが出て、その裁判基準の方が被保険者の総損害額が多いようなケースについて、この回収した三、〇〇〇万円部分についてこの損害賠償請求訴訟をする際に、回収した三、〇〇〇万円が全額控除できるかどうかが訴訟の段階で問題になってくることになります。

訴訟にならず、VとAとで示談がまとまればあとは人傷社の方で④として求償するというふうなパターンになるのですが、訴訟になったときに、この段階で②のところで回収した部分の三、〇〇〇万円全額が控除できるかどうかというのが主たる論点となるわけです。

それで、この問題について、学説上大きく二つの見解があって、スライド五頁で、いわゆる全部控除説ということで、保険会社のサイドの方としては、先ほど申しましたように、人傷一括払というのは人傷保険金五、〇〇〇万、設例の例で言うと、人傷保険金と自賠部分を一緒に一括しているという話になります。それで、再度損害賠償請求訴訟になったときに、人傷損害額基準と裁判基準で開きが出た場合に、不足部分が出る可能性があるわけですね。その部分については、全部控除説は、後から人傷保険金額の範囲内で追加払をするといういわゆる読替条項に従って追加払をするということで被保険者の利益を保護するというような取扱いをするというのが、全部控除説の考え方だとお考えください。

他方、スライド六頁で、不当利得容認説というのは、基本的に人傷社が払っている保険金というのは先ほどのように区別するのではなくて、すべからく人傷保険金を支払っていると評価することになります。そうなると、②の部分の自賠回収部分について、人傷損害額基準と裁判基準で開きが出たときにいわゆる回収している部分について、不当利得が生ずるというケースが考えられるわけです。それについては、なぜか、保険法二五条との関係については、よく分からないところがあるのですが、この部分について不当利得の容認を認めた上で、いわゆる回収が認められる部分についてのみこの部分から控除できるという考え方をとるのが、いわゆる不当利得容認説と言われるものです。

そうなると、加害者の方は、自賠責の方の一部について、利用できなくなってしまうのですが、その部分については、対人社が背後におれば、対人社がとりあえずその部分を肩代わりして払った後に、人傷社が不当に得ているものを対人社が人傷社に回収するという形で、最終的には保険会社間で清算すればいいんだろうというふうな捉え方をしているわけです。

それで、この問題について令和四年三月二七日に最高裁判例が出たわけですが、そこでは不当利得容認説の立場をとったわけです。それについての理由付けなのですが、スライド七頁で、①として、いわゆる保険金請求権者は人傷一括払合意していたとしても、それが全部控除説のように区分けして払われているという認識を持っていない。いわゆる人傷保険金額の範囲内で人傷保険金を払っているのであれば、それは人傷保険金のみを払ってもらっていると考えるのが、請求権者の合理的な意思ではないかということが根拠になっているわけです。

さらに、全部控除説のような立場をとってしまうと、後で人傷社が追加払いをしなければいけないということになるのですが、そういうふうなことも請求権者の方では、契約当事者の合理的な意思にも合致しないだろうということも②のところで理由として挙げられているところです。

さらに、③のところで、保険金請求書及びいわゆる協定書の文言においても、先ほどの自賠の回収の際に、人傷社が人傷保険の被保険者から委任状をもらって委任に基づいて回収するという文言等は一切記載がありませんので、そういう記載がない中で委任に基づいて自賠回収をしているということは言えないのではないかということが、三番目の理由として挙げられているところです。

ただ、そういう理由付けをしている令和四年最判について既に若干の疑問点がありまして、スライド八頁で、まずは令和四年最判についての射程がどこまで及ぶのかという点が問題になります。アマウントを超えている形の人傷一括払、いわゆる狭義の人傷一括払についてまで射程が及ぶのかという点と、さらにこれの令和四年最判の判決文の読み方にもよると思うのですが、これは人傷社が保険金額の範囲内で追加払いに応じるという対応をした場合には射程が及ぶことになるのかという点も、場合によっては疑問になるかもしれません。

③のところは、いわゆる現行の実務では、基本的には人傷一括払手続に従って人傷保険の被保険者にいわゆる自賠の部分は立替払ですということを説明した上で、いわゆる自賠部分について回収を行っているのが一般的な実務だと私は考えているのですが、それ以上に丁寧に被保険者に理解できるような説明をした場合には結論は変わるのかという点も指摘されているところです。

さらに、スライド九頁で、先ほど申しましたように、なぜ自賠部分だけ先に回収できるのかというのが、請求代位に関する保険法二五条及びこれを片面的強行規定とする保険法二六条との関係で問題となり得ますので、本来であれば、被保険者が加害者に損害賠償請求訴訟を提起して、未てん補部分の損害を加害者から回収をした後に、人傷社は求償債権について加害者あるいは加害者が加入している対人賠償社に求償権を行使するというのが、保険法二五条、二六条の素直な解釈かと私はそのように考えているのですが、なぜそういうような考え方をとらないで、不当利得を容認した上でその部分を除いた部分についてもう既に回収したという取扱いができるのかという理論的な根拠が明確ではないという疑問があります。

さらに、スライド一〇頁で、くどいようですが、全部控除説のところで説明しましたように、人傷社自身は、この人傷一括払というのは、自賠責部分の損害については人傷保険金から控除して人傷保険金を支払うという認識の上で、一種のサービスという形で人傷一括払をしているという認識ですので、そうなると、先ほど、人傷保険契約の当事者の認識ということを令和四年最判の理由付けの②のところで言及しているのですが、そうなると、一方当事者の人傷社の認識とは違うのではないかという問題も出てくるわけです。

　そうなると、人傷社の実務サイドは、原理原則は、傷保険の被保険者が自賠法一六条一項請求をやってもらうということになり、それでは被保険者の手間が掛かってしまうので、それで人傷社がサービスの一環として人傷一括払をやっているという話になりますので、原理原則とサービスとの間で相違が出るというのも合理性があるのかなという疑問が出てくるわけであります。

　その上で、そういう相違が出てくること自体が、いわゆる被害者と加害者との間の公平な損害の分担という損害賠償の理念との関係で問題がないのかという話になってくるわけであります。

　そしてスライド一一頁で、人傷保険金額の範囲内で人傷保険金を追加払いするということが被保険者の利益を害するということにまではならないと私は考えています。というのは、既に損害賠償請求訴訟というひと手間を掛けていますので、それに加えてさらに人傷保険金の追加払いを請求すること自体が、さらにそういう手間を掛けること自体が、被保険者の利益を害するというまでは評価できないのではないかという疑問があるところです。

　それで、ここで先ほどの疑問点について、やはり少なくとも人傷社のその自賠部分の損害額が控除できるかどうかについては、私も下級審の裁判例の存在とか、あるいは高野先生による先行研究でもそういうふうに読めないのではないかというご見解が示されているということは承知しているのですが、ただ人傷社の実務サイドの考え方を申しますと、①の約款であろうが、②の約款であろうが、いずれも控除するというふうなことを前提に人傷一括払をしているというのが人傷社の認識かと思います。

　そうなると、本来は人傷保険金でてん補されない部分でありますので、その部分は被保険者が自賠法一六条一項請求するというのが原理原則になりますので、サービスとしてやっている場合と本来は自ら自賠法一六条一項請求した場合で、結果の相違が生じるというのは好ましくないのではないかと考えられるわけです。

さらに、これはいわゆる加害者の側から見ると、加害者の方は自賠請求がなされた段階で、自賠社の方から自賠責保険金が使われましたという通知を受けるわけです。そうすると、その部分については当然填補されているのだという認識を持つことになるのですが、ところが訴訟になった段階で全部控除できないという話になると、加害者の側から見るとこれはどうなっているんだという、当然そういうふうな苦情が保険会社の方にも来るだろうと思います。私であれば、当然、何やってくれているのかという話になると思いますので、当然苦情をさせていただくことになるのかなと考えています。

そうなると、こういうふうな人傷保険金の算定実務との乖離とか、さらに自賠法一六条一項請求するというのが原理原則になると、サービスした場合との相違はどうなっているんだという問題とか、当然加害者の方からも苦情が来ると認識していますので、そうなると、保険会社のサイドとしては、こういうふうなトラブルを回避したいのであれば、サービスをやめてもよいという話にもなりかねないのかなとは考えているところです。

では、こういうふうなサービスを継続するためには、さらに令和四年最判の射程が及ばないように、いわゆる全部控除説という立場で実務を運用したいのであれば、これはもう既にレジュメ、報告資料に基づき説明をさせていただいているのですが、その部分を再度スライド一二頁、一三頁のところに投写しているだけなのですが、現行の人傷一括払手続について、より徹底的に被保険者の方にそれは立替払にすぎませんということをご説明した上で、そして、損害賠償請求訴訟に至った場合には、その立替部分については全部控除されるということを協定書その他の文書においてもきちんと説明をして、被保険者に納得いただいた上で、人傷一括払をするか、そうではなくて、被保険者自らが自賠法一六条一項請求するかという選択を与えて、それでトラブルが起こらないように対処すべきではないかということを説明しているわけです。

このような人傷一括払手続については、令和四年の事案というのは人傷社が訴訟参加していないので、実際に被保険者にどの程度まで説明をしたのかということが不明確な部分があったわけですが、しかし、既に多くの保険会社さんでは、一般的にはここに説明をしているような内容のいわゆる文章で説明しているかどうかは別として、一応立替払いであるということと、その後、立て替えた部分は回収しますよということとか、あるいはそういうふうな一括払をしたくないのであれば被保険者が自ら自賠法一六条一項請求をしてください、選択できますよということはきちんと説明しているということになっているかと認識しています。

これは、表には出ていない資料というか、事情があって、そのような実務をどの保険会社も基本的にはやってくださいという指導が入った上で、このような説明をしているということを確認する意味で、人傷一括払チェックシートを用いて説明しているかどうかということを確認した上で、最後に協定書を交わすということを従前やっているのが一般的であると認識しています。

ただ、それだけでは説明が十分ではないという認識を令和四年最判がとっているかどうかというのはよく分からない部分があるのですが、よりトラブルが起こらないように、さらに協定書にもその旨を文書として説明をするとか、あるいは保険金の計算書類においても人傷保険金と自賠責保険金部分とを区別して説明し、自賠責部分は立替えにすぎませんとかというふうなことをこれも文章で明確に説明して被保険者が誤解をすることがないようにする、そのような対応を徹底的にやるのであれば、人傷一括払というサービスを続けるということもできるのではないかと考えています。その場合には、不当利得容認説をとった令和四年最判の射程は及ばないのではないかと考えているところです。

令和四年最判の射程がどこまで及ぶかということについては、こういうふうなことを徹底しなくても、ある程度従前の人傷一括払手続をして被保険者に説明をしているのであれば、私自身は、令和四年最判はそのようなケースには及ばないという立場はとっているのですが、よりトラブルを回避する意味で徹底的に実務サイドの改善が好ましいのではないかと考えています。

さらに、読替条項の方もできるだけ分かりやすく読替ができるということを示す約款にしておく必要もあるだろうし、さらに先ほど申しましたように、自賠部分の損害については人傷保険金の部分から控除して人傷保険金を支払うということについても、これもやはりお客様に分かりやすくするような約款の工夫もしておく必要があるだろうとは考えているところです。

結論として、スライド一四頁で、人傷一括払についてはあくまでもサービスにすぎませんので、人傷社とこの人傷保険の被保険者との間の事情にすぎませんので、そういう実態を前提に法律関係が処理されるべきではないかと考えているところです。

そして、そういう事情にすぎないものについてこれはやめてくれということを加害者の方でそういうふうなサービスをされたら、自分が不利益になるからやめてください、原理原則で自賠法一六条一項請求でやってくださいということが加害者の方で言えるのであればまだいいのですが、それを言えない訳です。後で損害賠償請求訴訟になった段階で、通知を受けていながら自分の自賠責の一部が使えないというふうな、そういうふうな不利益を被るという話になりますので、そういう事情もありますのでやはりそれなりの改善が必要ではないかと考えているところです。

さらに、保険法二五条、二六条との関係でもなぜ容認できるのかという部分が釈然としません。というのは、これは全く事案が異なるのですが、人傷保険金を支払った人傷社が、その後、いわゆる加害者の側に損害賠償請求部分について求償する際に、被保険者と加害者との間の損害賠償請求訴訟が片付いて、それでその後に保険法二五条、二六条に従って、人傷社は人傷保険金を払ったことによって得た損害賠償請求部分について、代位した求償債権を回収をするということをやるのが一般的なわけです。

ところが、人傷一括払についてだけなぜか違う運用ができるということを認めるのであれば、自賠部分以上に人傷保険金の部分の損害賠償請求部分についても同様に回収してもいいのではないですかとも言えてしまうわけですね。そうすることによって、いわゆる求償請求権の時効消滅の問題も解決できるのではないかというふうに考えてしまうのですが、多分そういう解釈はとれないだろうとは考えているので、そうなると、やはり保険法二五条、二六条との関係で釈然としないという部分が、理論的には釈然としないところがあるわけです。

さらに人傷一括払というのは、それぞれ違うものを一緒に払うから一括というのが日本語の意味としても正しいのだと思うのですが、不当利得容認説の前提となるのはあくまで人傷保険金を払っているのにすぎないというふうな話になってしまいますので、本来の意味での一括払ではないのではないですかという問題も出てくるのかと考えています。

それもありますので、やはり被保険者自身が自賠法一六条一項請求というのが原理原則というふうに捉えるのであれば、サービスの場合についても、やはり結論は変わらないようにすべきだという話になるのかなと考えているところです。

そういうふうなことを最後スライド一五頁のところでまとめています。すなわち、自賠責保険等で給付される損害額は人傷保険の塡補すべき損害から控除されていますので、そもそも人傷保険金に含まれないのが原理原則ということになるかと考えています。

そのため、自賠責保険等で給付される損害額については、被保険者自らが自賠社に対して自賠法一六条一項請求を行う必要があるというのが原理原則かと思います。人傷一括払は、この②の手続に関して、被保険者が手間をかけずにできるだけ早く損害の塡補を受けられるように、人傷社がサービスの一環として行っているという認識です。

加害者は、この人傷社が人傷保険の被保険者に対してサービスとして行っている人傷一括払の選択を拒否することができないわけです。被保険者自らが自賠法一六条一項請求するのが、原則論であると考えるのであれば、人傷一括払は保険会社がサービスしてやっているにもかかわらず，被保険者がそれを選択したときに原則よりもなぜ被保険者が有利に扱われて加害者に不利に扱われるのかという，このような相違が出ることについて私自身は疑問を持っていますので，現行の実務をより改善してそういうふうな相違が出ないように誤解が生じないように実務をより徹底すべきではないかというのが結論というところです。

できるだけ質問時間をとりたいと考えましたので，ちょっと端折って説明させていただいたわけですが，とりあえず私の説明報告はここまでという形で，あと皆様からご質問が既に寄せられていますので，それについて回答させていただければと考えているところです。以上です。

《質疑応答》

**司会・佐野**　山下先生，どうもありがとうございました。事前配布の報告レジュメが非常に詳細なもので，時間内で終わるのかなと少し心配していたのですが，大変手短にまとめていただいてありがとうございました。

既にチャットで，新美理事長と壹岐弁護士から質問が出ていますので，私が読み上げた上でまず山下先生にご回答いただいて，更に必要であれば口頭で質疑応答していただきたいと思います。

まず，新美先生からですが，「代位は保険代位ですか，弁済者代位ですか，どちらでしょうか。弁済者代位ですと民法の問題となりますが，その場合一部弁済の場合は，債権者，つまり被害者の同意のもとに，それと共同して代位することになります。」こういうご質問が来ていますので，山下先生お願いします。

**山下**　全部控除説の考え方でいくと，いわゆる弁済者代位に近いという考え方になるかと思うのですが，不当利得容認説の考え方で，これは純粋に保険法二五条でいう請求権代位という立場になるかと認識しています。

司会・佐野　新美先生いかがでしょうか。

新美育文（明治大学）　また壹岐先生の議論と絡みます。そちらの方から、まず議論を進めてください。

司会・佐野　分かりました。それでは、次に、壹岐先生のご質問ですが、本件、最高裁判決の原告代理人および上告人代理人を務められたということです。まず一点目の質問は、「自賠責部分が立替払いだという前提に立った場合、この立替払いは法的にはどのような解釈になるのでしょうか。第三者弁済というのが素直な解釈なのかなと思いましたが、そうなると人傷社が自賠責保険金の回収の有無に関わらず弁済の効果が生じるので、そうではないという解釈になると思うのですが、この点をどのように理解するのでしょうか」ということです。まずこの一点目から山下先生お願いいたします。

山下　基本的には人傷一括払をする際には、被保険者の同意をとります。勝手にやるわけにはいきませんので、本来は被保険者の自賠法一六条一項請求をするという部分についてどちらを選択しますかというお伺いを立てた上で、それで一括払の手続をするという段階で自賠法一六条一項請求についての委任をとるという、いわゆる代理権の委任をとるという形で、それを前提に人傷社が自賠社に代わってその部分をとりあえず一括して払った後に回収する段階で、自賠法一六条一項請求の代理権の委任を受けているということを前提に回収をするという建付けをしていますので、基本的にはそういうふうな自賠社に代わって弁済をしているという位置付けになるというのがご指摘のとおりかと思っています。

司会・佐野　そうしますと、人傷社が自賠責保険金の回収の有無に関わらず、弁済の効果が生じるということでしょうか。

山下　そういうふうな話になるかと思います。ですから、払った段階で回収したので、その部分は若干議論があります。いつから回収した部分についての効果が発生して、その部分のいわゆる遅延損害金がいつから発生するのかという議論があって、私は立替払いをしたときに既に払っているのだから、その部分は被保険者も損害塡補を受けているので、その時点で控除して遅延損害金を払うべきだと考える見解をとるのですが、人によっては自賠社に回収したときから遅延損害金の部分を算定し直すべきだと考える見解があるかというのは認識しています。

司会・佐野　この第一点目については、壹岐先生、これでよろしいでしょうか。何か追加質問はありますか。

壹岐晋大（弁護士）　弁護士の壹岐です。ありがとうございました。私も立替払いの点をどう解釈するのかが分からないため質問させていただいたのですが、恐らく全額控除説の立場をとられた方でも、自賠責保険から回収していない場合まで控除される考え方にはならないと思っていたので、解釈としては回収予定額の先行払いのような形になるのかなと理解していたところでした。ご回答いただきありがとうございました。

山下　ですから、二つの考え方が成り立つというのは私も認識しているのですが、私はやはり一括払したのであれば、そのときに先行払いというわけでなくても、効果の発生を認めるべきではないかという立場をとっていますが、違う立場をとられている先生もいらっしゃるので、ここは微妙に見解の相違であるかと思いますので、そこはご認識いただければと思います。

司会・佐野　私から確認ですが、そうしますと山下先生のお考えでは、この立替払いというのは、人傷社が被保険者の依頼を受けて、つまり委任を受けて一六条請求をしていくということではなくて。

山下　依頼を受けないとできませんので。

司会・佐野　依頼を受けるということは、つまり委任を受けてやるということですか。そうだとすると、委任を受けた段階ではまだ弁済にはなってないと思いますけれども。

山下　一六条一項の代理行使と捉えるのであれば、委任を受けて行使をした段階、つまり回収をした段階で効果が発生するという考え方が多分素直な解釈かとは思います。

司会・佐野　ありがとうございます。新美先生どうぞ。

新美　今の関連で確認したいんですけれども、債務者といいますか、債権者とそれから代位したものとの間はどうなんですか。第三者との関係での対抗要件は、どういうふうに考えたらいいですか。

民法ですと、対抗要件を非常に慎重に考えるんですけれども、その点については全然議論に出てこないんですよね。なぜ、代位弁済したのが自賠の方に主張できるのか。あるいは、任意の方に主張できるのか、その辺については議論が全然ないんですが、その辺は考慮する必要はないのでしょうか。いわゆる法定代理と任意代理の違いですね。

山下　確かに任意代理であれば、法定代理であれば当然法律の効果という形で対抗要件の具備は不要だというような形になると思うのですが、確か任意代理であれば対抗要件を具備する必要があるだろうというのが、民法の先生方からは当然そういうふうなお話になるかと思うのですが、従前そういうふうな議論というのはあまりされてこなかったというのが正直なところかと考えています。

新美　最初に聞いたのが保険代位なんですか、それとも民法上の弁済者代位ですかと聞いたのはそういう意味でありまして、やはり対抗要件をどうするのかという議論がないまま保険法の世界で全部処理しようというのは、ちょっと無理があるのではないかなと思って、今日のご報告を聞いても、立替払い方式のようなことをおっしゃっているので、先生はそういう点も意識しているのかなと思って質問した次第です。

山下　ありがとうございます。そうすると、やはり立替払いをするときに、人傷社に対してもそういうふうな説明、いわゆる対抗要件等を説明しておく必要があるのかなと思いました。

新美　ありがとうございます。

司会・佐野　よろしいでしょうか。それでは、壹岐先生の二点目の質問ですが、「人傷社が全部控除説、つまり立替払いをやるということを前提にした説明を保険金請求者に対して行っていたというご主張だと理解しているのですが、そうした場合に、これまでの約款や協定書に立替払いであることが明記されず、協定書にも清算条項が記載された運用がされていることはなぜなのでしょうか」ということです。これはいかがでしょうか。

山下　これは、本件で問題となっている人傷社の実務自体は、私正直分からないところがあるのですが、今添付ファイルでお見せするというのはできないのですが、基本的には人傷一括払を説明しているパンフレットという請求手続の際に被保険者にご説明する書類がありまして、そこには立替払いという説明をしているはずなのですね。

だから本件令和四年最判での人傷社がそれを提出しているのかどうかというのは、私もいただいている資料にはなかったので、なぜないのかなというのがちょっとよく分からなかったのですが、一般的にはその文書を見せながら立替払だという説明をした上で、一括払しますか、それとも自ら自賠法一六条一項請求という選択もとれますよという説明をしているという前提が求められるはずなのですが、なぜか令和四年最判の事案ではそういうふうなものが訴訟資料としてもでてきていないというのがちょっと不思議だなと思ったところです。

**司会・佐野**　私の認識したところでは、本件の人傷社の扱いが、山下先生が言われている一般的な人傷社の扱いと少し違うのではないかと感じています。つまり、先ほど山下先生が言われた追加払いをすることについて、被保険者側が請求したがそれを人傷社が断ったということも言われているようなので、どうも今回の令和四年最判の事案はちょっと特殊なのかなという気もいたしますが、壹岐先生、今の山下先生のご回答でいかがでしょうか。

**壹岐**　ありがとうございました。佐野先生もおっしゃられたように、今回人傷社から追加払はしないという回答をされているのですが、それは恐らく協定書に清算条項があり、人傷社は既に全額保険金を払ったので、今後は一切追加の支払いはしないという回答をされたものだと理解しています。恐らくどの保険会社も協定書に清算条項はあると思うので、本来追加払いが予定されているのであれば、何かその点の記載が異なってくるのかと思ったのですが、清算条項がどの保険会社にも一般的に記載されているのはどういった経緯なのかというところで、質問させていただきました。

**山下**　それは、人傷損害額基準で支払った場合にはこれ以上はお支払いできませんということを示しているだけであって、裁判基準で巻き直しをしたときに、不足部分が出ればその協定書ではなくて約款の読替条項に従った追加払いができるというのが、多くの会社ではそういうふうな実務をとられているかと思います。

今回訴訟になった保険会社さんはなぜか追加払いしなかったということで、本来私の感覚からいうと、訴訟参加を促すべきだったとは思っているんですね。そうすれば控訴審で呼んで追加払いできるかどうかを、対人社の方は当然追加払いできるという認識を持っていましたので、そこは人傷社が追加払いしないというのはおかしいという形で控訴審で追加払いを認めさせて終わっていた事案ではないかなと思ってはいるのですが、今回若干特殊な事情があったみたいで私もこの部分は不思議な点かと思っています。

**司会・佐野**　壹岐先生、よろしいですか。

壹岐　はい、ありがとうございました。

司会・佐野　それでは、次に高野先生からご質問です。「約款上、人傷社は自賠責保険から支払われる額の塡補義務はないのですか。問題があるなら、人傷社が代位請求する方式はとれないのでしょうか」というご質問です。これは先ほど山下先生がご報告の中で触れられていた高野先生の今回の青本の論点だろうと思いますが、山下先生お願いします。

山下　私は、①の約款でも人傷保険の損害額の算定の段階で、人傷損害額基準と自賠基準を対比して、人傷損害額基準が自賠基準よりも低い場合は自賠基準に引き直して人傷保険の損害額を算定するという約款条項がありますので、ですから、その段階で自賠責保険等で支払う部分は決定していると読めるのではないかということで、①の約款をとっている保険会社の認識としても、そういうような認識の下、自賠部分は損害額から控除するという立場をとって、それで人傷一括制度をやっているというような認識ではありますので、ただ、そういうふうに読めないのではないかというご意見があるということは、十分認識していますし、レジュメの方でもあげていますす東京地裁の判決もありますので、それもあるのでより約款で明確にしたほうがいいのではないかという立場はとっているところであります。

司会・佐野　高野先生、いかがでしょうか。

高野真人（弁護士）　約款解釈上の見解の相違なので、これ以上議論をしてもしょうがないのかなという感じがします。あと問題として残るのは、約款解釈上いろいろ議論が出てきてしまうところなので、いっそのこと、人傷保険会社が被保険者の代理人として自賠責会社に請求手続をとるという形で処理すると、そういう形でやれば誰がお金をもらっているのかという点が明確になりますから、トラブルは防げるような気がするのですが、そういうことが実務的には困難な点が何かあるんでしょうか、という質問なんですが。

山下　どうも聞くところによると、自賠回収が確保できるかどうかという問題もあるようには伺っています。控除しないで払った後に、自賠回収ができるかどうかという不安がやはりあるというふうには伺っているところです。

司会・佐野　はい、分かりました。だから、最初にまず自賠分も払っておかなければならんと。お客様サービスで払っておかなければならんという要請があるので、あとで代理人として清算しましょうということではリスクが大きすぎるというか、そういうことですね。

**山下**　伺ったところではそういうふうな話もあるので、それとあと自賠で払う部分はやはり自賠責保険制度でやっていただいて、それを除いたところを人傷保険でカバーするというのが当初の設計ではあったという話もあるようです。

**高野**　分かりました。いろいろ問題点のある制度だということがよく分かりました。結構です。

**司会・佐野**　ありがとうございます。次に、札幌弁護士会の青野先生からご質問です。「人傷一括で支払を受けた後に、損害賠償請求訴訟を提起して、全部控除説で処理された場合に、人傷社が追加払いをするという点について、現行の約款や協定書に一般的に記載があるのでしょうか」というご質問です。いかがでしょうか。

**山下**　一般的には、記載はないかと思います。これは、いわゆる損害賠償を先行した場合に、読替規定に基づいて追加払いができるということは一部の保険会社では説明をしていると思うのですが、人傷一括払の場合に、追加払いができるかどうかまでは多分説明はされてないと考えています。

**司会・佐野**　青野先生、これでよろしいでしょうか。何か追加質問はありますか。

**青野　渉**（弁護士）　札幌弁護士会の青野です。大変勉強になりました。ありがとうございます。さきほどの壹岐先生とか、多分、高野先生のお話と重複するのですが、質問させていただきました。私は、被害者側の代理人としてよく関わるのですが、追加払いのことは協定書を締結するときに精算条項がつきます。ですから、「人傷一括でやっているんだけれども、これから損害賠償請求訴訟するので追加払いしていただけますか」というお話をすると、「だめだ」という保険会社も結構あります。それが壹岐先生のおっしゃった問題意識だと思うんです。約款上、どの社を見ても読替規定はもちろんあるんですけれども、一回協定書を結んだ後に追加払いするという明確な約款は全然ないのです。全部控除説でも不当利得容認説でもトータルは一緒で手間が掛かるかどうかだけの話だ、とのご指摘ですが、手間の問題だけではなく、実際の受領額が違ってくると思われます。つまり、人傷社の方で追加払いしないと言われてしまうと、やはりそこは、被害者側としては、不当利得容認説を主張するしかないのかな、と思っています。令和四年最判が出たので、今後は不当利得容認説で動いていくと思います。先生のレジュメでは、読替規定があるから追加払いは普通にやるという趣旨のことが書いてあるのですけれども、どちらかというと、やらないと言う保険会社の方が多いような印象でしたので、御質問させていただきました。ありがとうございます。

山下　一点読み替えをするのは、いわゆる裁判所で裁判基準での額が決定した段階でないと読替条項が発動しないというのが一応保険会社の建前なので、それが決まる前はどうしても追加払いができないという説明をせざるを得ないという実態があるんだろうとは思います。

青野　その点は、こちらも弁護士と保険会社の話ですので、それは十分わかった上で、「今後の裁判で、判決なり和解が出たら追加払いしていただけますか。そういう条項を協定書の中に書いていいですか」というお話をすると、「だめだ」とおっしゃる保険会社が、どちらかというと多いような印象です。以上です。

山下　分かりました。ありがとうございます。その辺りはやはり明確にしたほうがよろしいのかなとは考えています。

司会・佐野　それでは、第1報告を以上で終わらせていただきます。山下先生、ありがとうございました。

全体司会・新藤　山下教授、佐野理事ありがとうございました。

**結論**

①自賠責保険等で給付されるべき損害額は人傷保険のてん補すべき損害から控除され、そもそも人傷保険金に含まれないのが原理原則となる。
②そのため、自賠責保険等で給付されうべき損害額について、被保険者自らが自賠社に対して自賠法16条1項請求を行う必要がある。
③人傷一括払制度は、②の手続に関して被保険者が手間を掛けずに、出来るだけ早く損害のてん補を受けられるように、人傷社がサービスの一環として行うものである。
④加害者は、人傷社が人傷保険の被保険者に対してサービスとして行っている人傷一括払の選択を拒否することができない。
⑤被保険者自らが自賠法16条1項請求をするのが原則論であるべきはずが、人傷一括払は保険会社がサービスでやっているにもかかわらず、被保険者がそれを選択したときに、原則よりもなぜ被保険者が有利に扱われて、加害者が罰ゲームを受けることになるのか。このような相違が生じることに何ら疑問を持たないのか？

AOYAMA GAKUIN UNIVERSITY　15

**参考文献**

丸山一朗「緊急解説3月24日最高裁第一小法廷判決」保険毎日新聞2022年4月6日4面
山下典孝「判批」青山法学論集64巻1号69頁（2022）
清水太郎「判批」共済と保険64巻2号22頁（2022）
肥塚肇雄「判批」リマークス 64号42頁（2022）
古笛恵子「判批」法律のひろば75巻4号54頁（2022）
高野真人「人傷保険に関する最近の注目すべき判決」公益財団法人日弁連交通事故相談センター『交通事故損害額算定基準－実務運用と解説　令和4年2月　28訂版』（公益財団法人日弁連交通事故相談センター、2022）353頁。
山下典孝「判批」判時2499号149頁（2022）
佐野誠「判批」福岡大学法学論叢66巻3号22頁（2021）
木村健登「判批」ジュリ 1565号119頁（2021）
佐野誠・福岡大学法学論叢 66巻3号1001頁（2021）
常磐重雄「判批」横浜法学 30巻1号433頁（2021）
森健二「人身傷害補償保険金と自賠責保険金の代位について」（財）日弁連交通事故相談センター東京支部編『民事交通事故訴訟・損害賠償額算定基準（平成23年版）（下）』（（財）日弁連交通事故相談センター東京支部、2011）95頁

AOYAMA GAKUIN UNIVERSITY　16

### 人傷一括払制度を維持するための改善策の試案

これらの説明がなされているかを確認ために用いる、一括払チェックシートによる確認も継続することが求められることになる。

さらに支払われる保険金の計算書においても、立替払される自賠責保険金部分と人傷保険金部分とを区分して記載し、自賠責保険金部分は立替払であり、人傷保険金そのものではない点を理解できるよう工夫する必要があることになる。

加えて、これらの人傷一括払手続を終え、最終段階で交わす協定書において、対人賠償保険金における一括払に用いる協定書の書式を汎用することはせず、人傷一括払用の独自の協定書を作成し、そこでの協定文言においても、自賠責保険の保険金部分は立替払に過ぎず、後日立て替えられた額については自賠社に回収され、被保険者が加害者に対して損害賠償請求する額から控除されることになる、点について同意した旨の文言等を挿入する必要があることになる。

このような一連の手続に関する態勢整備を保険者に求める意味で、保険会社向けの総合的な監督指針や通達による明確な指導を行うことも必要となるのではないか。

なお、人傷保険における損害の算定に関する約款規定において、報告資料3頁で説明している①の約款においても明確に自賠法等で給付がされるべき額を損害から控除する旨を明確に示す必要があり、誤解を回避する②の約款等を参照して改正する必要がある。



### 結論

**人傷一括払は人傷社が被保険者に対して提供しているサービスに過ぎず、人傷社と人傷保険の被保険者との間の事情に過ぎないという実態を前提に、法律関係が処理されるべきことになる。**

人傷一括払手続を選択するのであれば、被保険者に対して、本来は控除されている部分の自賠責保険による損害てん補部分を人傷社が自賠社に代わり立替払する点等、既に報告資料で説明した内容を丁寧に被保険者に説明し、被保険者に誤解が生じないように手当をしない限りは、人傷一括払というサービスは継続すべきではない。**人傷社と人傷保険の被保険者との間の事情に過ぎないにもかかわらず、それらの事情に全く関与できない加害者が、被保険者自ら自賠法16条1項請求した場合よりも、不利益を被るべき合理性はない**はずだからである。

**令和4年最判が採用する不当利得容認説においては、保険法25条・26条との関係で、人傷社の不当利得が容認されることになるのかその理由は釈然とせず**、また**人傷社が支払う保険金はすべて人傷保険金に過ぎないと解釈するのであれば、日本語の意味としても「人傷一括払」という制度ではない**ことになる。そのため、真の意味での人傷一括払制度を確立するためには、本報告資料で説明した通りの改善が必要となると考える。

人傷一括払は人傷社のサービスに過ぎず、人傷社と人傷保険の被保険者との間の事情に過ぎない。**本来は被保険者自らが自賠法16 条1 項請求権を行使すべきところ、それを行った場合よりも、被保険者が過大に保護を受ける代わりに、自らが関与できない事情によって加害者が不利益を被るという不均衡の問題を解消することを考えれば、読替条項に基づき保険金額の範囲内で被保険者が人傷社に人傷保険金の追加払の手続を求めることが被害者の利益を害するとまでは評価できないことになる。**

**人傷一括払は維持できるか**

報告資料3頁で説明されている①の約款内容が標準約款の内容である。また①の約款内容の場合も、先述の通り、人傷社の認識では、自賠責保険等でてん補されるべき損害賠償部分は控除されることが前提となる。

令和4年最判の立場によれば、人傷一括払が人傷保険金額の範囲内で行われれば、それは**すべて人傷保険金として取り扱われることになると、人傷保険金の算定とは異なる取り扱いになり、しかも被保険者自らが自賠法16条1項請求を行使すること選択した場合との相違を生じることになる。**

加えて、**人傷一括払手続に従い、人傷社が自賠社に自賠責保険金相当額の賠償額の回収がなされた後に、加害者に対して自賠責保険金相当額の支払がなされた旨の通知がなされていることから、少なくとも加害者は、その支払額については自己の支払い義務は履行されたという認識を持つことになる。**ところが、訴訟提起後に、当該額の全部の控除が否定されるだけではなく、**人傷社から自賠責保険の利用もできず、任意自動車保険における対人賠償条項によって賠償部分をてん補するか、あるいは金融機関からの金銭の借り入れ等をして賠償額をてん補する方法を選択せざるを得なくなる。このような目に遭わされた加害者から保険会社に対して何らかの苦情がなされないこと自体、不思議な話であり、表には出てないが何からの苦情がなされていると想像できる。**

そうなると、**人傷保険を引き受けている保険者としては、①人傷保険金の算定実務との乖離、②被保険者自らが自賠法16条1項請求を行った場合との相違の解消、③加害者側からの苦情等の対応、等を考えれば、人傷一括払のサービスを継続することはせず、被保険者自らが自賠法16条1項請求で対応してもらうという原理原則に従う方向性に舵を取ることも十分に考えられることになる。**

AOYAMA GAKUIN UNIVERSITY　11

**人傷一括払制度を維持するためにの改善策の試案**

人傷一括払手続を継続するためには、自賠責保険金部分による支払額は、人傷社がサービスの一環として、人傷社が自賠社に代わり立替払をしている点を、被保険者に丁寧に説明すべきことになると考える。

そのためには、『自動車(任意)保険会社の一括払』について」と題する書面においては、被保険者に対して、

①先に加害者に対して損害賠償請求訴訟を提起し支払を受けた後に、人傷保険金請求をする方法（損害賠償先行型）と人傷保険金の請求を先に行う方法（人傷保険金請求先行型）とがあること
②人傷保険金を請求する場合における自賠責保険金等との関係
③被保険者は人傷一括払を選択するか、被保険者が自賠法16条1項請求かを選択できること
④人傷一括払を選択した場合、人傷社が自賠社に代わり自賠責保険の保険金に相当する額の立替払をすることなり、そのためには、被保険者から自賠法16条1項請求権の行使に関する権限委任が必要となること
⑤一括払に基づき支払がなされた場合には、人傷社が立替えた自賠責保険金相当額の回収を自賠社に行うこと
⑥回収された額については、被保険者（被害者）が加害者に対して有する損害賠償請求の額から控除されること

等を書面で分かり易く丁寧に説明することを徹底する必要がある。

AOYAMA GAKUIN UNIVERSITY　12

**令和4年最判の理論構成と疑問点**

④人傷社が支払ったものについて、保険金請求権者は人傷保険金そのものと理解しているのであれば、保険法25条・26条との関係で、人傷社が自賠責保険の損害てん補部分を被保険者より先に権利行使し回収することが認容される理論的根拠が明確ではないこと
⑤人傷社は人傷損害額基準に基づき被保険者の損害を算定する際に、自賠基準を比較して、被保険者に有利な方法で、損害額を算定して人傷保険金の支払額を決定することを約款で定めており、損害算定の段階で、自賠責基準によって自賠責保険等でてん補される額の決定内容を把握しており、その関係で、人傷保険金の算定の際には、自賠責保険等でてん補される額は控除した上で、人傷保険金の算定を行うことを前提に、人傷保険金の支払いをしているという認識を持っており、人傷保険契約の当事者である人傷社との認識とは異なる前提での判決内容になっていると思われること
→報告資料3頁、4頁での説明しているとおり①の約款の場合には、控除できないという解釈もとり得るが、少なくとも人傷社の認識では控除することを前提に、控除される自賠責保険等でてん補される損害部分について、(a)被保険者自らが自賠法16条1項請求権を行使しするか、(b)人傷社がサービスの一環として自賠社に代わり、自賠責保険等でてん補されるべき部分を立替払し、その後、当該立替部分を自賠社に回収するために、被保険者から委任を得て自賠法16条1項の代理行使を行うことの承認を得る、という認識に反することになる

AOYAMA GAKUIN UNIVERSITY 9

**令和4年最判の理論構成と疑問点**

⑥被保険者が人傷一括払を選択した場合と、被保険者が自ら自賠法16条1項請求した場合とで、加害者が賠償すべき額に相違が生じることに合理性があるか
⑦そのような相違が生じることが、被害者と加害者との間の衡平な損害の分担という損害賠償制度の理念との関係で問題はないのか
⑧被保険者は加害者に損害賠償請求訴訟を提起する方法により一定の手間を既に行っており、それに加えて人傷社に対して保険金額の範囲内で人傷保険金の追加払を求めることが契約当事者の合理的意思に反するまで被保険者の利益を害するとまで評価できるか
→　令和4年最判は、裁判基準が、人傷損害額基準よりも被保険者の総損害額を上回る場合に、自賠責保険金相当額の支払部分の全部控除を認めると、被保険者においててん補を受けられない損害部分が生じ、その未てん補部分について、人傷社に対して被保険者が人傷保険金の追加払を求めること自体が、当事者の意図に反すると評価しているとも考えられる。そのため、読替条項の解釈によって追加払が認められるか否かの法的判断をする必要もないと考えていたのであろう。

AOYAMA GAKUIN UNIVERSITY 10

**令和4年最判の理論構成と疑問点**

（1）令和４年最判の理由付け

①人傷社と保険金請求権者（被保険者）との間で人傷一括払合意をした場合でも、人傷社が人傷保険金額の範囲内で人傷一括払を行った場合、保険金請求権者は人傷保険金のみの支払を受けたものと理解するのが通常であり、人傷保険金に自賠責保険金部分も含まれていると考えるのが不自然、不合理であること

②裁判基準による被保険者総損害額が人傷損害額基準を上回る場合、人傷一括払合意により人傷社が支払う金員の中に自賠責保険による損害賠償額の支払分が含まれるとして、当該支払分の全額について人傷社が自賠責保険から損害賠償額の支払を受けることができるものと解すると、人傷社が別途、人傷保険金を追加払しない限り、人傷社が最終的に負担する額が減少し、被害者の損害の塡補に不足が生ずることとなり得るが、このような事態が生ずる解釈は、本件約款が適用される自動車保険契約の当事者の合理的意思に合致しないものというべきであること

③本件保険金請求書及び協定書の文言において、「対人賠償保険金の請求において自賠責保険金相当額との一括払により保険金を受領した場合には、自賠法に基づく保険金の請求及び受領に関する一切の権限を訴外保険会社に委任するものとされているのに対し、人身傷害保険金を受領した場合には、その額を限度として上告人が有していた賠償義務者に対する損害賠償請求権及び自賠法に基づく損害賠償額の支払請求権が訴外保険会社に移転することを確認するものとされており」、このような書面内容と本件代位条項を含む本件約款の内容とを併せ考慮すると、上記各書面の説明内容は、人傷社が本件代位条項に基づき保険代位することができることについて確認あるいは承認する趣旨のものと解するのが相当であり、Xが人傷社に対して自賠責保険による損害賠償額の支払の受領権限を委任する趣旨を含むものと解することはできないこと

AOYAMA GAKUIN UNIVERSITY　7

**令和4年最判の理論構成と疑問点**

（２）令和４年最判に関する疑問点

令和４年最判は、保険金請求権者の合理的意思解釈を根拠としているようであるが、保険金請求権者である被保険者が人傷社との間で、協定書を交わすに至ったプロセスには言及しておらず、保険金請求書及び協定書に記載されている文言を形式的に判断して委任を否定している。

令和４年最判に関しては、以下の点が指摘されている。

①人傷保険金額の範囲を超えて人傷社が保険金を支払う、いわゆる狭義の人傷一括払の場合には、射程が及ぶのか

②人傷社が保険金額の範囲内で追加払に応じる実務対応をした場合、結論は異なることになるのか

③人傷一括払における現行の支払手続をより丁寧に行い被保険者において自賠責部分は立替払であり、支払後に自賠社に回収を行い、回収された部分は加害者に対する損害賠償請求の額から控除される旨を明確に説明し、それに被保険者がこれに同意している場合、結論は異なることになるか

AOYAMA GAKUIN UNIVERSITY　8

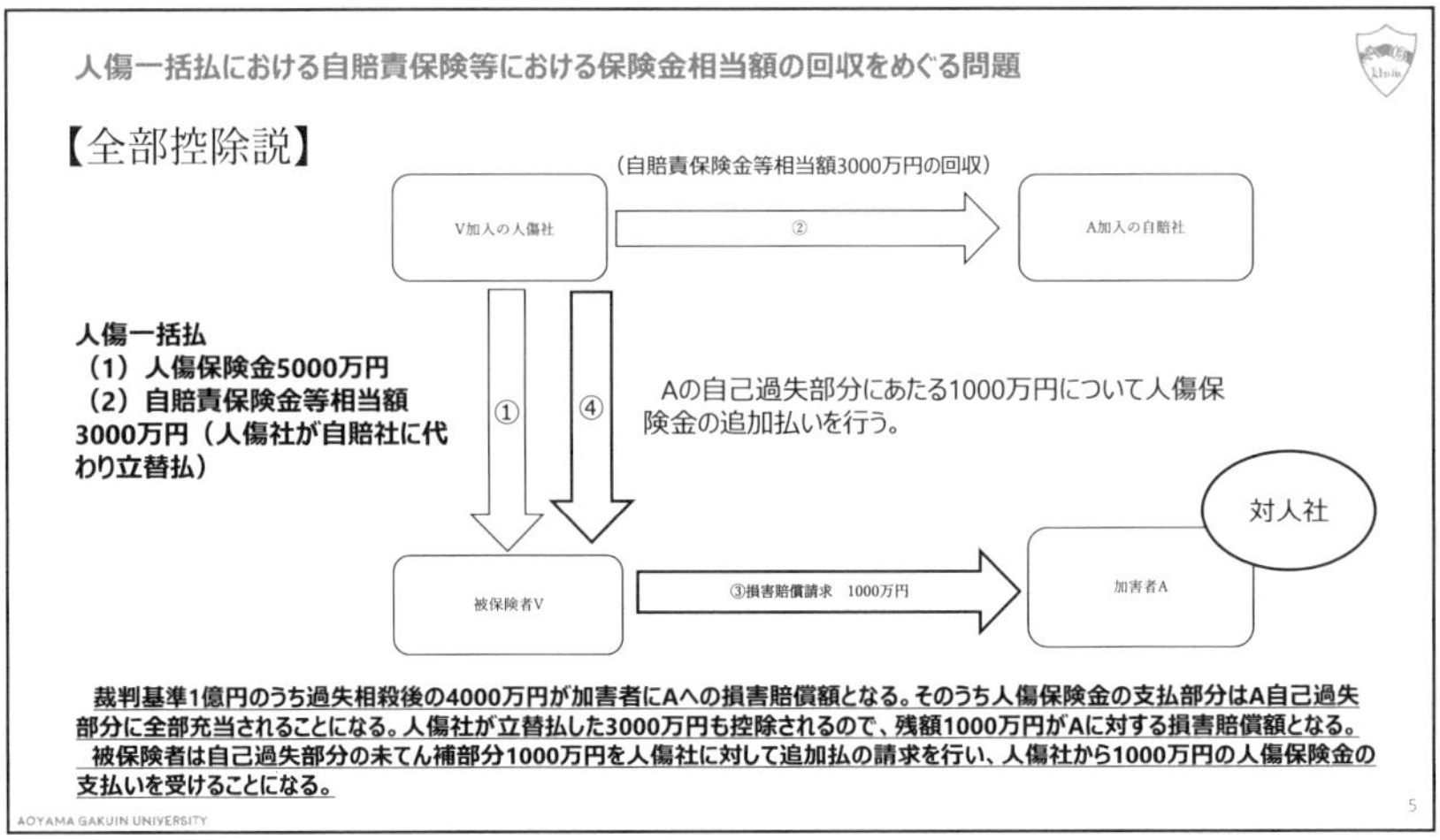
人傷一括払における自賠責保険等における保険金相当額の回収をめぐる問題
【全部控除説】
（自賠責保険金等相当額3000万円の回収）
V加入の人傷社
②
A加入の自賠社
人傷一括払
（1）人傷保険金5000万円
（2）自賠責保険金等相当額3000万円（人傷社が自賠社に代わり立替払）
①
④
Aの自己過失部分にあたる1000万円について人傷保険金の追加払いを行う。
対人社
被保険者V
③損害賠償請求　1000万円
加害者A
裁判基準1億円のうち過失相殺後の4000万円が加害者にAへの損害賠償額となる。そのうち人傷保険金の支払部分はA自己過失部分に全部充当されることになる。人傷社が立替払した3000万円も控除されるので、残額1000万円がAに対する損害賠償額となる。
被保険者は自己過失部分の未てん補部分1000万円を人傷社に対して追加払の請求を行い、人傷社から1000万円の人傷保険金の支払いを受けることになる。
AOYAMA GAKUIN UNIVERSITY
5

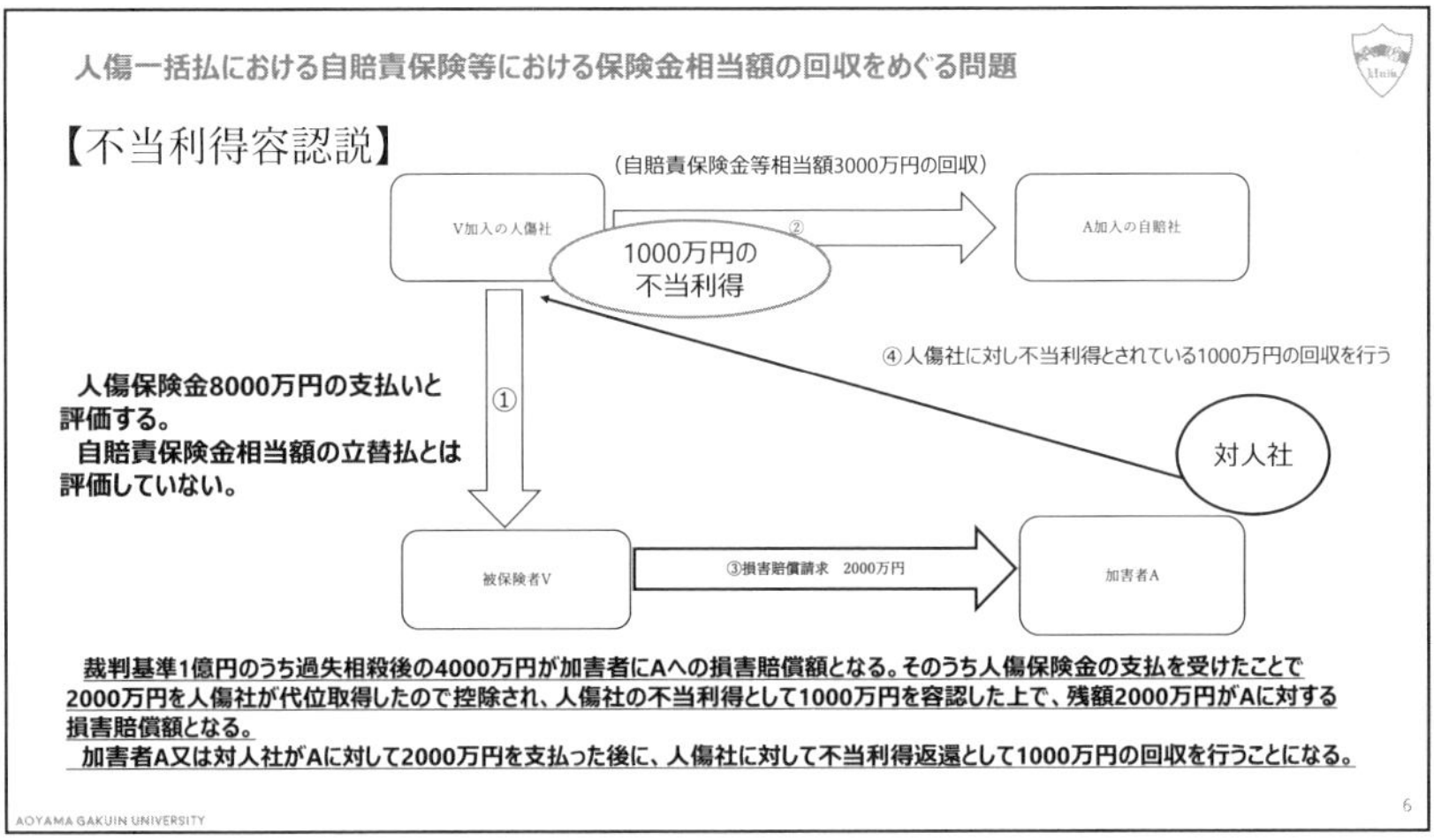
人傷一括払における自賠責保険等における保険金相当額の回収をめぐる問題
【不当利得容認説】
（自賠責保険金等相当額3000万円の回収）
V加入の人傷社
②
A加入の自賠社
1000万円の
不当利得
④人傷社に対し不当利得とされている1000万円の回収を行う
人傷保険金8000万円の支払いと評価する。
自賠責保険金相当額の立替払とは評価していない。
①
対人社
被保険者V
③損害賠償請求　2000万円
加害者A
裁判基準1億円のうち過失相殺後の4000万円が加害者にAへの損害賠償額となる。そのうち人傷保険金の支払を受けたことで2000万円を人傷社が代位取得したので控除され、人傷社の不当利得として1000万円を容認した上で、残額2000万円がAに対する損害賠償額となる。
加害者A又は対人社がAに対して2000万円を支払った後に、人傷社に対して不当利得返還として1000万円の回収を行うことになる。
AOYAMA GAKUIN UNIVERSITY
6

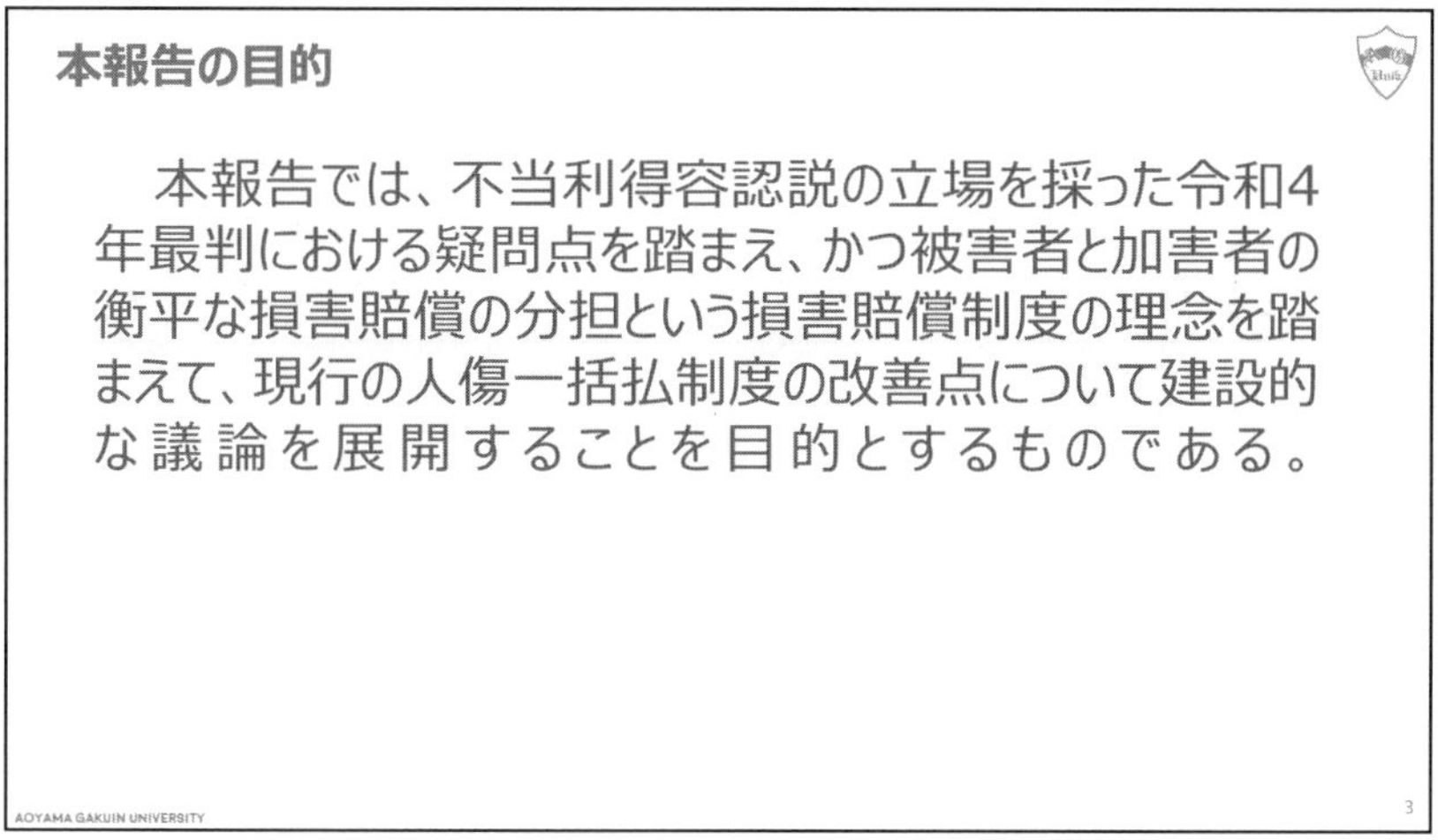
本報告の目的
本報告では、不当利得容認説の立場を採った令和4年最判における疑問点を踏まえ、かつ被害者と加害者の衡平な損害賠償の分担という損害賠償制度の理念を踏まえて、現行の人傷一括払制度の改善点について建設的な議論を展開することを目的とするものである。
AOYAMA GAKUIN UNIVERSITY
3

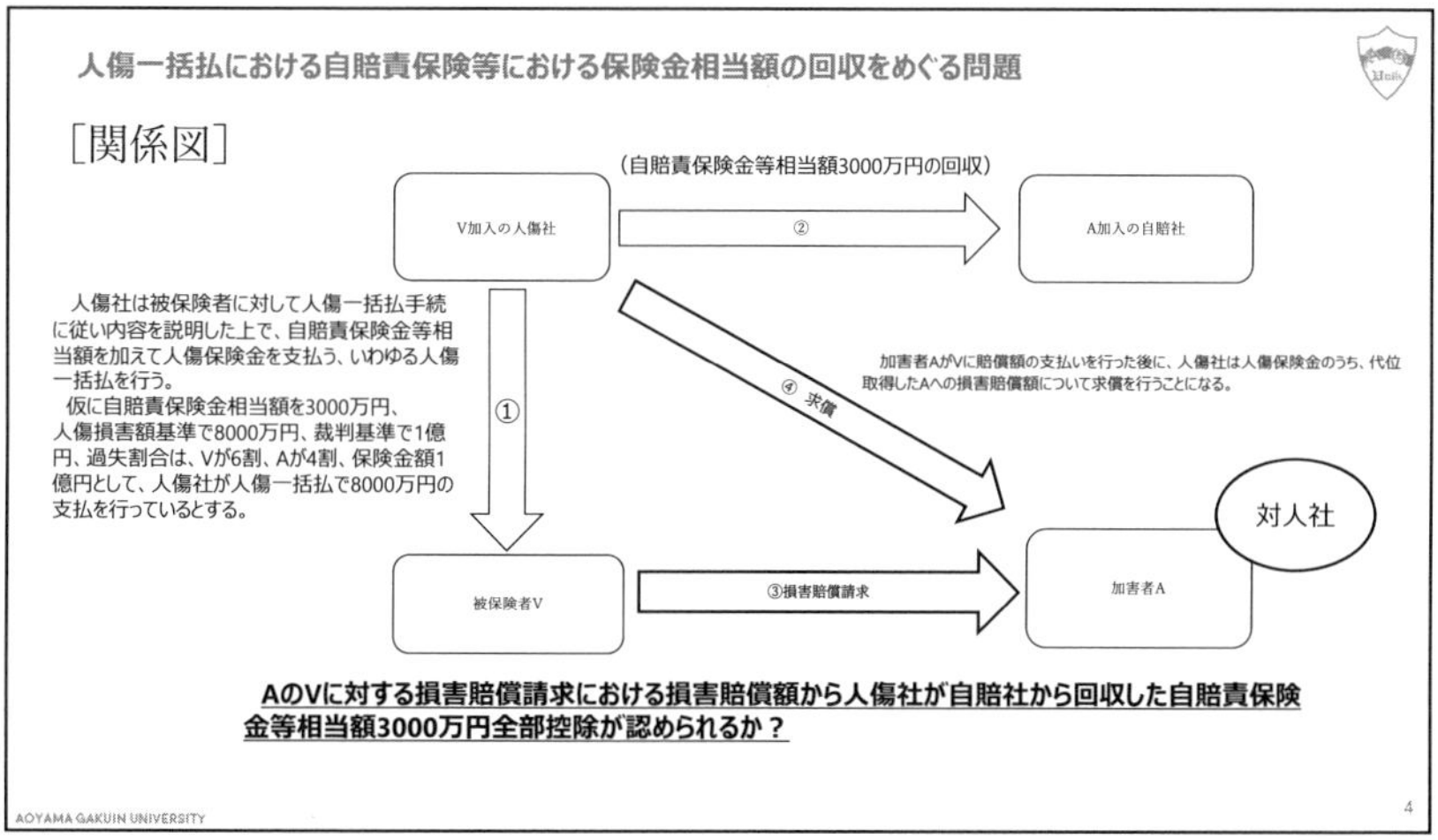
人傷一括払における自賠責保険等における保険金相当額の回収をめぐる問題
［関係図］
（自賠責保険金等相当額3000万円の回収）
V加入の人傷社
②
A加入の自賠社
人傷社は被保険者に対して人傷一括払手続に従い内容を説明した上で、自賠責保険金等相当額を加えて人傷保険金を支払う、いわゆる人傷一括払を行う。
仮に自賠責保険金相当額を3000万円、人傷損害額基準で8000万円、裁判基準で1億円、過失割合は、Vが6割、Aが4割、保険金額1億円として、人傷社が人傷一括払で8000万円の支払を行っているとする。
①
④ 求償
加害者AがVに賠償額の支払いを行った後に、人傷社は人傷保険金のうち、代位取得したAへの損害賠償額について求償を行うことになる。
対人社
被保険者V
③損害賠償請求
加害者A
AのVに対する損害賠償請求における損害賠償額から人傷社が自賠社から回収した自賠責保険金等相当額3000万円全部控除が認められるか？
AOYAMA GAKUIN UNIVERSITY
4

AOYAMA GAKUIN UNIVERSITY

# 「人傷一括払制度について」

令和4年度（第53回）日本交通法学会定期総会　個別報告
（2022年5月28日10時10分から11時）

報告者　山下典孝　　青山学院大学教授

## 本日の報告内容

1　本報告の目的
2　最1小判令和4年3月24日裁時1788号5頁
（以下「令和4年最判」という）の理論構成と疑問点
3　人傷一括払制度は維持できるか
4　人傷一括払制度を維持するための改善策の試案
5　結論

AOYAMA GAKUIN UNIVERSITY　2

に報告資料で説明した内容を丁寧に被保険者に説明し、被保険者に誤解が生じないように手当をしない限りは、人傷一括払というサービスは継続すべきではない。人傷社と人傷保険の被保険者との間の事情に過ぎないにもかかわらず、それらの事情に全く関与できない加害者が、被保険者自ら自賠法 16 条 1 項請求した場合よりも、不利益を被るべき合理性はないはずだからである。

令和 4 年最判が採用する不当利得容認説においては、保険法 25 条・26 条との関係で、人傷社の不当利得が容認されることになるのかその理由は釈然とせず、また人傷社が支払う保険金はすべて人傷保険金に過ぎないと解釈するのであれば、日本語の意味としても「人傷一括払」という制度ではないことになる。そのため、真の意味での人傷一括払制度を確立するためには、本報告資料で説明した通りの改善が必要となると考える。

人傷一括払は人傷社のサービスに過ぎず、人傷社と人傷保険の被保険者との間の事情に過ぎない。本来は被保険者自らが自賠法 16 条 1 項請求権を行使すべきところ、それを行った場合よりも、被保険者が過大に保護を受ける代わりに、自らが関与できない事情によって加害者が不利益を被るという不均衡の問題を解消することを考えれば、読替条項に基づき保険金額の範囲内で被保険者が人傷社に人傷保険金の追加払の手続を求めることが被害者の利益を害するとまでは評価できないことになる。

（1）不当利得容認説

【裁判基準　1 億円】

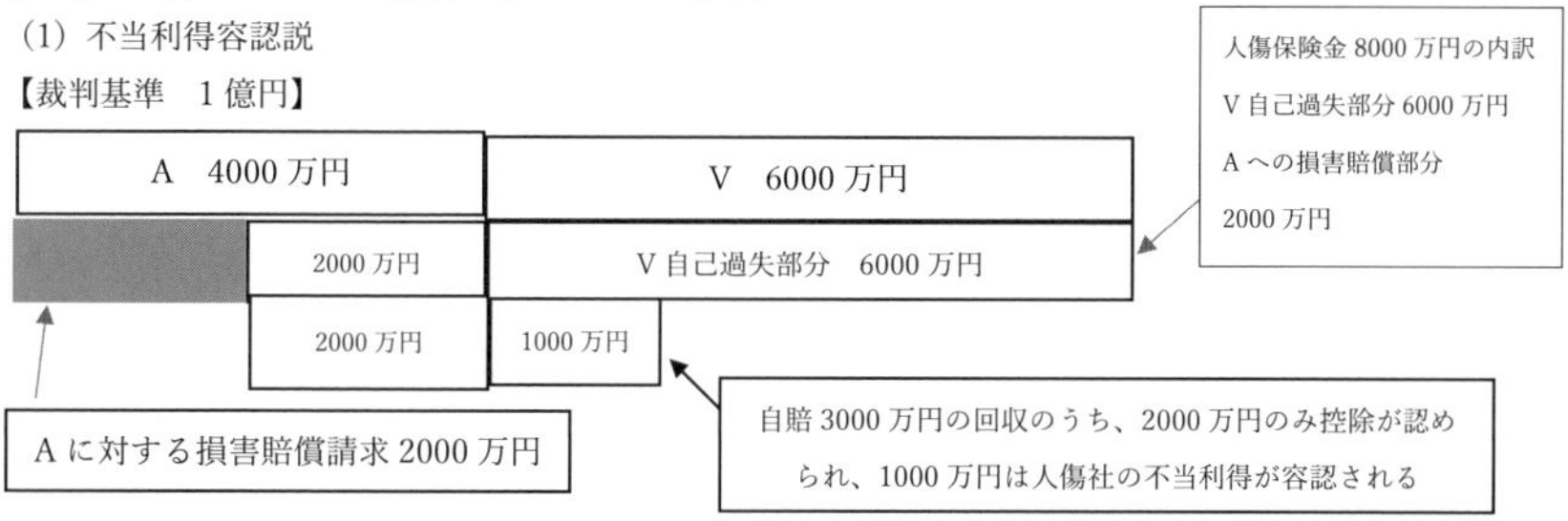


（2）全部控除説

【裁判基準　1 億円】

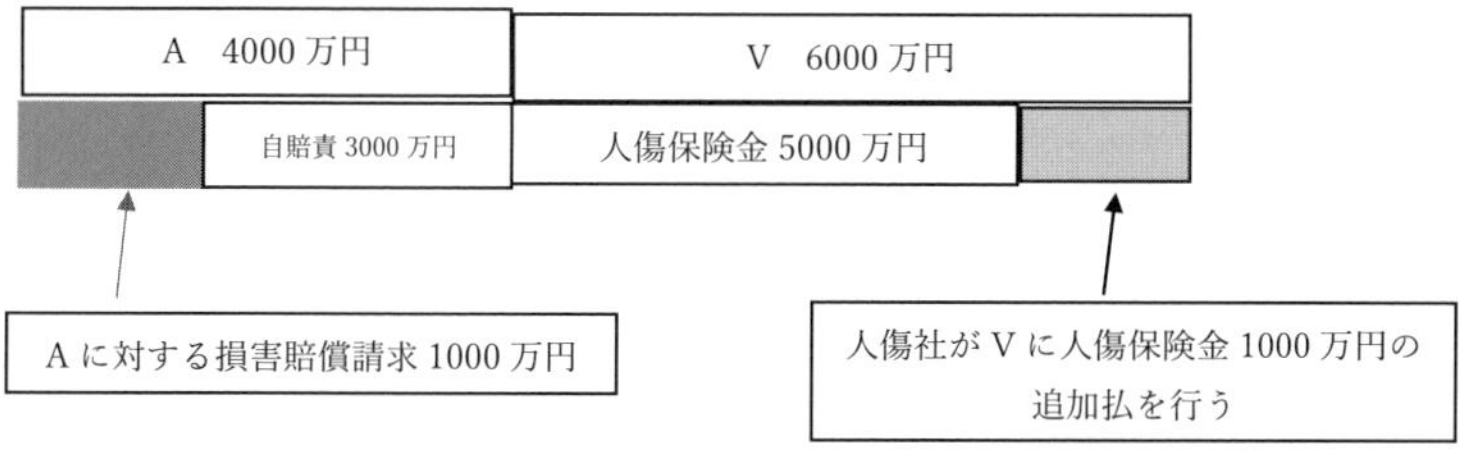

なお、Vが人傷社から8000万円の支払いを受けていることを訴訟において秘して、裁判上の和解等においてAの対人社が対人一括で4000万円を支払い、その事実が判明した場合には、Aの対人社はVに対して不当利得返還請求に基づき2000万円（4000万円－2000万円）の回収を行うことになる。

Aが無保険車の場合には、Aの自賠社がVに3000万円を支払った後、既払い人傷保険金8000万円の事実を知ったときには、自賠社は1000万円（3000万円―2000万円）についてVに不当利得返還請求することになる。

この場合、Vの訴訟代理人は人傷社より人傷保険金8000万円の支払を受けていることを秘匿していることに関与し、かつ、Vがオンラインカジノ等で受け取った人傷保険金8000万円を費消した等で上記の各場合の金額を返還できないときには、賠償責任を問われることになる。念のために付言するが、過去の類似事案を参考に考えれば、弁護士賠償責任保険では免責となるし、相手方であるAが加入している対人社又は自賠社からの懲戒請求を受けた場合には、2、3月の業務停止処分となることが予想される（自由と正義68巻4号80頁（2017）参照）。

報告資料3頁で示されている①の約款を採用する会社の場合において、人傷保険金額が3000万円で、それを超える額の損害が被保険者に生じた場合でも、自賠責保険部分を控除しない立場によれば、既に報告資料で説明した通り、人傷社は人傷保険金額の上限である3000万円の支払をすればよいことになる。被保険者Vは別途、てん補されていない損害についてAに損害賠償請求等をすることになる。

人傷保険金額の範囲内であれば控除せずに支払いを求めて、人傷保険金額を超える損害が発生した場合には、控除を肯定し、人傷一括払に同意して支払いを求めるという場当たり的な解釈はとれないであろう。

人傷損害額基準によれば、当該基準で積算された人傷保険金の額が、自賠責基準よりも少ない場合には、自賠責基準に基づき積算した額を保険金として支払うこととされており、人傷保険金の保険金支払額の算定段階で、自賠責基準に基づき被保険者の総損害額、自賠責保険金部分の額の決定が行われている。保険金支払いの計算書類にもその旨の説明がなされている。そのことを踏まえれば、繰り返しになるが①の約款の場合も②の約款と同様に自賠責保険で決定された金額は人傷保険金からは控除がされていることを前提に解釈をする必要があると考える。それ故、控除されている自賠責保険の損害部分のてん補を受けるためには、(a)被保険者自ら自賠法16条1項請求を行うか、(b)人傷社がサービスとして人傷一括払を行うことに、被保険者が同意するか、という選択になる。

人傷一括払は人傷社が被保険者に対して提供しているサービスに過ぎず、人傷社と人傷保険の被保険者との間の事情に過ぎないという実態を前提に、法律関係が処理されるべきことになる。

従って、人傷一括払手続を選択するのであれば、被保険者に対して、本来は控除されている部分の自賠責保険による損害てん補部分を人傷社が自賠社に代わり立替払する点等、既

【事案の概要】

人傷損害額基準で積算した被害者Vの総損害額が8000万円となる場合で、Vの訴訟代理人が人傷一括払に応じず、また自賠責保険等の控除を否定した上で、人傷保険金の支払を人傷社に求めてきた。なお人傷保険金額の1億円である。さらに、Vの訴訟代理人によりAに対して、損害賠償請求訴訟が提起されており、裁判所は、総損害額1億円、Vの過失割合を6割と認定した。なお自賠責保険金部分は3000万円とする。

報告資料3頁で示している①の約款で、東京地判平成24年2月3日交通民集45巻1号194頁が現行の約款でも仮に継続されると解した場合、人傷社はVに人傷保険金8000万円の支払いを行うことになる。その後、VがAとの損害賠償請求訴訟において、人傷社から8000万円の支払を受けている旨を相手方Aに情報提供する必要がある。

その上で、人傷社から支払を受けた8000万円のうち、6000万円がA自己過失部分にあたり、2000万円はAに対する損害賠償部分に該当し、人傷社はVに人傷保険金の支払をしたことにより、この2000万円を代位取得したことになる。VはAに対して2000万円の損害賠償を請求し、AがVに2000万円を支払った後、人傷社がAに2000万円を求償することになる。

この場合、Aに対する損害賠償請求権2000万円が自賠責から支払われ、人傷社からの求償請求のうちの1000万円が自賠責から支払われることになる。

Aが無保険車である場合、Aは自賠社を介してVに2000万円を支払い、人傷社は自賠社を介してAに対する求償債権のうち1000万円の回収を行うことができる。

令和4年最判の立場によれば、被保険者は人傷一括払の説明を受けていない、あるいは理解できていないのであれば、上記のような取り扱いになるのではいか。保険法25条・26条との関係では、まずは被保険者の権利行使が優先され、その後、人傷社の求償権行使となるのではないか。

【裁判基準　1億円】

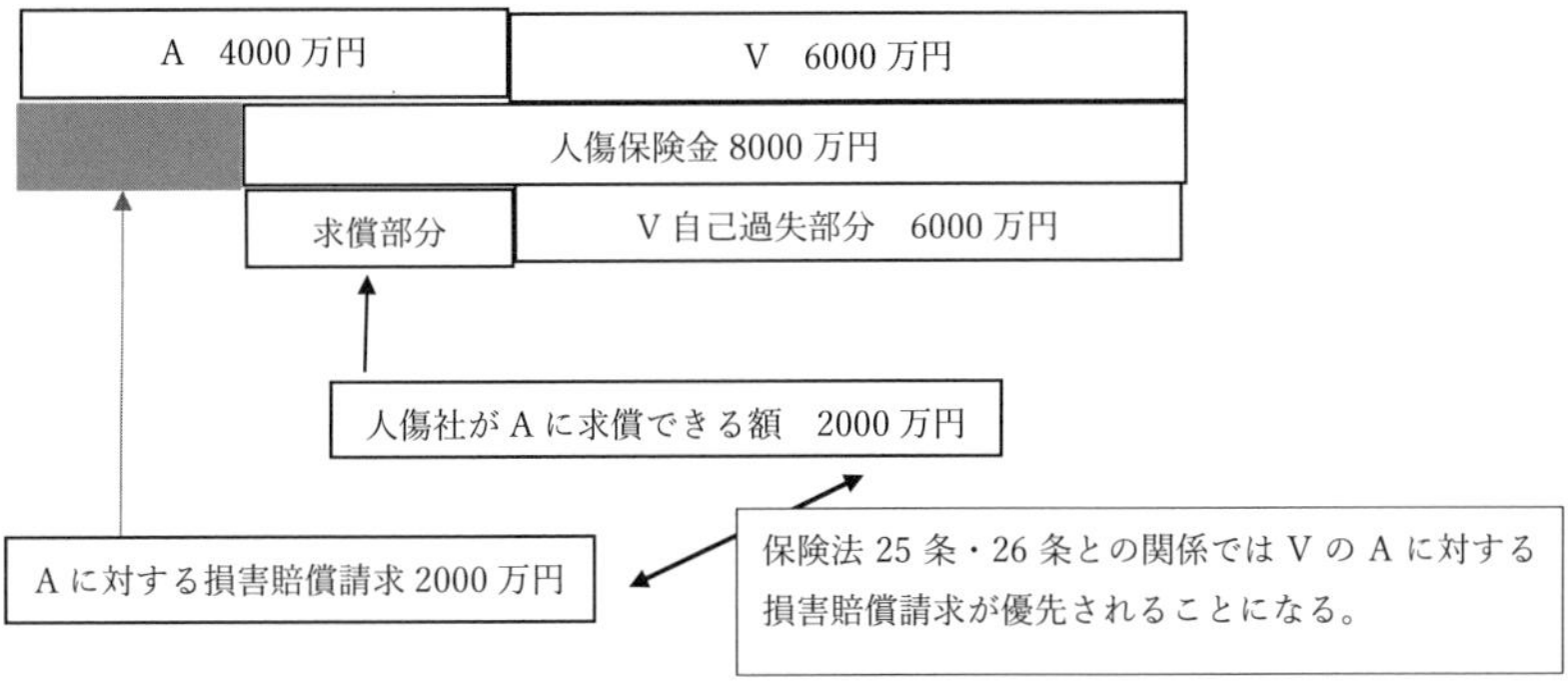

人傷一括払制度は、人傷社と人傷保険の被保険者との間の事情の問題にすぎないにもかかわらず、被保険者が人傷一括払を選択し、その後、人傷一括払の事前説明を受けていないと主張し不当利得容認説によった場合、加害者は人傷一括払を人傷保険の当事者に拒否することもできず、一方的に、不利益を被ることになる。

**7　結び**

不当利得容認説は実務においても、保険者間で後日清算して処理を行うことで問題ないとする指摘もある[22]。しかし、加害者は自賠責保険金で処理される事案にもかかわらず、全額控除が否定されることにより、対人賠償責任条項に基づき任意自動車保険から保険金支払を余儀なくされた場合には、翌年以降の保険料支払の増額という不利益を受けることも想定できる[23]。

自動車を運転する保険契約者・被保険者は被害者になる場合もあれば、加害者になる場合もある。双方の場合に備えて自賠責保険に加入し、さらに任意自動車保険に加入し、保険料を負担している。それにもかかわらず、自らが加入した自賠責保険の利益を享受できないばかりか、余分な遅延損害金や弁護士費用の負担、さらに任意自動車保険における保険料負担の増加まで加害者が負担を強いられることを考えれば、これは重大な消費者問題であり、適切な改善が必要となる[24]。

人傷保険に適用される約款、重要事項説明書等の募集資料、保険金請求段階での請求案内資料、保険金請求書、保険金計算書類、協定書等を、早急に見直し改善を行うべきであろう。保険料を負担する一般的な保険契約者である消費者保護のために関係各所においても適切な対応を求めて行くべきである。

以　上

【追記】

注1の青山法学論集64巻1号が刊行されたので、報告資料に頁を加えさせて頂いた。

保険法25条・26条との関係に関しては、研究ノート「人身傷害保険の新たな課題」青山法学論集64巻2号403頁（2022）において、最1小判令和4年7月14日裁時1795号1頁も踏まえて整理を行ったので、参照頂ければと考えている。

---

22　佐野誠「判批」福岡大学法学論叢66巻3号22頁（2021）。

23　山下典孝「人傷一括払において不当利得容認説は維持できるか」金判1634号1頁（2022）、古笛・前掲（注6）59頁。

24　山下典・前掲（注1）98頁。

人傷社が自賠社に対して 3000 万円を回収していたとしても、人傷社には 1000 万円の不当利得が生じたことになる。

回収された自賠責保険金3000万円のうち1000万円は損益相殺が認められないことから、AはVに対して 2000 万円の賠償請求に応じなければならないことになる。

AがVに 2000 万円の損害をてん補した後、自賠社に 1000 万円を請求すると、自賠社は人傷社に 1000 万円の支払請求し、人傷社が 1000 万円を自賠社に支払うことで、自賠社を介してAと人傷社との間で精算が行われることになる。

Aが任意保険に加入しておれば、任意保険会社がVの 2000 万円の損害をてん補することになる。仮に A が任意自動車保険に加入していない場合には、人傷保険に適用される約款の読替条項に基づき、Vは人傷社に対して人傷保険金 2000 万円の追加払を請求することもできることになる。いずれかの方法により A の被った総損害額 1 億円のてん補がなされることになる。

この設例の場合も結論において全部控除説と不当利得容認説において相違はないことになる。

(4) 遅延損害金及び弁護士費用に関する問題点

各設例に基づき遅延損害金及び弁護士費用に関する問題点を説明する。

(1) の設例では、全部控除説によれば、人傷社が自賠責保険金 3000 万円の立替払を V に行った時点又は自賠回収がなされた時点いずれかにおいて、6000 万円の賠償額のうち 3000 万円は損益相殺の対象となり、残額 3000 万円に関して遅延損害金と、1 割の弁護士費用 300 万円が損害賠償金として A が V に支払義務を負うことになる。

他方、不当利得容認説によれば、4000 万円に関して遅延損害金と、1 割の弁護士費用 400 万円が損害賠償金として A が V に支払義務を負うことになる。

(2) の設例では、全部控除説及び不当利得容認説、いずれにおいても、残額 2000 万円に関して遅延損害金と、1 割の弁護士費用 200 万円が損害賠償金として A が V に支払義務を負うことになる。

(3) の設例では、全部控除説によれば、人傷社が自賠責保険金 3000 万円の立替払を V に行った時点又は自賠回収がなされた時点のいずれかにおいて、4000 万円の賠償額のうち 3000 万円は損益相殺の対象となり、残額 1000 万円に関して遅延損害金と、1 割の弁護士費用 100 万円が損害賠償金として A が V に支払義務を負うことになる。

他方、不当利得容認説によれば、2000 万円に関して遅延損害金と、1 割の弁護士費用 200 万円が損害賠償金として A が V に支払義務を負うことになる。

人傷保険の被保険者の過失割合が大きいほど、自賠責保険金の回収部分について損益相殺が否定されると、加害者が負担する遅延損害金と弁護士費用が増えるという結果が生じることになる。

なお、人傷保険の被保険者が自ら自賠法 16 条 1 項請求を選択した場合は、全部控除説と結論において相違はない。不当利得容認説の場合のみ、遅延損害金と 1 割の弁護士費用相当の損害において相違が生じることになる。

た、点が異なる箇所である。

〔全部控除説〕（裁判基準 1 億円）

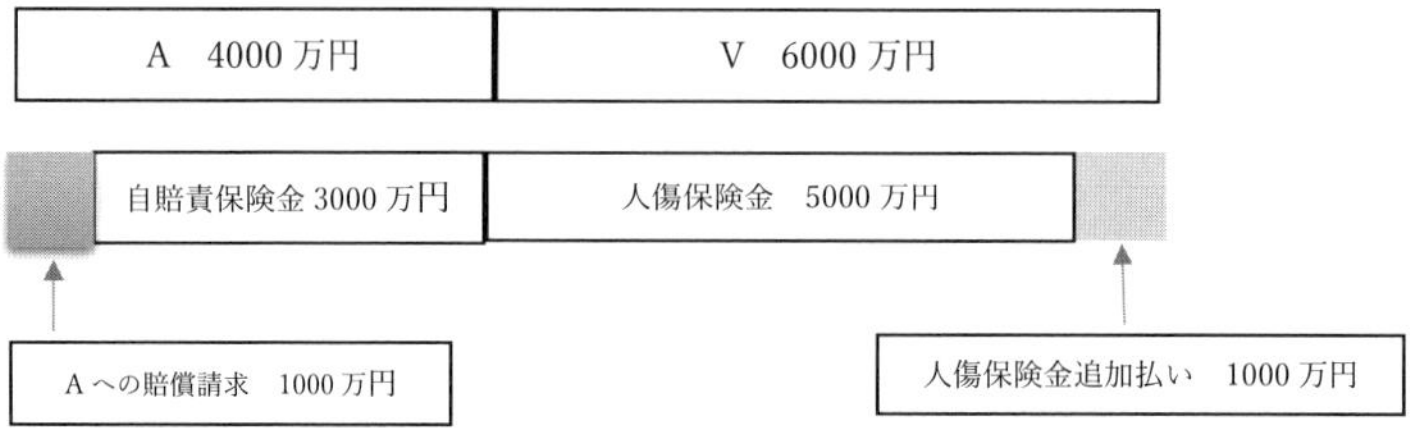


全部控除説によれば、人傷社が V に支払った保険金 8000 万円は人傷保険金 5000 万円、自賠責保険金 3000 万円と捉え、人傷社が自賠社に代わり V に自賠責保険金 3000 万円の立替払を行っていることになる。その後、人傷社は自賠社に立替えた自賠責保険金 3000 万円について、V を代理して自賠法 16 条 1 項に基づき自賠社から 3000 万円の回収を行ったことになる。

人傷社は、人傷保険に適用される約款の読替条項に基づき、V に対し V の自己過失部分 1000 万円に対応する人傷保険金 1000 万円の追加払を行うことになる。

V は A に対して 1000 万円の賠償請求を行うことになるが、仮に A が任意自動車保険に加入せず、賠償資力がないときには、人傷保険に適用される約款の読替条項に基づき更に、人傷保険金 1000 万円の追加払を請求できることになる。

このことにより、V の総損害額 1 億円の損害すべてについててん補されることになる。

〔不当利得容認説〕（裁判基準 1 億円）

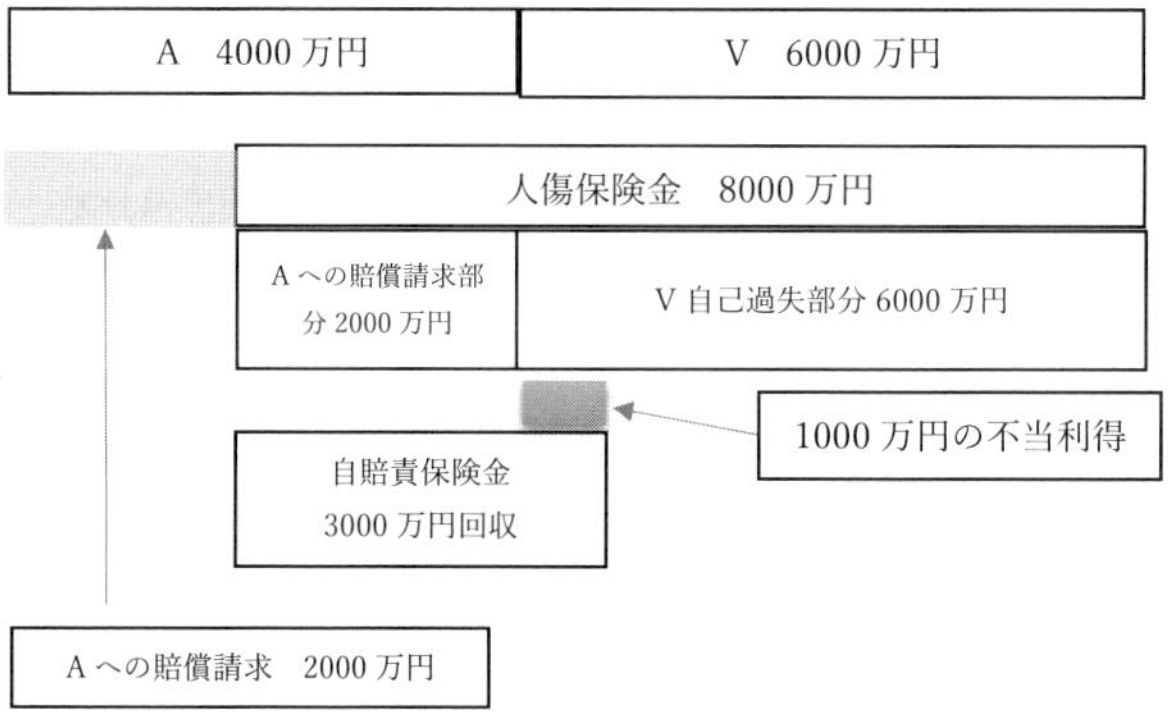


人傷社が V に支払った保険金はすべからず人傷保険金となると考えられる。そうなると人傷保険金 8000 万円のうち、V 自己過失部分が 6000 万円、A 損害賠償部分が 2000 万円となる。

ることなる。仮に A が任意自動車保険に加入していない場合には、人傷保険に適用される読替条項に基づき、V は人傷社に対して人傷保険金 2000 万円の追加払を請求することもできることになる。いずれかの方法により A の被った総損害額 1 億円のてん補がなされることになる。

〔不当利得容認説〕（裁判基準 1 億円）

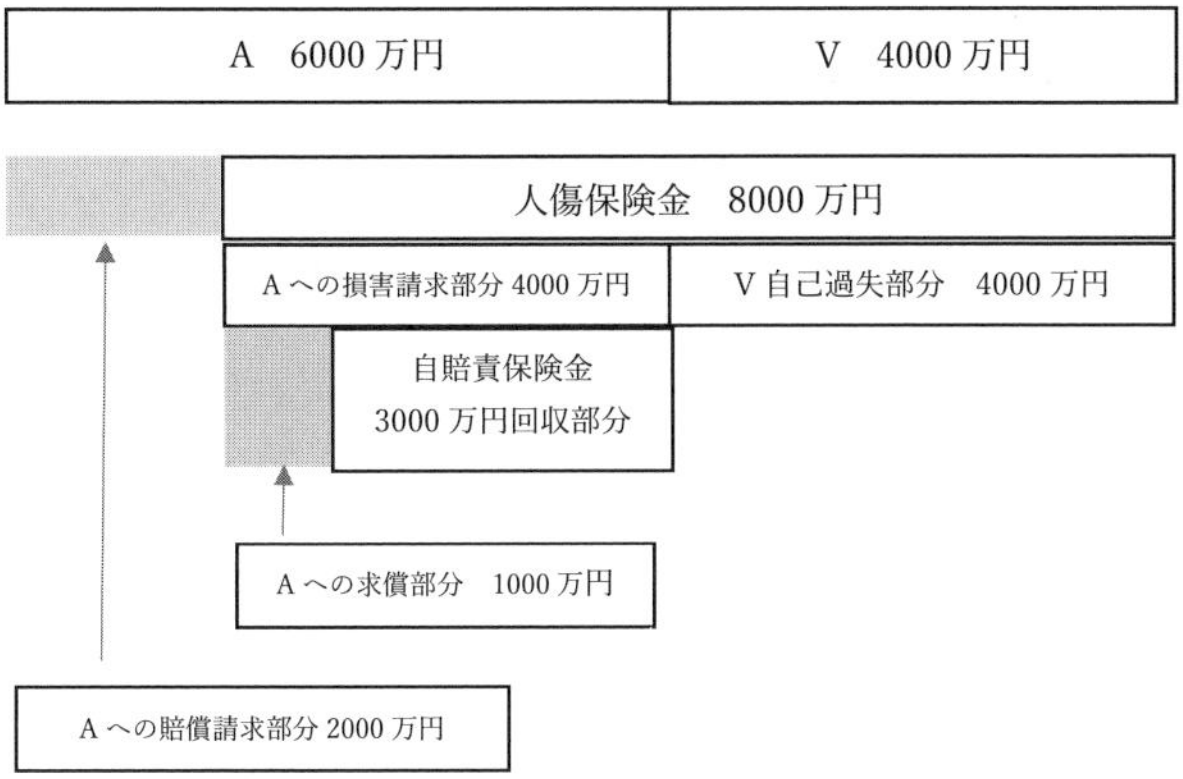


不当利得容認説によれば、人傷社が V に支払った保険金はすべからず人傷保険金となると考えられる。そうなると人傷保険金 8000 万円のうち、V 自己過失部分が 4000 万円、A 損害賠償部分が 4000 万円となる。

人傷社が自賠社に対して 3000 万円を回収していたとしても、人傷社には不当利得は生じていないことになる。

V は人傷保険で支払いを受けていない、未てん補の損害額 2000 万円について A に請求することなる。仮に A が任意自動車保険に加入していない場合には、人傷保険に適用される読替条項に基づき、V は人傷社に対して人傷保険金 2000 万円の追加払を請求することもできることになる。いずれかの方法により A の被った総損害額 1 億円のてん補がなされることになる。この設例の場合は，全部控除説と結論において相違は生じないことになる。

(3)人傷保険の被保険者の過失が大きい場合の設例での検証

【事案の概要】

人傷損害額基準で積算した被害者Vの総損害額が 8000 万円となる場合で、Vの人傷社が人傷保険金 8000 万円を支払い、その後、加害者Aの自賠責保険から自賠責保険金 3000 万円を回収した。さらに、VはAに対し損害賠償請求訴訟を提起し、裁判所は総損害額 1 億円、Vの過失割合を 6 割と認定した。なお、この場合の人傷保険の保険金額は 1 億円とする。

森・前掲 93 頁の設例とは、①人傷保険の保険金額 1 億円、②人傷社が V に人傷保険金 8000 万円（人傷損害額基準で積算した総損害額）を支払った、③V の過失割合を 6 割とし

を超える保険金支払義務を負わせ、人傷社の被保険者の総損害額のてん補を求める判断を認めているわけではない。人傷保険の保険金額を幾らに設定するかは保険契約者による判断であり、それに基づき被保険者が人傷保険金額の範囲内でしか保護を受けられないという事情は、あくまでも人傷社と被保険者（保険契約者）側の事情である。そのことによって加害者が不利益を被る理由とはなり得ないはずである。ましてや、契約内容と異なる内容として人傷社が保険金額を超えた人傷保険金の支払義務を強制されることもない。

（2）人傷保険金額を 1 億円とする設例での検証

【事案の概要】

人傷損害額基準で積算した被害者Ｖの総損害額が 8000 万円となる場合で、Ｖの人傷社が人傷保険金 8000 万円を支払い、その後、加害者Ａの自賠責保険から自賠責保険金 3000 万円を回収した。さらに、ＶはＡに対し、損害賠償請求訴訟を提起し、裁判所は総損害額 1 億円、Ｖの過失割合を 4 割と認定した。なお、この場合の人傷保険の保険金額は 1 億円とする。

森・前掲 93 頁の設例とは、①人傷保険の保険金額 1 億円、②人傷社が V に人傷保険金 8000 万円（人傷損害額基準で積算した総損害額）を支払った、点が異なる箇所である。

〔全部控除説〕（裁判基準 1 億円）

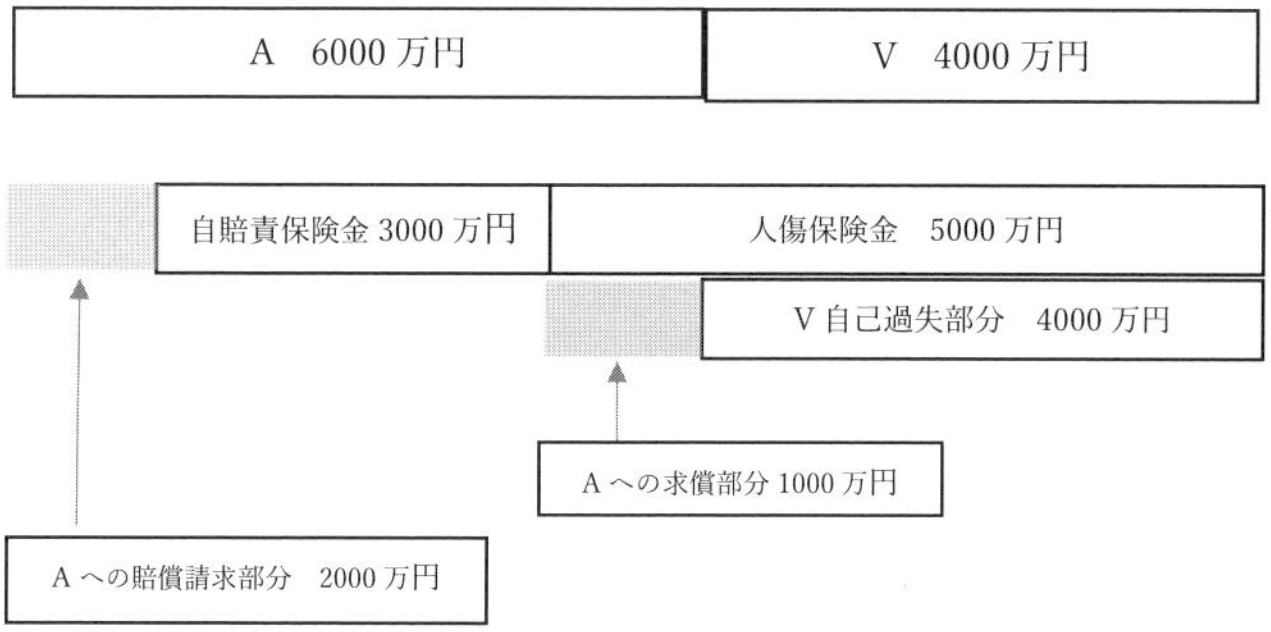


全部控除説によれば、人傷社が V に支払った保険金 8000 万円は人傷保険金 5000 万円、自賠責保険金 3000 万円と捉え、人傷社が自賠社に代わり V に自賠責保険金 3000 万円の立替払を行っていることになる。その後、人傷社は自賠社に立替えた自賠責保険金 3000 万円について、V を代理して自賠法 16 条 1 項に基づき自賠社から 3000 万円の回収を行ったことになる。

人傷保険金 5000 万円のうち V 自己過失部分は 4000 万円となり、残り 1000 万円に対して人傷社は A に求償を行うことになる。

V は人傷保険で支払いを受けていない、未てん補の損害額 2000 万円について A に請求す

民 240 号 261 頁。

〔不当利得容認説〕

①人傷損害額基準の場合（総損害額 8000 万円）

不当利得容認説によれば、人傷社が V に支払った保険金はすべからず人傷保険金となると考えられる。そうなると人傷保険金 6000 万円のうち、V 自己過失部分が 3200 万円、A 損害賠償部分が 2800 万円となる。

V が A に損害賠償請求訴訟を提起してないで、8000 万円を総損害と考えた場合、人傷社が自賠社に対して 3000 万円を回収していたとき、200 万円は人傷社の不当利得となるのであろうか。

人傷社は保険金額 3000 万円しか人傷保険金の支払い義務を負わないにもかかわらず、人傷保険金 3200 万円の支払いをしていることになる。この超過した 200 万円に関しては、人傷社は V に対して不当利得返還請求することになるのか。これらの点が十分に整理されていない。

②裁判基準の場合（総損害額 1 億円）

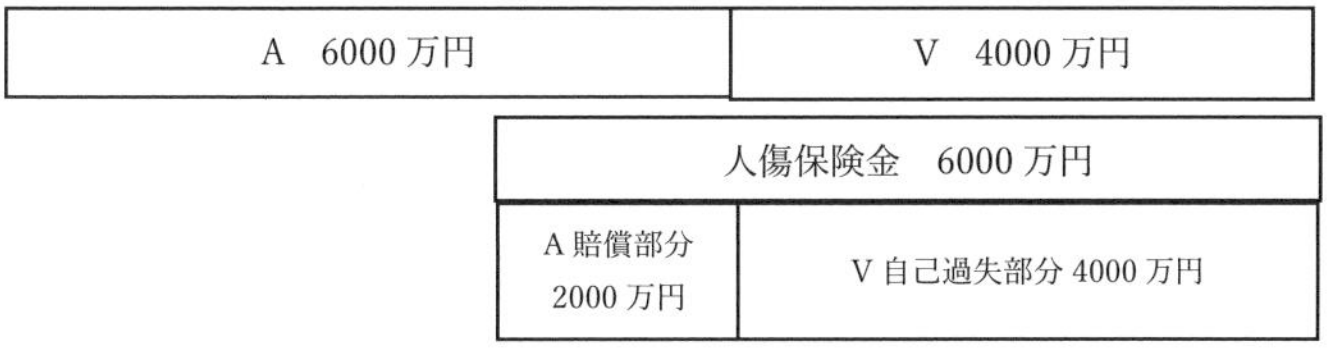


不当利得容認説によれば、人傷社が V に支払った保険金はすべからず人傷保険金となると考えられる。そうなると人傷保険金 6000 万円のうち、V 自己過失部分が 4000 万円、A 損害賠償部分が 2000 万円となる。

人傷社が自賠社に対して 3000 万円を回収していたとき、1000 万円は人傷社の不当利得となるのであろうか。

人傷社は保険金額 3000 万円しか人傷保険金の支払義務を負わないにもかかわらず、人傷保険金 4000 万円の支払をしていることになる。この超過した 1000 万円に関しては、誰が負担することになるのか。

裁判基準差額説をとる判例[21]においても、このようなケースにおいて、人傷社に保険金額

---

[21] 最 1 小判平成 24 年 2 月 20 日民集 66 巻 2 号 742 頁及び最 3 小判平成 24 年 5 月 29 日集

〔裁判基準〕（1 億円）

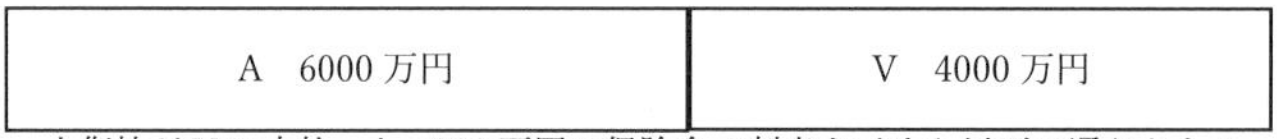


人傷社が V に支払った 6000 万円の保険金の割当を示すと以下の通りとなる。

〔全部控除説〕

①人傷損害額基準の場合（総損害 8000 万円）

人傷社は V に人傷保険金 3000 万円を支払い、さらに自賠社に代わり、自賠責保険金 3000 万円の立替払を V に行い、総額 6000 万円の保険金を V に支払ったことになる。

人傷保険金 3000 万円は V の自己過失部分の 3200 万円のうち 3000 万円に充当されることになる。V の自己過失部分 200 万円は人傷保険金ではてん補されないことになる。

人傷社は V に立て替えた自賠責保険金 3000 万円について V を代理して自賠法 16 条 1 項請求に基づき自賠社に回収することになる。

A は残額 1800 万円（4800 万円－3000 万円）の賠償を V に負わなければならない。

②裁判基準の場合（総損害 1 億円）

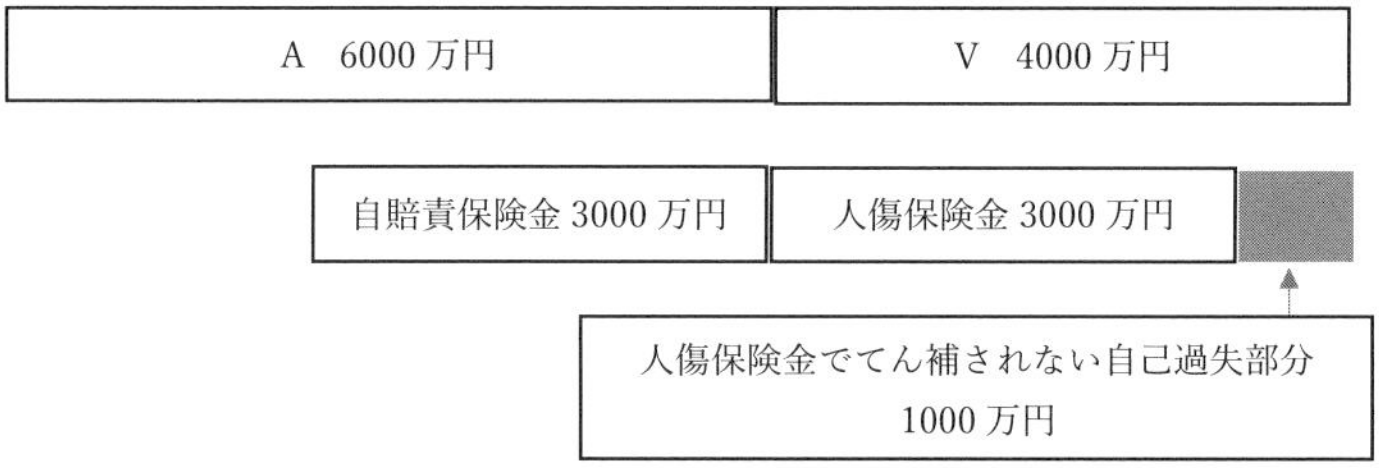


人傷社は V に人傷保険金 3000 万円を支払い、さらに自賠社に代わり、自賠責保険金 3000 万円の立替払を V に行い、総額 6000 万円の保険金を V に支払ったことになる。

人傷保険金 3000 万円は V の自己過失部分の 4000 万円のうち 3000 万円に充当されることになる。V の自己過失部分 1000 万円は人傷保険金ではてん補されないことになる。

人傷社は V に立て替えた自賠責保険金 3000 万円について V を代理して自賠法 16 条 1 項請求に基づき自賠社に回収することになる。

A は残額 3000 万円（6000 万円－3000 万円）の賠償を V に負わなければならない。

になっているが、令和 4 年最判で問題となった契約に適用される方の約款条項は一読するだけでは読替の意味を判断するのが難しく、改善の余地があると考えられる[17]。

人傷一括払における自賠責回収をめぐる問題に関しては、被害者にとって最善の結果となるような解決にすべきとする指摘がされている[18]。この場合の被害者は、交通事故において損害賠償請求を行っている人傷保険の被保険者だけを単純に意味する訳でないと考える。自動車同士での交通事故では双方に過失があり、過失割合の高い側が自己の過失を顧みず相手方に賠償請求することもあり得る。被害者と加害者との衡平な損害の分担という損害賠償制度の理念に沿った形で、被害者の救済を考える必要がある[19]。

**6　想定事例を用いた検証**

これまで述べてきた点に関して想定事例を用いて、不当利得容認説、全部控除説等のそれぞれの見解を採用した場合に、どのような相違点が生じるか等を検証することにしたい。

森・前掲 93 頁以下で示された設例を基に一部内容を変更し図表を示しながら説明する。

【事案の概要】

人傷損害額基準で積算した被害者Ｖの総損害額が 8000 万円となる場合で、Ｖの人傷社が、人傷保険金 6000 万円を支払い、その後、加害者Ａの自賠責保険から自賠責保険金 3000 万円を回収した。さらに、Ｖは、Ａに対し、損害賠償請求訴訟を提起し、裁判所は、総損害額 1 億円、Ｖの過失割合を 4 割と認定した。

この設例において人傷保険の保険金額が示されていない。保険金額 6000 万円を想定しているという考え方も全く成り立たないと断言はしないが、人傷一括払手続を踏まえ、自賠責保険金 3000 万円を回収しているという通常のケースに基づけば、保険金額 3000 万円と考えるのが素直な解釈と考える[20]。従って以下では、保険金額 3000 万円を前提として検証を行う。なお、自賠事前認定で 3000 万円と認定されただけでは、控除を認めないとする見解によれば、人傷社は被保険者に人傷保険金 3000 万円を支払うことになる。この場合、被保険者は控除を拒否していることから、人傷一括払手続は行われないことになる。

（1）狭義の人傷一括払の想定事例

Ａ と Ｖ の負担割合は、人傷損害額基準と裁判基準では以下の相違が生じることになる。

〔人傷損害額基準〕（8000 万円）

| | |
|---|---|
| A　4800 万円 | V　3200 万円 |

子「人身傷害保険による自賠責保険損害賠償額の回収について㊦」保険毎日新聞 2021 年 12 月 6 日 4 面、木村健登「判批」ジュリ 1565 号 120 頁（2021）、山下典孝「判批」判時 2499 号 150 頁（2022）、古笛・前掲（注 6）64 頁参照）。

17　この点は、山下典・前掲（注 1）88～96 頁参照。

18　山下友信『保険法（下）』（有斐閣、2022）422 頁（注 62）。

19　山下典・前掲（注 1）98～99 頁。

20　古笛・前掲（注 6）59～69 頁。

がサービスの一環として、人傷社が自賠社に代わり立替払をしている点を、被保険者に丁寧に説明すべきことになると考える。

そのためには、『自動車(任意)保険会社の一括払』 について」と題する書面においては、被保険者に対して、①先に加害者に対して損害賠償請求訴訟を提起し支払を受けた後に、人傷保険金請求をする方法（損害賠償先行型）と人傷保険金の請求を先に行う方法（人傷保険金請求先行型）とがあること、②人傷保険金を請求する場合における自賠責保険金等との関係、③被保険者は人傷一括払を選択するか、被保険者が自賠法 16 条 1 項請求かを選択できること、④人傷一括払を選択した場合、人傷社が自賠社に代わり自賠責保険の保険金に相当する額の立替払をすることなり、そのためには、被保険者から自賠法 16 条 1 項請求権の行使に関する権限委任が必要となること、⑤一括払に基づき支払がなされた場合には、人傷社が立替えた自賠責保険金相当額の回収を自賠社に行うこと、⑥回収された額については、被保険者（被害者）が加害者に対して有する損害賠償請求の額から控除されること、等を書面で分かり易く丁寧に説明することを徹底する必要がある。これらの説明がなされているかを確認ために用いる、一括払チェックシートによる確認も継続することが求められることになる。さらに支払われる保険金の計算書においても、立替払される自賠責保険金部分と人傷保険金部分とを区分して記載し、自賠責保険金部分は立替払であり、人傷保険金そのものではない点を理解できるよう工夫する必要があることになる[15]。

さらに、これらの人傷一括払手続を終え、最終段階で交わす協定書において、対人賠償保険金における一括払に用いる協定書の書式を汎用することはせず、人傷一括払用の独自の協定書を作成し、そこでの協定文言においても、自賠責保険の保険金部分は立替払に過ぎず、後日立て替えられた額については自賠社に回収され、被保険者が加害者に対して損害賠償請求する額から控除されることになる、点について同意した旨の文言等を挿入する必要があることになる。

このような一連の手続に関する態勢整備を保険者に求める意味で、保険会社向けの総合的な監督指針や通達による明確な指導を行うことも必要となるのではないか。

**5　被保険者の利益保護**

令和 4 年判決は、被保険者が加害者に対して損害賠償請求訴訟を提起し、判決において算定された被保険者の総損害額が人傷損害額算定基準での積算額を上回る場合に、人傷社が回収した自賠責保険の保険金額に相当する額を全額控除した場合、被保険者がてん補を受けられない損害が生じ、被保険者の利益を害することを問題とする。この点は、現行約款の読替条項に基づき、被保険者の損害の積算基準を人傷損害額基準から裁判基準に読み替えて、裁判基準に基づき人傷保険金額の範囲内で人傷保険金の追加払をすることで対処できることになると考えられる[16]。なお現行約款の読替条項は大きく分けて 2 つの規定ぶり

---

15 既に多くの保険者においては、このような区分を示した明細書を作成しているようではある（古笛・前掲（注 6）63 頁参照）。

16 この点は既に全部控除説を支持する見解において主張されているところである（古笛恵

賠責保険が適用される場合には、人傷一括払制度により、①人傷保険について自賠責保険部分も含めて支払ができること（人傷保険金に加えて自賠責保険金部分を含めて一括払ができること）、②損害保険料率算出機構を通じて，自賠責保険の損害内容及び金額を決定すること、③①及び②の結果より自賠社から人傷社（当社）が自賠責保険金の部分の回収手続等を行うこと、④一括払制度を利用せずに被保険者において直接自賠責保険への請求をすることができること、の説明がなされている。

人傷社は人傷損害額基準に基づき人傷保険金の算定を行う段階で、損害保険料率算出機構を通じて、自賠責保険の損害内容及び金額の決定を受けていることから、約款規定に従い、自賠責保険金部分を控除して人傷保険金の支払がなされることになっている。すなわち、人傷保険に適用される保険約款では、人傷保険の被保険者の損害の額の算定に関しては、人傷損害額基準に基づくとしながらも、その算定額が自賠責保険等によって支払われる金額よりも低い場合には、自賠責保険等によって支払われる金額とするとされていることから、人傷社は人傷保険の被保険者の損害の算定の段階で、自賠責保険で支払うべき金額の額を把握していることとなる。この説明を前提に、被保険者が人傷一括払を選択した場合、本件協定書に被保険者が必要事項を記載する手続となる。

このような自賠法等で自賠責保険金の支払の際に保険者に対して課せられる被保険者に対する一括払の説明義務の履行が適切になされたかを確認する手続として、「一括払チェックシート」を用いて、被保険者に人傷一括払の内容説明、人傷一括払をせずに被保険者自らが自賠法 16 条 1 項請求も行える旨の説明を受けたことの確認をした上で、被保険者が人傷一括払を選択し、人傷社が自賠責保険金の立替払をするために人傷社が事故対応することを自賠社に連絡する旨を説明している。この説明は、個人情報保護との関係で、被保険者からの同意を得た上で、自賠責保険金の支払手続を進めるために、自賠社に加害車両の自賠責保険が有効であるか確認すべく現存確認を行うために事故情報を提供するために必要な手続となる。人傷社が自賠社に代わり自賠責の事前認定のための書類等を取り寄せる場合もあるため、被保険者の同意をとっておく必要があるためである[13]。

（2）今後の改善点

令和 4 年最判が上記の人傷一括払手続を踏まえても、なお保険金請求権者に対する説明として不十分であり、すべからく人傷保険金の支払と認識しているかは不明である。

人傷社と被保険者が協定書の内容や作成経緯を巡り、全額控除できるか否かの結論が異なるのかという問題が指摘されている[14]。

そこで、人傷一括払手続を継続するためには、自賠責保険金部分による支払額は、人傷社

---

同組合再共済連合会理事長・全国トラック交通共済協同組合連合会会長・全国共済農業協同組合連合会代表理事会長・自動車保険料率算定会理事長あて通知」（国自保第２３５８号、平成 14 年 3 月 11 日）3　情報提供　２）一括払の場合参照。

[13] 山下典・前掲（注 1）81 頁。

[14] 高野・前掲（注 8）355 頁。

とは状況が全く異なることから、今日の問題にあてはまらないとする指摘もある[10]。

約款上、人傷保険の被保険者の損害の額の算定に関しては、人傷損害額基準に基づくとしながらも、その算定額が自賠責保険等によって支払われる金額（自賠責基準）よりも低い場合には、自賠責保険等によって支払われる金額とするとされており、人傷社は人傷保険の被保険者の損害の算定の段階で、自賠責保険で支払うべき金額の額も算定していることとなることから、既に給付が決定しているとも考えられ、①の場合でも同様に控除できるとも考えられる[11]。①の場合に控除できないとすると、人傷保険金額3000万円で設定し、重度の障害を伴う交通事故の場合、事情によっては、人傷社は自賠責保険金3000万円の支払をしているに過ぎなくなる。控除を認めることにより、被保険者は自賠法16条1項請求により自賠社から損害のてん補を受けることができ、それに加えて、まだてん補されない損害について人傷社から人傷保険金額の範囲内で保険金の支払を受けられることになる。

人傷一括払は、被保険者自ら自賠法16条1項請求する代わりに、被保険者が人傷社に自賠法16条請求の権利行使を委任することによって、時間と手間を省き、被保険者が被った損害について迅速なてん補を受けられるというメリットがあることは否定できないのではないか。

**4　人傷一括払による保険金支払手続の改善**

それでは、先述の疑問点を払拭し、人傷一括払制度を健全に維持するためには、どのような改善点が必要となるかを考えて見ることにしたい。

（1）現行の人傷一括払手続

交通事故が発生した被保険者から保険事故発生の通知義務（保険法14条）の履行を受けた人傷社は、被保険者に対して保険金請求書類等を送付することになる。この際に、被保険者に送付される書類として、保険金請求手続に関する書面が含まれている。「『自賠責保険』と『自動車(任意)保険会社の一括払』について」と題する書面（書類）を被保険者に提出し、人傷一括払制度について説明を行う。その際には、人傷一括払の概要を書面で説明し、かつ被保険者は人傷一括払制度を利用せずに、被保険者が自ら自賠社に対して自賠法16条1項請求を行うこともできる旨の説明を行うこととしている[12]。その書面では、加害者の自

---

[10] 古笛・前掲（注6）63頁。

[11] 古笛・前掲（注6）63頁。仮に控除できない立場が維持されることになると、人傷保険金支払後に、被保険者が加害者に損害賠償請求訴訟を提起する場合、支払済み人傷保険金の額を踏まえて被保険者自己過失部分と加害者への損害賠償部分を区分した上で、加害者への損害賠償額を決定することになるであろう。この場合も被保険者がてん補されるべき総損害額を超える賠償額が認められるわけではない。

[12] 自賠法16の4第1項、「自動車損害賠償責任保険の保険金等及び自動車損害賠償責任共済の共済金等の支払の適正化のための措置に関する命令（平成13年内閣府・国土交通省令第2号）第2条」、「国土交通省自動車交通局保障課長から社団法人日本損害保険協会会長・外国損害保険協会会長・全国自動車共済協同組合連合会会長・全国労働者共済生活協

とが容認されるのか、その理由が判然としないことになること[6]、③保険金請求権者が人傷一括払手続の内容を理解していないであれば、そもそも人傷社は、自賠社に代わり自賠責保険金の立替払も処理できず、人傷保険金の支払請求手続に必要な保険金請求書類の提出を保険金請求権者に求め手続を進めなければならいのではないか、④被保険者が人傷一括払を選択した場合と、被保険者が自ら自賠法16条1項請求した場合とで相違が生じることに合理性があるか、⑤被害者と加害者との間の衡平な損害の分担という損害賠償制度の理念との関係で問題はないのか、⑥被保険者は加害者に損害賠償請求訴訟を提起する方法により一定の手間を既に行っており、それに加えて人傷社に対して保険金額の範囲内で人傷保険金の追加払を求めることが契約当事者の合理的意思に反するまで被保険者の利益を害するとまで評価できるのか[7]、等の疑問も生じ得る。これらの疑問は、最終的には現行の人傷一括払それ自体が認められないのではないかという疑問にもなりかねない。

### 3　人傷一括払制度のメリットと手続

人傷保険における損害の算定に関して、2種類の約款規定があり、①自賠責保険または自賠法に基づく自動車損害賠償保障事業によって既に給付が決定し又は支払われた額を控除する旨の規定を定めるものと、②自賠責保険または自賠法に基づく自動車損害賠償保障事業によって支払われる額を控除する旨の規定を定めるものと、がある[8]。

②の場合は、事前認定手続等により支払われる額が算定されておれば、実際に支払がなくとも控除がなされることになる[9]。そのため、人傷保険の被保険者は自ら自賠法16条1項請求をするか人傷社に対して人傷一括払を依頼する方法をとらなければならないことになる。

他方、①については、「給付の決定」の意味が問題となる。損害保険料率算出機構より後遺障害等級事前認定を受けたものの自賠法 16 条 1 項に基づく請求を行っていない段階では、自賠責保険から支払われる金額を積算することができたとしても実際に支払われる金額と異なることもあり得るため「すでに給付が決定し」たといえないとする東京地判平成24年2月3日交通民集45巻1号194頁があり、この裁判例によれば、事前認定を受けて額が決定していても、その額は控除がみとめられないことになる。同判決は、「被保険者が自賠法16条に基づく保険金請求をしているか否かによって支払保険金額が異なる結果となるとしても、不合理であるとはいえない」とも言及している。もっともこの裁判例は、約款において人傷損害額基準から裁判基準への読替条項がおかれていない当時のものであり、現在

---

6　古笛恵子「判批」法律のひろば75巻4号58頁（2022）参照。

7　山下典・前掲（注1）98頁。

8　高野真人「人傷保険に関する最近の注目すべき判決」公益財団法人日弁連交通事故相談センター『交通事故損害額算定基準－実務運用と解説　令和4年2月　28訂版』（公益財団法人日弁連交通事故相談センター、2022）353頁。

9　高野・前掲（注8）353頁参照。

険金請求書及び協定書の文言において、「対人賠償保険金の請求において自賠責保険金相当額との一括払により保険金を受領した場合には、自賠法に基づく保険金の請求及び受領に関する一切の権限を訴外保険会社に委任するものとされているのに対し、人身傷害保険金を受領した場合には、その額を限度として上告人が有していた賠償義務者に対する損害賠償請求権及び自賠法に基づく損害賠償額の支払請求権が訴外保険会社に移転することを確認するものとされており」、このような書面内容と本件代位条項を含む本件約款の内容とを併せ考慮すると、上記各書面の説明内容は、人傷社が本件代位条項に基づき保険代位することができることについて確認あるいは承認する趣旨のものと解するのが相当であり、X が人傷社に対して自賠責保険による損害賠償額の支払の受領権限を委任する趣旨を含むものと解することはできないこと、を理由として、不当利得容認説の立場を採った。

（２）令和４年最判に関する疑問点

令和４年最判は、保険金請求者の合理的意思解釈を根拠としているようであるが、保険金請求者である被保険者が人傷社との間で、協定書を交わすに至ったプロセスには言及しておらず、保険金請求書及び協定書に記載されている文言を形式的に判断して委任を否定している。また人傷社が人傷保険金額の範囲内で追加払できるかも、原審の認定事実を前提に判断しており、いわゆる読替条項の解釈として追加払できるか否かの法的判断を行ってはいない[3]。

令和４年最判に関しては、①人傷保険金額の範囲を超えて人傷社が保険金を支払う、いわゆる狭義の人傷一括払の場合には、射程が及ぶのか、②人傷社が保険金額の範囲内で追加払に応じる実務対応をした場合、結論は異なることになるのか、③人傷一括払における現行の支払手続をより丁寧に行い被保険者において自賠責部分は立替払であり、支払後に自賠社に回収を行い、回収された部分は加害者に対する損害賠償請求の額から控除される旨を明確に説明し、それに被保険者がこれに同意している場合、結論は異なることになるか、という点が指摘されている[4]。

さらに、①保険金請求者の合理的意思解釈によれば、人傷社が自賠社に代わり自賠責保険金の支払手続を進めるために、自賠社に加害車両の自賠責保険が有効であるか確認すべく現存確認を行うために事故情報を提供するために必要な手続を採る前提として被保険者に承認をとることになっているが、そもそもこの内容そのものも被保険者は理解できていないと考えることにもなり得ること[5]、②人傷保険の被保険者が人傷社に対し自賠責保険による損害賠償額の支払の受領権限を委任したものと解することができないのであれば、保険法 25 条・26 条との関係では、人傷社が自賠責保険による損害賠償額部分を先に回収するこ

---

[3] もっとも令和４年最判は被保険者が人傷社に追加払を求めること自体が人傷保険契約の当事者の意図に反することになるので、読替条項の解釈など不要と解しているとも考えられる。

[4] 丸山・前掲（注１）５面。

[5] 山下典・前掲（注 1）87 頁。

個別報告①

# 人傷一括払制度について

報告者：青山学院大学　山下典孝

## 1　本報告の目的

人身傷害保険（以下「人傷保険」という）を引き受けている保険者（以下「人傷社」という）が、人傷保険の被保険者（被害者）に対して自動車損害賠償責任保険（以下「自賠責保険」という）の保険金を含めて一括払することを合意し支払った後、合意に基づき自賠責保険を引き受けている保険者（以下「自賠社」という）に対して、当該自賠責保険金部分の回収を行った場合において、人傷社が回収した自賠責保険金相当額全額を被害者の加害者に対する損害賠償請求権の額から控除できるかが争点とされた最1小判令和4年3月24日裁時1788号5頁[1]（以下「令和4年最判」と略する）は、控除を肯定した原審判決を破棄自判し、被害者の加害者に対する損害賠償請求権の額から、人傷社が本件支払金の支払により保険代位することができる範囲を超えて本件自賠責保険金相当額を控除することはできないというべきである、と判示した。原審の立場である全部控除説の立場を否定して、不当利得容認説[2]の立場を示した最高裁判決として実務への影響は大きいものと考える。

本報告では、令和4年最判における疑問点を踏まえ、かつ被害者と加害者の衡平な損害賠償の分担という損害賠償制度の理念を踏まえて、現行の人傷一括払制度の改善点について建設的な議論を展開することを目的とするものである。

## 2　令和4年最判の理論構成と疑問点

### （1）令和4年最判の理由付け

令和4年最判は、①人傷社と保険金請求者（被保険者）との間で人傷一括払合意をした場合でも、人傷社が人傷保険金額の範囲内で人傷一括払を行った場合、保険金請求者は人傷保険金のみの支払を受けたものと理解するのが通常であり、人傷保険金に自賠責保険金部分も含まれていると考えるのが不自然、不合理であること、②裁判基準による被保険者総損害額が人傷損害額基準を上回る場合、人傷一括払合意により人傷社が支払う金員の中に自賠責保険による損害賠償額の支払分が含まれるとして、当該支払分の全額について人傷社が自賠責保険から損害賠償額の支払を受けることができるものと解すると、人傷社が別途、人傷保険金を追加払しない限り、人傷社が最終的に負担する額が減少し、被害者の損害の塡補に不足が生ずることとなり得るが、このような事態が生ずる解釈は、本件約款が適用される自動車保険契約の当事者の合理的意思に合致しないものというべきであること、③本件保

---

[1] 本判決の解説等については、丸山一朗「緊急解説3月24日最高裁第一小法廷判決」保険毎日新聞2022年4月6日4面、山下典孝「判批」青山法学論集64巻1号69頁（2022）がある。

[2] 本稿での「全部控除説」「不当利得容認説」の呼称については、森健二「人身傷害補償保険金と自賠責保険金の代位について」（財）日弁連交通事故相談センター東京支部編『民事交通事故訴訟・損害賠償額算定基準（平成23年版）（下）』（（財）日弁連交通事故相談センター東京支部、2011）97頁以下によっている。

報告２

# 「運行によって」（運行起因性）概念について

## ――乗降時の事故をめぐって――

司会　松居英二
（理事・弁護士）
報告　植草桂子
（損害保険料率算出機構　損害調査部損調サポートグループリーダー）

全体司会・新藤　個別報告の二番目に移ります。個別報告の二番目は損害保険料率算出機構損害調査部損調サポートグループリーダーの植草桂子様による「『運行によって』（運行起因性）概念について――乗降時の事故をめぐって――」です。司会は松居英二理事が務めます。松居理事、植草様のご紹介をお願いいたします。

司会・松居　司会を担当させていただきます弁護士の松居です。どうぞよろしくお願いします。個別報告の二つ目を植草桂子先生からお願いいたします。時間が押していますので、簡単に先生のご経歴をご紹介させていただきます。一九九八年三月に早稲田大学法学部をご卒業され、同大学大学院法学研究科修士課程を二〇〇〇年三月に修了された後、同年四月より自動車保険料率算定会、現在の損害保険料率算出機構に入社されました。入社後も研究を続けられ、二〇一二年三月に早稲田大学大学院法学研究科博士後期課程を満期退学されました。現在は、損害保険料率算出機構において、損害調査部損調サポートグループリーダーとしてご活躍されておられます。

本日お話しいただきます運行起因性に関するご研究としましては、早稲田法学九一巻三号掲載のご論稿などがあり、また、二〇一五年五月の本学会でもご報告いただいています。それでは、植草先生、どうぞよろしくお願いします。

植草です。本日はご報告の機会を与えていただきありがとうございます。早速報告に入ります。レジュメに沿って説明させていただきます。

まず問題の所在ですが、自動車損害賠償保障法三条は「自己のために自動車を運行の用に供する者は、その運行によって他人の生命又は身体を害したときは、これによって生じた損害を賠償する責に任ずる。ただし、自己及び運転者が自動車の運行に関し注意を怠らなかったこと、被害者又は運転者以外の第三者に故意又は過失があったこと並びに自動車に構造上の欠陥又は機能の障害がなかったことを証明したときは、この限りでない。」と定めます。すなわち、自己のために自動車を運行の用に供する者（運行供用者）は、自動車の「運行によって」他人の生命を害した場合、ただし書きの三条件を立証できない限り損害賠償責任を負うことになります。

運行について、自賠法二条二項は、「人又は物を運送するとしないとにかかわらず、自動車を当該装置の用い方に従い用いること」と定義し、最判昭和五二年一一月二四日は、当該装置の用い方に従い用いることには固有の装置であるクレーンをその目的に従って操作する場合も含むとしました。こちらは狭義の固有装置説といわれますが、自動車の関係する事故が多様化するに伴いこの説のみでは判断困難な事案が増加いたしました。

近時においては、「自動車固有の危険性という実質的な要素を考慮し、事故当時の状況、事故の性質・内容等の諸般の事情を考慮し、自動車に備えられた装置を本来的用法に従って使用した行為が自動車固有の危険性を具体化させ得るものといえるか否かを実質的に判断」すべきとする固有危険性具体化説が有力です。

また、自動車の降車時に受傷したことについて、自動車保険の搭乗者傷害特約の運行起因の解釈が問題となった最判平成二八年三月四日は、車両の運行が本来的に有する危険が顕在化したものであるということはできないことを理由に、事故が本件車両の運行に起因するものとはいえないと判示しました。

私は、運行すなわち自動車を当該装置の用い方に従い用いることには、自動車固有の危険性が内在するものと考えます。

また、「運行によって」とは運行と事故との相当因果関係を意味しますが、その判断は自動車固有の危険が顕在化したことも加味してなすべきという立場であり、固有危険性具体化説を基本的に支持しています。さらに、自賠法三条が保護の対象とすべき自動車固有の危険については、自動車の関連する危険を分類の上、規範的に評価すべきと考えています。

本報告では、「運行によって」が問題となる事故類型の一つである乗降時の事故について、どのような場合に自動車固有の危険が顕在化したと認められるのか、保護の対象となる自動車固有の危険の範囲等について最近の裁判例二例を踏まえて報告させていただきます。

続きまして、裁判例のご紹介に入ります。

一つ目は、東京高裁令和二年六月一八日判決です。事案の概要です。居宅介護事業等を営む特例有限会社Xの運営・提供するデイサービスに通所していたC（七七歳）がデイサービスの送迎に利用する車両から降車しようとした際、転倒して頭部を打ちつけ左硬膜下水腫の傷害を負った事故について、Xが、Cが入通院した医療機関に治療費を支払い、介護保険・社会福祉事業者総合保険契約を締結していた損害保険会社Yに対して、保険契約に基づき治療費相当額の保険金等を請求する訴訟を提起しました。

Cは事故当時下肢不自由で自力歩行が困難であったことから、Xの従業員Dは運転席から降車し、左後部のスライドドアを開けてCの降車を手伝いましたが、何度促しても降りようとしなかったため車いすにCを乗せて搬送することとし、リアゲートを開けて車いすを取り出し地面に置いて広げる作業をしていたところ、Cが自力で後部座席から降りようとして左方向に上半身から地面に落下し、事故が発生しました。

本件車両は、Xが送迎業務用として使用している軽自動車（スズキパレット）で福祉車両ではありません。本件車両にリフト等の付属機器はなく、後部ドアはスライド式であり、地面から後部座席のフロアまでの高さが三〇センチメートル程度でした。本件保険契約に適用がある介護保険事業者・社会福祉施設特別約款には、次のような定めがありました。
(ア)　保険金を支払う場合として、約款の①と②に該当する対人・対物事故について、被保険者が法律上の損害賠償責任を負担することによって被る損害に対して保険金を支払うということです。
また、(イ)で免責条項として、Yは、被保険者が自動車又は原動機付自転車の所有、使用又は管理に起因する損害賠償責任を負担することによって被る損害に対しては保険金を支払わないというものです。

なお、本件事故当時、本件車両に関し、XとE損害保険会社との間で締結した自動車保険の対人賠償保険に係る契約の保険期間にあり、その約款では、自動車の所有使用、または管理に起因して他人の生命又は身体を害することにより、法律上の損害賠償責任を負担することにより損害を塡補するという対人賠償条項がありまして、介護保険事業者の保険と自動車保険の約款は、免責条項によって、自動車保険と介護保険事業者保険の分野調整を図ったものと考えられます。

今申し上げたとおり、この事案は免責条項の適用が問題になったもので、運行によって（運行起因性）が争点となったものではありませんが、本報告では乗降時の事故の例として取り上げています。

原審では免責の適用は否定しましたが、控訴になりまして以下が判旨です。

「本件免責条項は、介護保険事業者が業務の遂行に起因する対人・対物事故について、他人に対して損害賠償責任を負担している場合であっても、これが『自動車の所有、使用又は管理に起因する』損害賠償責任であるときは保険金を支払わないとするものであって、このような重大な効果をもたらすものであることに鑑みると、本件免責条項に該当するためには、事故発生の主たる原因が、自動車の所有、使用又は管理が本来的に有する危険が顕在化したことにあることを要すると解すべきである」。
①本件事故の現場となった本件車両の停止位置に安全性の観点から特に問題がないと認められること、②本件車両の後

部座席のフロアから地面までの高さは約三〇ないし三四センチメートルであって、マイクロバスの乗降口や階段等とは異なり、着座した状態から降車することも可能な自動車の段差としては特に危険がないものと認められること、③本件事故はCが降車行動に及んだ際に発生したもので、座席には特に危険がないものと認められること、一方、④本件事故当時、要介護3の認定を受けていたCは、下肢が不自由で自力歩行が困難であり、本件車両から降車するには介助を必要とするとの特性を有していたこと、⑤介助者であるDにおいて、本件車両の左後部スライドドアが開放されたままの状態で、同車両後部に廻るためその場を離れたこと、⑥Dがその場を離れて目を離した際にCが降車行動に及び本件事故に至ったことが認められる。

これらの事情を総合すると、本件事故は、Dが要介護状態にあったCから目を離したことに主たる原因があるというべきであって、「本件車両の使用が本来的に有する危険が顕在化したものであると認めることはできない」。したがって、「本件事故によるXの損害賠償責任が、『自動車の使用に起因する』損害賠償責任に当たるものであると認めることはできない」。

次からは平成二八年最判について述べた上で、「本件車両の停止位置、構造、具体的な事故発生状況等に照らせば、本件事故でCが転落したのは停止中の本件車両からであるものの、階段やベッド等からの転落事故と本質的には何ら異なるものではなく、Cから目を離したことの危険性が、自動車の使用等に関連する危険性を明らかに凌駕している」としまして、下線部のとおり、免責条項の適用を控訴審においても否定したものです。

(1)は通常の車両からの乗降時事故ですけれども、(2)は、いわゆる福祉車両、乗降サポート装置付きの車両からの乗降時の事故です。福岡高裁令和三年七月七日判決の事案の概要です。

自動車保険契約の被保険者であるXが、車両後部に車いすを車載することが可能な福祉車両のリフト部分から車いすに乗った状態で降車しようとした際に転倒し、負傷した事故について、Yに対し自動車保険契約に基づき保険金と遅延損害金の支払を求める訴訟を提起したというものです。

Xは車いす利用者ではないのですが、車いす利用者がリフトから降車する際の状況を確認・体感するため、電動式リフトを降下させて地面に着地させた後、リフト上に積載してあった車いすに着座し、介助者のいない状態で自らの操作により車いすの後退を開始させたところ、その直後、リフト後端とスロープの間に段差傾斜があったために、Xの上半身が一気に後方へ傾き、車両の接地面を支点として車いすごと後方に大きく傾いて転倒し、後方にあったブロック塀に後頭部・後頸部を強打したものです。

原審判決は、本件事故では「介助者なしに自らの操作のみで車いすを後退させて降車しようとしたという、本来的な用法とは異なる不適切な態様での使用という事情が介在しているから、被保険車両の運行が本来的に有する危険が顕在化したものとはいえない」として、Xの請求を棄却し、Xが控訴しました。

控訴審判決の判旨ですが、「被保険車両は、車両後部に車いすを積載することができる福祉車両であり、被保険車両の運転者は車いす乗車者と別の者であること、リフト操作の手順には、運転席にあるスイッチによる操作や、被保険車両のハッチバックの開閉など、車いす乗車者以外の者が行う必要のある操作が含まれることが認められる。そうすると、車いす乗車者が、被保険車両から降下させたリフトから車いすを降ろす操作をする際にも、車両の運転者など、車いす乗車者以外の者が必ずその場に存在し、この者が、車いす乗車者がリフトから降りる際の介助者となることが可能であり、かつ、そのような介助を行うことが想定されている」。「したがって、Xが、介助者なしに自らの操作のみでリフトから本件車いすを後退させ、本件車いすをリフトから降ろそうとしたことは、被保険車両において想定されているものとは異なる操作であったということができる。そして、介助者が存在していれば、本件事故のような本件車いすの後方への転倒が発生しなかったと考えられる」。そうすると、「本件事故は、被保険車両の運行が本来的に有する危険が顕在化したものということができず、本件事故が被保険車両の運行に起因するものであると認められない」ということです。

以上が、裁判例のご紹介でありまして、続きまして、判例・学説を見ていきます。

判例は冒頭でもご説明したとおり、最判昭和五二年が狭義の固有装置説を採用して、これが通説的な立場を占めてきていますが、最判昭和五二年の「固有装置の操作」で定義を縛ってしまうと、例えば駐車車両への追突事故、路上に駐車した車両への追突事故について、駐車車両の運行による事故という説明ができないなどの問題が生じまして、ご存知のとおり、その後、広義の固有装置説、車庫出入説、危険性説、物的危険性説等が主張されまして、現在の通説といいますか、狭義の固有装置説が通説ではないということではないのですが、広義の固有装置説をベースに危険性顕在化説や、冒頭ご説明した固有危険性具体化説を踏まえて判断するのが最大公約数的なところかと考えています。

そして、固有危険性具体化説に立つとしまして、さらに「固有の危険とは何か」ということが問われていると思います。また、「運行によって」については、相当因果関係説が通説ですが、ご承知のとおり「運行」と「によって」を一体的に考えるということが有力に主張されているところです。

続きまして、「乗降時の事故の特徴と態様」について見ていきます。まず、特徴ですけれども、自動車から乗降するというのは、狭い空間の出入りですので、乗降者の身体には不規則かつ多様な諸動作が生じることになります。一方で、自動車は静止状態にあり、高速走行、衝突などのようにエンジンやブレーキ、ステアリングなどの自動車の装置や自動車自体が何か強力な作用や強力な外力を生じる場面ではない。人は様々動くのだけれども、自動車は静止状態にあるというところが判断の難しい点かと思います。

そして、乗降のためのいろいろな動作に伴って、乗降者が体のバランスを崩して転倒したり、ルーフやピラーにぶつかってしまったり、身体の一部に急に負担がかかり受傷する場合があるということです。

ここでは、乗降時の事故について幾つか整理してみました。まず①として自動車が足元の悪い場所に駐停車したため、乗降者が足をとられて転倒したことが受傷原因の一つと認められる場合です。この態様では、乗降のための駐停車を運行と捉えて足元の悪い場所に駐停車したということについて、自動車固有の危険が顕在化した事故として運行起因性が認められることに異論はないと思います。そこで関連する裁判例を見てみます。

まず(1)の熊本地裁判決は昭和五九年の古いものですが、Xが自宅の駐車場で自動車の運転席に乗り込み暖気運転をしていたところ、孫が乗車をせがんだので、助手席に乗せようとして運転席のドアを開けて、右足を車外に出して着地させ、孫を抱えて助手席に乗せようとした際、地面が凍結していたため、Xの右足が滑って、腰を横に捻った状態となって同時に左足に激痛が走って腰椎を痛めたというものです。

これについて、裁判所では、下から五行目のあたりですけれども、暖気運転のための運転席の着座、エンジンの始動、運転席のドアの開閉等本件自動車を走行使用するため、各部の機構を作動状態に置くことを原因として傷害の結果が発生したものといえず、Xの自傷行為と判断したんですけれども、今日的に見れば、足元が凍結していたということをどう見るのか、足元の状態をどう見るのかという点が問題になってくると思います。

続いて(2)大阪高裁平成二三年判決ですが、これはXが自宅近くでタクシーから降車した際に転倒したというもので、その付近の道路はXの自宅方向にかけて上り坂となっていて、道路左端には約一〇センチの段差があった。Xは妻より先に降車して降車後一歩か二歩歩いたところで段差につまずき転倒したものです。こちらについては、例えば側溝の真前とか陥没している場所の真前に停車して降ろしたということですと典型例ですが、一歩か二歩歩いたところという位置関係が微妙なところです。

また、この判旨は、上から五行目の後半ですけれども、「時間的・場所的近接性や駐停車の目的、同乗者の有無及び状況等を総合的に勘案して」として、抽象的な判断枠組みをとっておりまして、タクシーの運行がどのように転倒の原因になったかについて明確に判示されておらず、そこが批判があるところかと思います。

レジュメに戻りまして、続いて②のドアやウィンドウの手挟み事故です。こちらについては、ドアやウィンドウによって一定の外力が加わりますので、自動車固有の危険性が顕在化した事故として運行起因性が認められることには異論はないと思います。

続いて、③駐停車場所の足元に特に問題がなく、かつドアを開扉した状態での乗降時の事故です。これは今日ご紹介した東京高裁事案などが当たります。この態様では、乗降のための駐停車を運行と捉えたとしても、自動車はドアなども含めて完全に静止状態にあるわけですけれども、そうすると、地面からフロアまでの高さや乗降口の狭さなどを自動車固有の危険と評価するかが問題となります。

判例・裁判例としては、冒頭でご説明した最判平成二八年判決があります。こちらについては、冒頭でも述べましたとおり、本件車両の運行が本来的に有する危険が顕在化したと。「運行によって」というのは、運行危険の顕在化であると最高裁が述べた点に意義があると思いますし、また、一行目で、危険な場所に本件車両を停車した場合には運行危険の顕在化が認められ得ることを示唆して、先ほどの態様①について運行起因性が認められることを述べた点に意義があろうかと思います。

また、読み方が難しいんですけれども、本件では足をくじいたり、足腰に想定外の強い衝撃を受けるなどの出来事はなかった。そうすると、というくだりを読みますと、着地のときに高低差があっても、足に強い衝撃がない形で着地した場合、衝撃なく着地して骨折した場合には、運行危険の顕在化はない。少なくともそういう判断をしたように読めるかと思います。ただ運行危険の内実について具体的に述べたものではなく、全体的には事例判決にとどまっていると考えます。

続いて⑷東京地裁平成三〇年判決ですが、これは荷物を取ろうとして、上から五行目半ばからですが、運転席から降車して本件自動車の後部から回り込んで後部トランクを開けて助手席側に移動して、助手席側のドアを開けて左足を自動車と縁石の間の車道上、右足を歩道上に置いてかがみ込みながら、上半身は車内にあったと思いますが、買い物袋を持ち上げようとしたところ、右足首に体重がかかって折れ曲がって骨折したというものです。こちらについては、車の中に出入りする際の様々な体の動きの中で、一か所に急に負担が生じて骨折や捻挫をするという乗降時の事故の一つの特徴が出ているかなと思ってご紹介しました。

裁判所は、固有危険性具体化説に近い判示をしていまして、中ほどのところですが、助手席から荷物を取り出す際に足元が不安定だったことに起因するもので、助手席や助手席のドアの構造等が有する危険性が具体化したものとは認めがたいと判示しています。

レジュメに戻ります。④ですが、車いすリフト等乗降サポート装置付きの車両、いわゆる福祉車両のサポート装置の操作使用に伴う事故、今回ご紹介しました福岡高裁事案がそうですが、こうした福祉車両に関連して、「運行によって」が問題になるケースが近時出てきていると思います。

この態様については、乗降のための駐停車又は乗降サポート装置の操作使用を「運行」と捉えることになると思いますが、乗降サポート装置といってもリフト、スロープなど様々ありますし、また付属品にも固定ベルトのように、その使用自体は強度の外力が生じないものもありますので、判断が難しいと思いますが、自動車固有の危険が顕在化したかどうかについては、事故の発生状況や原因から個々に判断されることになると思います。

主に先ほどの③の態様について、高野先生の論文では、一般的人の感覚からすれば、あまり危険を感じない状態であり、社会的にも欠陥、あるいは危険だと非難されない程度のものに、地面との高低差がある構造になっていることをもって、高低差があることにより転倒・転落する『危険』があるとすることは、行き過ぎではないかというご指摘がされています。

続きまして、本報告の題材とした事案の検討に入ります。まず(1)で自動車固有の危険が顕在化したかの検討プロセスですが、ここからは私の見解になります。

まず、前提としては、事故の調査の上で、事故に至った事情として何があるかを事実認定して、事故の原因を踏まえて判断すべきと考えています。事故の原因の特定が大事で、それをした上での固有危険性具体化説に基づく判断になろうかと思います。ですので、大阪高判のような時間的・場所的近接性の判断ということではないと考えています。

順番としては①として、事故発生に至る事情として、自動車側の事情が認められるか、②自動車側の事情が認められる場合、当該事情（例えば、地面からの高さ等）が事故の原因といえるか、③事故の原因と認められる場合、当該事情は「自動車固有の危険」といえるかということです。

この自動車固有の危険といえるか判断する視点というのは、冒頭で述べた固有の危険の範囲はどこまでかを判断する視点とつながりますけれども、やはり自賠法三条責任が危険責任、報償責任、中でも危険責任を本質として相対的無過失責任主義をとるということからすると、まず一点目の物的に「危険」な状態と評価できるかということが、視点として重要で、具体的にはその状態が、損害（怪我など）が生じる蓋然性が高いかを客観的に判断するということだと思います。

もう一つ、危険責任の観点からすると、規範的評価として、危険責任の観点から、事故について運行供用者に責任を負わせることが妥当かということが最終的な視点として重要だと思います。

二点目の危険の性質からの評価ですが、今日ご紹介した東京高裁判決では、階段やベッドからの転落事故と本質的に異ならないという言い方をしていまして、また作業員の荷台からの転落事故の判例の裁判例でも、高所作業上の危険だから違うという言い方をしていましたので、こういう視点もあるかと思って取り上げました。ただ、よくよく考えてみますと、このように判決で言っている真意としては、この危険が自賠法三条で保護すべき自動車特有の、自動車に特殊な危険ではないということを裏返して言ったものとも思いまして、最終的には一点目と三点目がポイントだと考えます。

私の見解としては、物的な危険というのは例えばサイドシルが破損しているというようなことであって、地面からの三〇〜四〇センチの高さは車の個性であり、物的な危険ではないと考えています。

これを踏まえて、今日取り上げた裁判例について整理しましたのがレジュメの表になります。東京高裁判決については、事故発生に至る事情というところを見ると、物的な危険がないということと同じような評価をしたのかなと思います。東京高判の争点は免責条項ですが、自動車特有の危険の顕在化は認められないということで、仮に「運行によって」が問題になった場合でも、「運行によって」生じた事故とは認められないということになろうかと思います。

続いて福岡高裁の事案ですが、判決を整理しますと表のとおりになります。福岡高裁の問題点は、事故の原因について、リフトの後端とスロープの間の段差、傾斜ということにも触れつつ、主な原因はXが想定されているのとは異なる操作をしたことにあると。本当は介助者がいるのに自分で降りてしまったという点で、「運行によって」を否定したと思いますが、これについてはリフトが乗降サポートのために使われている限りにおいては、「によって」ではない、危険が顕在化していないとして否定することはできないのではないかと思います。説明書と異なる操作をしたことのみをもって、顕在化ではないという判断はできないのではないかと思います。

福祉車両の説明書を見ると、色々、これはしてはいけませんと注意書きが丁寧にありますが、例えばリフトを降ろすときは、地面に縁石とか物が置いてあるところにリフトをガチャンと降ろすとダメですとか色々な説明がありますが、説明書で禁止されていることをやったからといって、その操作の目的が乗降のサポートということであれば、それは「運行によって」の中で判断するのではないかと思います。

そうすると、リフトの後端とスロープの間の段差・傾斜が物的に危険な状態かというところがポイントで、もし危険な状態ということであれば、運行起因性が認められると思います。

以上が検討になりまして、最後に簡単にまとめですが、加藤一郎先生が昭和四一年の『判例タイムズ』の座談会で、「運行によって」の問題に関して、自賠法三条で考えられている特殊な危険というのは一体どこまでかというのが根本問題と既におっしゃっていまして、「運行によって」の問題は、この点に収斂されるのかなと思います。ただし、昭和四一年当時と現在では自動車の機能や、問題となる事故状況が全く異なっていて、今日的に自賠法三条で保護すべき自動車特有の危険とは何かということを事例の集積の中で考えて類型化していかなければいけないと思います。

今回お示しした視点というのは、危険責任から検討しまして、まだ大変漠然としたものですけれども、乗降時の事故が様々なバリエーションで問題となっていくことは間違いないと思いますので、今後も判断の目安を考え続けていく必要があると思います。

大変早口で雑駁な報告となりましたが、ご清聴ありがとうございました。

《質疑応答》

司会・松居　植草先生、ありがとうございました。自動車の乗降時の事故に関する二つの高裁裁判例を題材にして、運行起因性に関する最近の学説の状況なども含めてご紹介いただきました。乗降時における事故の運行起因性の問題は、最後に植草先生が、「昭和四一年の加藤一郎先生のご発言に集約される」とまとめられたように、古くから検討されてきた問題ですが、自動車の機能や使われ方も様々となった現在、今日的な視点から運行起因性の問題について改めて整理する必要があることを、ご指摘いただきました。

高齢化社会といわれる中で、福祉車両を巡る事故とか福祉施設への送迎中に発生する事故というものも増えていますし、本日題材とした裁判例のうちの一つが、自動車保険でカバーする事故か、それ以外の保険でカバーする事故かという問題が、「免責条項の解釈」という形であらわれたものであることからも分かりますように、自動車の事故、自動車の責任という問題が、自動車保険でカバーする事故の範囲という形でも検討が必要とされる、今日的な問題となっていると思います。

さて、チャットでの質問が寄せられ始めていますので、時間の許す限り、取り上げさせていただきます。まず佐野誠先生からご質問をいただいています。「ご報告の中の福岡高裁の判決に関して、判旨は、介助者が存在していれば事故のような転倒は発生しなかったのであるから、運行が本来的に有する危険が顕在化したものとはいえないとしていますが、本件車両において介助者の存在が想定されている理由は、介助者がいなければまさにこういった事故が発生してしまう危険があるためであり、そうであれば、むしろ本件は車両の有する本来的危険が顕在化したと評価できるのではないでしょうか。また、介助者の不存在という被保険者の過失は、運行起因性の局面ではなく、人傷保険では重過失免責の適用可否の局面で検討されるべきではないでしょうか。」というご質問です。

まずこのご質問に対してのご回答を、植草先生、お願いできますでしょうか。

**植草**　ご質問ありがとうございます。先ほどご説明したとおり、本件のリフトの後端、スロープの間の段差・傾斜の程度は具体的に分からないのですが、もしこれが物的に危険な状態と評価され得るものであれば、先生がおっしゃったとおり、介助者がいなかったからこういう事故が起きたので、運行が本来的に有する危険が顕在化したと評価し得るのではないかと思います。

介助者の不存在という被保険者の過失は重過失免責の適用可否の局面で検討されるべきというのもおっしゃるとおりで、ただ、重過失というのは故意に近いということからするとなかなか争いにくい面もあるのかなと思います。

運行起因は人傷の事案で争われることが多いのですが、少し脱線になりますが、乗降のとき足を捻ったとか腰を捻ったとか、そういう事故はそもそも人傷のほうですと急激偶然外来要件のほうでひっかかってしまうことも、もしかしてあるのかなと検討していて思いました。

司会・松居　ありがとうございます。佐野先生、今の回答に対して何か補足の質問があればお願いいたします。

佐野　誠（福岡大学）　ありがとうございます。これは損害賠償の問題ではなくて人傷の問題なので、そうすると運行起因性のところの判断で、規範的なつまり運行供用者に責任を負わせるようなものなのかどうかという基準が今回の場合はそもそも運行供用者自身が被害者になっちゃっているものですから、そういう基準が当てはまらないのかなと思いまして、いずれにしましても、私は福岡高判の結論はどうかなと思った次第です。ありがとうございました。

植草　ありがとうございます。人傷が、運行起因が「運行によって」と同じ解釈だということだとすると私のような説明になるんですが、おっしゃったとおり、人傷だと自爆事故のようなものがあるので保険会社が払いたくないないというのも分からなくはないんですが、この点はまた、例えば約款にほかに定めるとか、商品設計の問題もあるのかなと思っています。

司会・松居　続きまして、新美育文先生からご質問を頂戴しています。「過失相殺による処理のほうが柔軟ではないのか。特に二つの判決についてはそのように思われる」というご質問と、追加の質問もいただいておりまして、「第三者が絡む場合には、共同不法行為が問題になるのではないか」というご趣旨のご質問です。まず植草先生にコメントをいただいてから、新美先生に補足でお話しいただきたいと思います。

植草　ありがとうございます。二つの事案とも保険金の支払が問題になったわけですけれども、損害賠償請求訴訟ということであれば、先生がおっしゃったように過失相殺による処理ということも十分考えられると思います。第三者が絡む場合というと、例えば福岡のほうの事例で、本当は介助者がいたのにその介助者が何もしなかったということになれば、共同不法行為ということも問題になってくると思います。

司会・松居　新美先生、ご質問に関して何か追加すること、ご意見がありましたら伺います。

新美育文（明治大学）　簡単に申し上げますと、運行によるという概念は割に硬いし、客観的にやることが多いものですから、これを柔軟に広げてやると解釈論に大混乱が起きるのではないかという懸念を持っていまして、むしろ事案なんかみてみますと、被害者とか第三者のある意味で過失ないしはそれに類似する行為が絡んでいますので、そちらを法的にどう評価するのか。法的評価の問題としてもっと前面に出していいのではないか。

「運行による」というのはそういう意味では概念として硬いように、あまり柔軟には扱えないように思うので、こういう疑問を提示した次第です。植草さんのお答えでそういう方向も考えていいのかなと思った次第です。ありがとうございました。

**司会・松居**　植草先生、今の新美先生のご発言を伺って補足することがありましたらお願いします。

**植草**　ありがとうございます。「運行によって」は、先生がおっしゃるとおり、確かに硬く判断していまして、結論から言うと、二件のうち特に東京高判のものが損害賠償請求訴訟だったとしても、自賠としては「運行によって」で否定で争ったかと思います。ただこの事案を離れた問題として「運行によって」というところが微妙なとき、否定し切れないときに過失相殺を検討することは損害賠償請求訴訟の中では十分あり得ると思います。

**新美**　付け加えますと、不法行為の場合、免責も可能なんですね、過失相殺では。単に減額だけではありませんので、そういうことも含めて柔軟に対応できるのではないかと思います。

**植草**　ご指摘ありがとうございます。

**司会・松居**　チャットでいただいた質問は以上です。当初の予定時間は過ぎているのですが、一点だけ最後にまとめに代えて、司会者から質問させていただきます。

植草先生のとられる運行起因性の判断の枠組みは、基本的には危険性説としながら、「運行」と「によって」を分けて検討すると最初にご報告いただきました。また、自動車の物的な危険かどうかを中心にして危険の顕在化を検討していくという思考のプロセスといいますか、検討の順番をお示しいただきました。

今回取り上げたテーマは、「人は動いているけれども、自動車は止まっている」という場面で、危険性説で検討しても悩ましい場面が生じるという問題意識だと思うのですが、最終的に、「人は動くが、車が止まっている」場面の検討というのは、「車の状態の危険が大きければ、人のかかわりが小さくても有責だ」という、いわゆる相関関係説的なもので捉えていくということに尽きるのでしょうか。

「人」の要素と「車」の要素が、危険性説からだと、どのように危険性の判断に影響していくのでしょうか。

あともう一つ、今回の事例で言いますと、取扱説明書で「こう使ってくれるな」とある場合、どう考えても物的な危険はあるけれども、「説明書に従っていれば危険が少ない」とか、「補助者がいればその危険は避けられる」というような場合の、使い方や、他の人が手助けすることを前提とした場合の、人の関わり方と、物的な危険との関係をどのように整理しながら、危険性説の危険を考えるのか。先生のお考えがありましたら、お伺いできればと思います。

植草　ありがとうございます。大変難しいところですが、注で挙げたのは明らかに自動車の一部が破損しているようなときにそこに足を置いて怪我をしてしまったという例ですが、人の動きとの相関関係が全然ないかというとそうではないと思います。人の動きがあまりにも異常であるときには止まっている車の物的危険はどこにもないのではないかという判断はできようかと思います。

福祉車両の使い方については、他の人が介助すべきだったのにしなかったとか、他の人の装置の操作の仕方が悪かったということは、これは質問とずれてしまうかもしれませんが、例えば介助者のリフトの操作の仕方がまずかった。説明書に反して、そこでリフトを降ろしてはいけない場所で降ろしてしまった。それで強い衝撃が加わってしまったという場合は物的な危険というのが認められるのではないかと思います。

ただ、説明書に書いてあることを全部守らなかったからどうなるかというのはケース・バイ・ケースで悩ましいところかと思います。あまりお答えになっていなくてすみません。

司会・松居　結論を迫るような、難しいことを聞いてしまい失礼しました。先生が「運行」の問題と「よって」の問題と二段階で検討すると整理されておられましたので、「運行によって」と一つでまとめて判断する危険性説もあるのに、そこを敢えて二つに分けるというのは今おっしゃっていただいたような車の物的危険、そもそも車のせいかどうかという判断を丁寧にしたいというご発想なのかなと思い、質問させていただきました。

植草　私の発想はおっしゃるとおりです。

司会・松居　チャットからの質問は、その後追加がないようですが、先生方からそのほかにご質問・ご意見はありますか。

植草先生、どうもありがとうございました。今日的な問題も含めた運行起因性と乗降時の事故の問題を整理していただきました。もう一度、報告者の植草先生に拍手をお願いいたします。（拍手）

**植草**　どうもありがとうございました。

**司会・松居**　それでは個別報告の第2部をこれで終了させていただきます。ご清聴ありがとうございました。

**全体司会・新藤**　植草様、松居理事、ご報告ありがとうございました。

| | | |
|---|---|---|
| （3）最判平成28年3月4日判タ1424号115頁 | Y運転車両（本件車両）が、デイケアサービス利用者のX（83歳）の自宅前に停車し、Xが本件車両の後部座席から降車するため着地したところ、着地の衝撃によって受傷（右大腿骨頚部骨折）した事故。平素Xが当該車から降りる際には、地面から座席までの高さ（地面からその床ステップ及び後部座席の座席面までの高さがそれぞれ約37㎝、約72㎝）を考慮して踏み台（高さ17㎝）を設置していたものの、本件事故当日は用意されていなかった。ただし、YはXのバッグを預かった上、Xの両手を取り、両手を引いてXを誘導する形で降車させていた。Xはその後死亡し、Xの子が、デイサービスセンターが契約する任意保険会社（搭乗者傷害特約）に対し、後遺障害保険金の支払を求め訴訟を提起した。 | 本件において、上記職員が降車場所として危険な場所に本件車両を停車したといった事情はない。また、Aが本件車両から降車する際は、上記のとおり、通常踏み台を置いて安全に着地するように本件センターの職員がAを介助し、その踏み台を使用させる方法をとっていたが、今回も本件センターの職員による介助を受けて降車しており、本件車両の危険が現実化しないような一般的な措置がされており、その結果、Aが着地の際につまずいて転倒したり、足をくじいたり、足腰に想定外の強い衝撃を受けるなどの出来事はなかった。そうすると、本件事故は、本件車両の運行が本来的に有する危険が顕在化したものであるということはできないので、本件事故が本件車両の運行に起因するものとはいえない。<br>なお、…Aの降車の際には本件センターの職員の介助のみでなく、踏み台を使用することが安全な着地のために必要であり、上記職員がその点を予見すべき状況にあったといえる場合には、本件センターに対する安全配慮義務違反を理由とする損害賠償請求等の可否が問題となる余地が生ずるが、このことは、本件における運行起因性の有無とは別途検討されるべき事柄である。 |
| （4）東京地裁平成30年11月28日ウェストロー文献番号2018WLJPCA11288020 | Xは、車道脇の歩道に駐車した本件自動車を移動させるため運転席に座ったところ、右足首を捻ったような違和感があったため、助手席下に保管してあったドライブ用の靴に履き替え、ついでに助手席に置いてあった買い物袋等をトランクに移動させようと考え、運転席から降車し、本件自動車の後部から回り込んで後部トランクを開け、助手席側に移動した。助手席側のドアを開け、左足を本件自動車と縁石との間の車道上、右足を歩道上に置き、屈み込みながら、助手席上の買い物袋等を持ち上げようとしたところ、右足首に体重がかかって折れ曲がり、右足首を脱臼骨折（右足関節両踝骨折）した。Xが人傷保険の保険会社を被告として訴訟を提起した。 | 当該自動車に固有の装置の全部又は一部をその目的に従って操作している場合には、自動車の「運行」に当たり得るといえ、「運行による」といえるか否かは、事故当時の状況、事故の性質・内容等の諸般の事情を考慮し、自動車に備えられた装置を本来的用法に従って使用した行為が自動車の固有の危険性を具体化させ得るものといえるか否かを実質的に判断すべきである。本件事故は、…買い物袋等を取り出そうとし、助手席側ドアを開け、左足を車道上、右足を車道から約20センチメートル高い歩道上に置き、屈み込みながら助手席上の買い物袋等を持ち上げようとしたところ、右足首を捻り、同所を脱臼骨折したというものである。そうすると、上記受傷は、助手席から荷物を取り出す際に足元が不安定であったことに起因するものといえ、本件自動車の助手席や助手席ドアの構造等が有する危険性が具体化したものとは認め難い。そして、荷物を取り出す際に足元が不安定であったことは、車道や歩道の構造、また、X自身の姿勢、履き物の種類、両足を置いた位置が大きく作用していると考えられ、自動車からの降車等、自動車の構造が有する危険性を具体化するものとして当該停車位置が直接に影響する場合とは異なり、停車位置が自動車の有する危険性を具体化させているとは認め難い。したがって、本件事故は、「自動車の運行に起因する事故」とは認められない。 |

乗降時の事故に関する判例・裁判例

| | | |
|---|---|---|
| （1）熊本地判昭和 59 年 11 月 28 日交民集 17 巻 6 号 1649 頁 | X は妻・孫らと外出するため自宅の駐車場で自動車の運転席に乗り込み、暖気運転をしていたところ、孫が運転席側のドアを叩いて乗車をせがんだので助手席に乗せるべく運転席のドアを開け、さらに、右足を車外に出して着地させ孫を抱えて助手席に乗せようとした際、地面が凍結していたため X の右足が滑って腰を横に捻った状態となると同時に左足全体に激痛が走って腰椎を痛めた。X は自動車に付保された自損事故保険の保険会社 Y を被告として保険金請求訴訟を提起した。 | 「自動車の『運行』とは、自動車をその用途に従い使用するためその機構の各部を作動状態に置くことと解すべきところ、運行に起因する傷害は、運行を原因として傷害の結果が発生することを要する。本件においては、…X は行楽のため本件自動車のエンジンを始動させ、エンジン部を暖めていたのであるから本件自動車を運行の用に供していたものというべきであるが、本件の受傷は、…腰部の既往症があるにも拘らず、助手席ドアを開いて助手席に乗せるべきであるのに運転席から右足だけを車外に出して着地させ、無理な体勢で四才の孫を抱きかかえ狭い運転席前面から助手席へ乗せようとして腰を異常に捻った結果、再び腰部を痛めて受傷したのであって、暖気運転のための運転席の着坐、エンジンの始動、運転席のドアの開閉等本件自動車を走行使用するため各部の機構を作動状態に置くことを原因として傷害の結果が発生したものとはいえず（運転席に着坐していたこと自体が X の腰部を傷めたのでもない。）自動車の『運行』とはなんらかかわりのない X の自傷行為によって X の腰部を再び傷める結果となったことは明らかである。」 |
| （2）大阪高判平成 23 年 7 月 20 日自動車保険ジャーナル 1880 号 3 頁 | X が自宅近くで A 運転のタクシーから降車した後に転倒し、左大腿骨転子部骨折等で後遺障害を残したとして、保険会社 Y に対し人傷保険金の支払を求め訴訟提起したもの。A 車は X らを降車させるために X 自宅手前の路上で停車したが、その付近の道路は、X 自宅方向にかけて上り坂となっており、道路左端には約 10 cmの段差があった。X は先に降車し、降車後 1 歩か 2 歩程度歩いたところで段差につまづき転倒した。その時 X の妻は、タクシー内で料金を支払っていた。 | 「自動車の運行に起因する」とは、自賠法 3 条の「自動車の運行によって」と同義であると解されるところ、「運行」とは「人又は物を運送するとしないとにかかわらず、自動車を当該装置の用い方に従い用いること」（自賠法 2 条 2 項）であり、当該自動車に固有の装置の全部又は一部をその目的に従って操作している場合、自動車の「運行」に当たるといえる。…自動車の駐停車中の事故であっても、その駐停車と事故との時間的・場所的近接性や、駐停車の目的、同乗者の有無及び状況等を総合的に勘案して、自動車の乗客が駐停車直後に遭遇した事故については、自動車の運行に起因する事故に該当する場合があると解するのが相当である」。「タクシーが目的地で乗客を降車させるため停車する場合、運転手が座席のドアを開け、乗客が全員降車し終わってドアを再び閉じるまでの間も、自動車の運行中であると解するのが相当であるところ、…X はタクシーから降車直後で、しかも 1 歩か 2 歩歩いたところで本件事故に遭遇したことから、時間的に停車直後であったことはもちろんのこと、場所的にもタクシーの直近で本件事故が発生したといえる。そして、本件事故当時、同乗者である X の妻が料金支払のため未だタクシー内にいて、後部座席のドアが開いたままになっていたことも併せ考慮すると、本件事故は自動車の運行に起因する事故であったと認めるのが相当である。」 |

| | | |
|---|---|---|
| 至る事情 | に着座し、介助者なしに自らの操作のみで車いすの後退を開始<br>上半身が一気に後方に傾き、車両の接地面を支点として車いすごと後方に大きく傾いて転倒 | リフト後端とスロープの間に段差・傾斜があった |
| (b) 事故の原因 | Xが想定されているものとは異なる操作を行ったこと。 | （リフト後端とスロープの間の段差・傾斜） |
| (c) 運行の危険顕在化有無の検討 | Xが介助者なしに本件車いすをリフトから降ろそうとしたことは、想定されているものとは異なる操作で、介助者が存在していれば、本件事故のような転倒は発生しなかったのであるから、運行が本来的に有する危険が顕在化したものといえない | |

・　検討

6．おわりに

以上

[1] 報告内容は報告者個人の見解に基づくものであり、所属する組織の意見ではない。

[2] 中村修輔「自賠法3条の諸問題2（運行起因性・免責）」森冨義明・村主隆行編『裁判実務シリーズ9　交通関係訴訟の実務』（2016年、商事法務）109頁。

[3] 拙稿「自賠法3条の『運行によって』概念について」早稲田法学91巻3号325頁。

[4] 坂本倫城「自賠法三条の『運行によって』をめぐる諸問題」判タ724号66頁（1990年）。

[5] 中村行雄「自賠法における『運行』及び『運行によって』」（『現代損害賠償法講座3』（昭和47年、日本評論社）105頁。

[6] 石田穣・法協86巻12号1527頁（1969年）。

[7] 高崎尚志「『運行』概念」『新損害保険双書2　自動車保険』（1983年、文眞堂）370頁。

[8] 伊藤文夫「自賠法の解釈『運行』概念をめぐる解釈論を素材にして・・・」『自動車事故民事責任と保険の交錯』（保険毎日新聞社、1999年）219頁。

[9] 古笛恵子「運行起因性」判タ943号62頁（1997年）。

[10] 中村・前掲注1・109頁。

[11] 中村・前掲注1・110頁。

[12] 乗降動作について根本英明他「車の利用場面における高齢者の特性」自動車技術Vol.55,No.7,68頁（2001）、古郡了他「車両乗降時の筋負担解析」マツダ技報 No.18,96頁（2000）等を参考とした。

[13] 藤村和夫・伊藤文夫・高野真人・森富義明編『実務交通事故訴訟大系第2巻責任と保険』84頁（高野真人・北澤龍也執筆）（平成29年、ぎょうせい）。

[14] 例えば、サイドシルが破損状態にあり、乗降者が破損した部分につまづき転倒した場合等、通常と異なる状態にあった場合は物的危険が認められると考える。

[15] 危険の性質からの評価を行ったと考えられる裁判例として、例えば、仙台高判平成14年1月24日判時1778号86頁（荷台からの転落事故について「自動車に限らず、一般に高所における作業に伴う危険が発現したものというべき」として「運行によって」生じたものではないと判断）がある。

（３）学説（乗降サポート装置のない自動車からの乗降時の事故について）

・「一般的人の感覚からすれば、あまり危険を感じない状態であり、社会的にも欠陥、あるいは危険だと非難されない程度のものに、地面との高低差がある構造になっていることをもって、高低差があることにより転倒・転落する『危険』があるとすることは、自賠法３条の責任の根底にある危険責任の観点からも行き過ぎの感があると言える。」[13]

５．本報告の題材とした事案の検討

（１）自動車固有の危険が顕在化したか否かの検討プロセス

① 事故発生に至る事情として、自動車側の事情が認められるか

② 自動車側の事情が認められる場合、当該事情（地面からの高さ等）が事故の原因といえるか

③ 事故の原因と認められる場合、当該事情は「自動車固有の危険」といえるか

➢ 「自動車固有の危険」といえるか判断する視点

- 物的に「危険」な状態と評価できるか[14]
- 危険の性質からの評価（例えば、乗降口の上り降り時の転倒は、階段の上り降り時の転倒等、日常生活上の危険と同じであるから自賠法３条が対象とする「自動車固有の危険」にはあたらないという評価ができるか）[15]
- 規範的評価（危険責任の観点から、運行供用者に責任を負わせることが妥当か）

（２）東京高裁事案について

・ 判決の整理

| | 乗降者側の事情 | 自動車側の事情 |
|---|---|---|
| (a) 事故発生に至る事情 | 下肢不自由で自力歩行困難<br>自力で後部座席から降りようとして、左方向に上半身から地面に落下<br>介助者が必要であったが見守り無 | 後部ドアはスライド式で開扉した状態<br>地面から後部座席のフロアまでの高さは30センチメートル程度で、段差として特に危険がない<br>停止位置に問題無、座席に特に危険無 |
| (b) 事故の原因 | Dが要介護状態にあったCから目を離したこと | 車両の使用が本来的に有する危険が顕在化したものと認められない |
| (c) 危険の性質からの検討 | 転落したのは停止中の本件車両からであるものの、階段やベッドからの転落事故と本質的には何ら異なるものではなく、Cから目を離したことの危険性が、自動車の使用等に関連する危険性を明らかに凌駕する | |

・ 検討

（３）福岡高裁事案について

・ 判決の整理

| | 乗降者側の事情 | 自動車側の事情 |
|---|---|---|
| (a) 事故発生に | リフト上に積載してあった車いす | リフトが地面に着地した状態 |

・　相当因果関係説

・　「運行」と「によって」を一体的に判断する考え方　「固有危険性具体化説を前提にすると、自動車固有の危険性を具体化させ得る行為が『運行』に該当することを前提に、相当因果関係の有無の判断として、自動車固有の危険性が現に具体化したといえるか否かを検討することとなる。もっとも、この場合、『運行』と『によって』の検討が実質的には重なることとなり、両者の判断を厳密に区別することが困難となる場合も多いと思われる。そこで、『運行』と『によって』を一体的に判断し、事故当時の状況、事故の性質・内容等、諸般の事情を考慮して、自動車固有の危険性が具体化したといえる場合には『運行によって』といえると考えるのが分かりやすいであろう。」[11]

4．乗降時の事故の特徴と態様（判例・裁判例は別添一覧表参照）

（1）特徴

・　自動車から乗降する際、乗降者の身体には不規則な諸動作が生じる（座席に座る・座席から立ち上がる際の動作、乗降口から出入りする際の階段上り降り的な動作等）[12]。

・　乗降のための諸動作に伴い、乗降者が、身体のバランスを崩し転倒する、ルーフやピラーに身体の一部をぶつける、身体の一部（腰、足等）に負担がかかる等して受傷する場合がある。

（2）態様

①　自動車が足元の悪い場所に駐停車したため、乗降者が足をとられ転倒したことが受傷原因の一つと認められる場合（一覧表（1）、（2））：この態様では、乗降のための駐停車を運行と捉え、駐停車に伴う自動車の固有の危険が顕在化した事故として、運行起因性が認められることに大きな異論はないものと思われる。

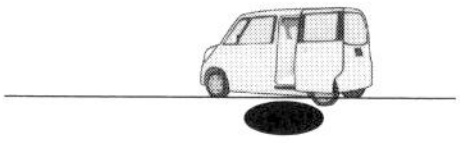

②　ドアやウィンドウの手はさみ事故：この態様では、乗降のための駐停車を運行と捉えた場合でも、ドア等の固有装置の操作を運行と捉えた場合でも、ドア等が閉まったことによる外力の大きさからすれば、自動車固有の危険性が顕在化した事故として、運行起因性が認められる。

③　駐停車場所の足元に特に問題がなく、かつ、ドアを開扉した状態での乗降時の事故（東京高裁事案、一覧表（3）、（4））：この態様では、乗降のための駐停車を運行と捉えたとしても、地面からフロアまでの高さや乗降口の狭さ等を自動車固有の危険と評価しうるかが問題となる。

④　車いすリフト等乗降サポート装置付の車両（福祉車両）の、サポート装置の操作・使用に伴う事故（福岡高裁事案）：この態様については、乗降のための駐停車、または乗降サポート装置の操作・使用を運行と捉えることになると考えられる。自動車固有の危険が顕在化したかどうかについては、事故発生の状況・原因から個々に判断される。

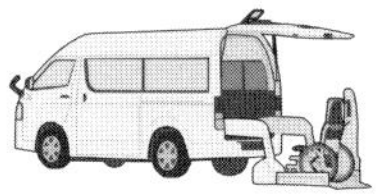

3．「運行によって」の解釈

（1）判例　最判昭和52年11月24日民集31巻6号918頁は狭義の固有装置説を採用する

（2）学説

・ 原動機説　「運行」とは、原動機の作用により自動車を移動せしめることをいうとする
・ 走行装置説　「運行」とは、原動機装置だけでなく、ハンドル、ブレーキ等の走行装置をその本来の使用方法に従って操作することをいい、必ずしも自力で走行する必要はないとする
・ 狭義の固有装置説　「運行」とは、自動車の構造上設備されている各装置（機関、ハンドル、ブレーキ、電気、燃料、冷却、排気等）のほか、クレーン車のクレーン等、当該自動車固有の装置の全部又は一部をその目的に従って使用することをいうとする
・ 広義の固有装置説　自動車に固有の装置一切即ち自動車そのものが「当該装置」に当たるとし、危険性説のいう危険性の有無は相当因果関係の有無（又は過失の有無）の判断の際の有力な判断基準とする[4]
・ 車庫出入説　自動車は、交通の用のための一般交通の場（道路）に置き、それによってつくり出される危険な状態が存続する限り「運行状態」にあり、道路から引き上げられて車庫ないし一般交通の場以外の場所に置かれたときに「運行」が遮断されるとする[5]
・ 危険性説　運行概念を法文の形式的な解釈によって定めるべきではなく、自動車を通常の走行の場合に匹敵するような危険性をもつ状態におく行為といえるか否かという観点から決すべきであるとする[6]
・ 物的危険性説　自賠法3条の「その運行によって」の「その」は運行供用者ではなく、自動車を意味するから、運行の主体は自動車という物であるとし、『運行』とは、その自動車の装置といえるもの（積み荷、乗員は装置ではない）の用い方に従って用いる場合の「物的危険」状態のことを意味するとする[7]
・ 危険類型化説　自動車の種類・使用型態が可変的なものであるため、派生する危険も可変であり、それゆえ「運行」概念も時間的可変的概念として存在するとして、「運行」概念の再構成に際しては、自動車の持つ特殊の危険の抽出と、抽象化・類型化がなされるべきとする[8]
・ 危険性顕在化説　「運行」とは、自動車固有の危険性を内在する固有装置を、その本来的用法に従って使用することにより、その危険性を顕在化させうる行為と捉える[9]
・ 固有危険性具体化説　自賠法の趣旨・目的は、自動車に内在する人の生命又は身体を害する危険性に着目し、そうした危険性が具体化した場合に、その被害者を保護する点にあるから、「『運行』にあたるか否かを判断するに当たっては、自動車固有の危険性という実質的な要素を考慮し、事故当時の状況、事故の性質・内容等の諸般の事情を考慮し、自動車に備えられた装置を本来的用法に従って使用した行為が自動車固有の危険性を具体化させ得るものといえるか否かを実質的に判断していくことになる」とする[10]

（3）「によって」に関する学説

・ 事実的因果関係説

上、本件免責条項の適用は認められない」。

（2）福岡高裁令和3年7月7日判決（判例集未搭載）

・事案の概要

（車両イメージ）

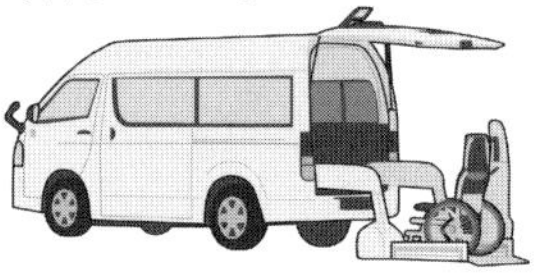

自動車保険契約の被保険者であるXが、車両後部に車いすを積載することが可能な福祉車両（以下「被保険車両」という）のリフト部分から、車いすに乗った状態で降車しようとした際に転倒し負傷した事故について、Yに対し上記保険契約に基づき、保険金3010万円（人身傷害保険金3000万円および搭乗者傷害保険金 10 万円）及び遅延損害金の支払を求める訴訟を提起した。

X（本件自動車保険契約の契約者である訴外会社の代表取締役）は車いす利用者ではないが、車いす利用者がリフトから降車する際の状況を確認・体感するため、電動式リフト（エンジンをかけた状態でないと作動しない）を降下させて地面に着地させた後、リフト上に積載してあった車いすに着座し、介助者のいない状態で、自らの操作により車いすの後退を開始させたところ、その直後、リフト後端とスロープの間に段差・傾斜があった（報告者注・段差・傾斜の程度は判決文からは不明）ためにXの上半身が一気に後方へ傾き、車両の接地面を支点として車いすごと後方に大きく傾いて転倒し、後方にあったブロック塀に後頭部・後頚部を強打した。

原審の福岡地方裁判所令和 3 年 1 月 15 日判決は、本件事故では「介助者なしに自らの操作のみで車いすを後退させて降車しようとしたという、本来的な用法とは異なる不適切な態様での使用という事情が介在しているから、被保険車両の運行が本来的に有する危険が顕在化したものとはいえない」として、Xの請求を棄却した。これに対し、Xが控訴した。

・判旨（控訴棄却・確定）

「被保険車両は、車両後部に車いす（車いす乗車者を含む。）を積載することができる福祉車両であり、被保険車両の運転者は車いす乗車者と別の者であること、リフト操作の手順には、運転席にあるスイッチによる操作や、被保険車両のハッチバックの開閉など、車いす乗車者以外の者が行う必要のある操作が含まれることが認められる。そうすると、車いす乗車者が、被保険車両から降下させたリフトから車いすを降ろす操作をする際にも、車両の運転者など、車いす乗車者以外の者が必ずその場に存在し、この者が、車いす乗車者がリフトから降りる際の介助者となることが可能であり、かつ、そのような介助を行うことが想定されているといえる」。

「したがって、Xが、介助者なしに自らの操作のみでリフトから本件車いすを後退させ、本件車いすをリフトから降ろそうとしたことは、被保険車両において想定されているものとは異なる操作であったということができる。そして、介助者が存在していれば、本件事故のような本件車いすの後方への転倒が発生しなかったと考えられる」。

そうすると、「本件事故は、被保険車両の運行が本来的に有する危険が顕在化したものということができず、本件事故が被保険車両の運行に起因するものであると認められない」。

負担すること、が挙げられていた。

原審の東京地裁令和元年7月2日判決は、本件事故に関しXが負う損害賠償責任は、本件免責条項所定の「自動車の所有、使用又は管理に起因する」ものには当たらず、Yは保険金の支払について免責されないとしてXの請求を認容した。これに対しYが控訴した。

・判旨（控訴棄却・確定）

「本件免責条項は、介護保険事業者が業務の遂行に起因する対人・対物事故について、他人に対して損害賠償責任を負担している場合であっても、これが『自動車の所有、使用又は管理に起因する』損害賠償責任であるときは保険金を支払わないとするものであって、このような重大な効果をもたらすものであることに鑑みると、本件免責条項に該当するためには、事故発生の主たる原因が、自動車の所有、使用又は管理が本来的に有する危険が顕在化したことにあることを要すると解すべきである」。

①本件事故の現場となった本件車両の停止位置に安全性の観点から特に問題がないと認められること、②本件車両の後部座席のフロアから地面までの高さは約30ないし34センチメートルであって、マイクロバスの乗降口や階段等とは異なり、着座した状態から降車することも可能な自動車の段差としては特に危険がないものと認められること、③本件事故はCが降車行動に及んだ際に発生したもので、座席には特に危険がないものと認められること、一方、④本件事故当時、要介護3の認定を受けていたCは、下肢が不自由で自力歩行が困難であり、本件車両から降車するには介助を必要とするとの特性を有していたこと、⑤介助者であるDにおいて、本件車両の左後部スライドドアが開放されたままの状態で、同車両後部に廻るためその場を離れたこと、⑥Dがその場を離れて目を離した際にCが降車行動に及び本件事故に至ったことが認められる。

これらの事情を総合すると、本件事故は、Dが要介護状態にあったCから目を離したことに主たる原因があるというべきであって、「本件車両の使用が本来的に有する危険が顕在化したものであると認めることはできない。

よって、本件事故によるXの損害賠償責任が、『自動車の使用に起因する』損害賠償責任に当たるものであると認めることはできない」。

「平成28年最高裁判決が、運行起因性の有無と安全配慮義務違反の有無が別途検討される事柄であることを説示したのとは異なり、本件免責条項の解釈に当たっては、…介護事業者の安全配慮義務違反の有無・程度等の事情も考慮要素に含めて、事故発生の『主たる原因』が自動車の使用等が本来的に有する危険に基づくものであるか否かといった視点で検討すべきであり、そのように解することは、平成28年最高裁判決に何ら矛盾するものではない。そして、本件車両の停止位置、構造、具体的な事故発生状況等に照らせば、本件事故でCが転落したのは停止中の本件車両からであるものの、階段やベッド等からの転落事故と本質的には何ら異なるものではなく、Cから目を離したことの危険性が、自動車の使用等に関連する危険性を明らかに凌駕しているというべきである」。

「本件免責条項は、別件自動車保険の支払要件と完全に同一の意味内容であることを前提として検討すべきではなく、本件のような事案においては、本件事故が別件自動車保険の支払要件に該当するか否かにかかわらず、本件事故の主たる原因が本件車両の使用等にあるとはいえない以

２．乗降時の事故に関する最近の裁判例

（1）東京高判令和２年６月18日判決 ウェストロー文献番号 2020WLJPCA06186014

・事案の概要

居宅介護事業等を営む特例有限会社Ｘの運営、提供するデイサービスに通所していたＣ（事故当時77歳）が、デイサービスの送迎に利用する車両（以下「本件車両」という）から降車しようとした際、転倒して頭部を打ち付け、左硬膜下水腫の傷害を負った事故について、Ｘが、Ｃが入通院した医療機関に治療費を支払い、介護保険・社会福祉事業者総合保険契約（以下「本件保険契約」という）を締結していた損害保険会社Ｙに対し、本件保険契約に基づき、治療費相当額の保険金と遅延損害金を請求する訴訟を提起した。

（車両イメージ）

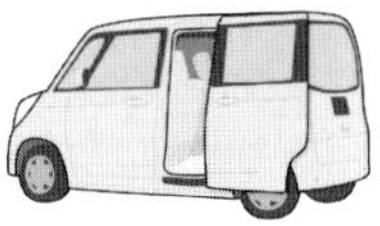

Ｃは事故当時下肢不自由で自力歩行が困難であったことから、Ｘの従業員Ｄは運転席から降車し、左後部のスライドドアを開けてＣの降車を手伝ったものの、何度促しても降りようとしなかったため、車椅子にＣを乗せて搬送することとし、リアゲートを開けて車椅子を取り出し地面に置いて広げる作業をしていたところ、Ｃが自力で後部座席から降りようとして、左方向に上半身から地面に落下し、事故が発生した。

本件車両は、Ｘが送迎業務用として使用している軽自動車（スズキパレット）であり、福祉車両ではない。本件車両にリフト等の付属機器はなく、後部ドアはスライド式であり、地面から後部座席のフロアまでの高さが30センチメートル程度であった。本件保険契約に適用がある介護保険事業者・社会福祉施設特別約款には、次のような定めがあった。

（ア）保険金を支払う場合

Ｙは、被保険者が次の①又は②に該当する対人・対物事故について、保険期間中に被保険者（Ｘ）に対して損害賠償請求がなされ、被保険者（Ｘ）が法律上の損害賠償責任を負担することによって被る損害に対して、保険金を支払う。

①業務（介護保険法又は社会福祉法に規定する事業が対象とする業務に限る。以下同じ。）の遂行のために、所有、使用若しくは管理する施設（設備を含む。ただし、業務遂行に際し使用する器具類は除く。）に起因する他人の身体の障害又は財物の破壊

②業務の遂行に起因する他人の身体の障害又は財物の損壊

（イ）保険金を支払わない場合

Ｙは、被保険者（Ｘ）が自動車又は原動機付自転車の所有、使用又は管理に起因する損害賠償責任を負担することによって被る損害に対しては、保険金を支払わない（以下、「本件免責条項」という）。

なお、本件事故当時、本件車両に関し、ＸとＥ損害保険会社との間で締結した自動車保険の対人賠償保険に係る契約の保険期間にあり、同契約に適用がある約款では、対人賠償保険における保険会社のてん補責任発生の要件として、①保険証券記載の自動車の所有、使用または管理に起因して他人の生命または身体を害すること、②①によって、被保険者が法律上の損害賠償責任を

個別報告②

## 「運行によって」（運行起因性）概念について―乗降時の事故をめぐって

損害保険料率算出機構
植草桂子[1]

### 1．問題の所在

自動車損害賠償保障法（自賠法）3条は「自己のために自動車を運行の用に供する者は、その運行によって他人の生命又は身体を害したときは、これによって生じた損害を賠償する責に任ずる。ただし、自己及び運転者が自動車の運行に関し注意を怠らなかったこと、被害者又は運転者以外の第三者に故意又は過失があったこと並びに自動車に構造上の欠陥又は機能の障害がなかったことを証明したときは、この限りでない。」と定める。すなわち、自己のために自動車を運行の用に供する者（運行供用者）は、自動車の「運行によって」他人の生命を害した場合、ただし書きの3条件を立証できない限り損害賠償責任を負う。

「運行」について、同法2条2項は「人又は物を運送するとしないとにかかわらず、自動車を当該装置の用い方に従い用いること」と定義し、最判昭和52年11月24日民集31巻6号918頁は、「当該装置の用い方に従い用いること」には、固有の装置であるクレーンをその目的に従って操作する場合をも含むとした（狭義の固有装置説）が、自動車の関係する事故が多様化するに伴い、狭義の固有装置説のみでは判断困難な事案が増加した。

近時においては、自動車固有の危険性という実質的な要素を考慮し、「事故当時の状況、事故の性質・内容等の諸般の事情を考慮し、自動車に備えられた装置を本来的用法に従って使用した行為が自動車固有の危険性を具体化させ得るものといえるか否かを実質的に判断」すべきとする考え方（固有危険性具体化説）[2]が有力である。また、自動車の降車時に受傷したことについて、自動車保険の搭乗者傷害特約の「運行起因」（「運行によって」と同義と解される）の解釈が問題になった最判平成28年3月4日判タ1424号115頁は「車両の運行が本来的に有する危険が顕在化したものであるということはできない」ことを理由に「事故が本件車両の運行に起因するものとはいえない」旨判示している。

報告者は、「運行」すなわち「自動車を当該装置の用い方に従い用いること」には、自動車固有の危険性が内在するものと考える。また、運行「によって」とは、運行と事故との相当因果関係を意味するが、相当因果関係の判断は自動車固有の危険が顕在化したことも加味してなすべきという立場[3]であり、固有危険性具体化説を基本的に支持する。また、自賠法3条が保護の対象とすべき自動車固有の危険については、自動車の関連する危険を分類の上、規範的に評価すべきと考える。

本報告では、「運行によって」が問題となる事故類型の一つである乗降時の事故について、どのような場合に自動車固有の危険が顕在化したと認められるのか、保護の対象となる自動車固有の危険の範囲等について、最近の裁判例（東京高裁令和2年6月18日判決ウェストロー文献番号2020WLJPCA06186014、福岡高裁令和3年7月7日判決（判例集未搭載）、下記2．参照）を題材に検討する。

# 日本交通法学会第五三回定期総会における業務報告

令和四年五月二八日（土）　オンライン

**議題一**　令和三年業務報告

日本交通法学会は、昭和四五年六月一三日に設立され、以来毎年定期総会を開催してまいりました。本定期総会は、第五三回目を迎えたことになります。

令和四年四月末日現在の会員数は、個人会員が六〇八名（うち賛助会員は四三名）、賛助団体は三一団体です。

本年度は、オンラインにて、理事会四回、人身賠償補償研究会は関西支部を含め二回開催し、監事会は書面回付により決議を行いました。

また、機関誌「交通法研究」四九号を有斐閣から本年二月に発刊し、会員、賛助会員に無償配布いたしました。

**議題二**　令和三年度会計報告

［令和三年度決算報告書］

〈収入の部〉

| | |
|---|---|
| 総収入 | 一九、七五七、四〇二円 |
| ○会　費 | 三、四八六、〇〇〇円 |
| ○賛助会費・賛助団体会費 | 三、〇五九、〇〇〇円 |
| ○入会金 | 三四、〇〇〇円 |
| ○雑収入（機関誌・預金利息等） | 二六〇、〇九二円 |
| ○収入小計 | 六、八三九、〇九二円 |
| ○前期繰越金 | 一二、九一八、三一〇円 |

〈支出の部〉

| | | |
|---|---|---|
| 総支出 | | 一九、七五七、四〇二円 |
| ○会議費 | | 二三三、八五八円 |
| | 総会費 | 二一九、〇五四円 |
| | 会議費 | 一四、八〇四円 |
| ○事務費・管理費 | | 二、三一五、六三七円 |
| | 事務委託費 | 二、二〇〇、〇〇〇円 |
| | 通信・交通費 | 八九、九六五円 |
| | 印刷費 | 二五、六七二円 |
| ○研究会費 | | 一八九、七四六円 |
| ○機関誌費 | | 二、六四〇、〇〇〇円 |
| ○雑　費 | | 二八、九七〇円 |
| ○予備費 | | 三、八〇六円 |
| ○支出小計 | | 五、四一二、〇一七円 |
| ○次期繰越金 | | 一四、三五五、三八五円 |

# 日本交通法学会設立趣意書

近時、わが国における交通機関の発達は、極めてめざましいものがありますが、一方、交通災害、交通公害および交通混乱の現象は、きわめて憂慮すべき状態を現出しております。特に自動車人身事故による被害者の救済措置は、満足すべきにはほど遠い現状にあります。実効性ある事故防止策と適正な人身事故補償の早急完全な実施が当面の最重要課題であることは、何人にも明らかなところであります。自動車人身事故の激増が重大な社会問題としてその対策が叫ばれてからすでに十数年を経ており、その間、事故防止と被害者救済の実現をめざし、わが国の学界、法曹界、関係諸官庁、保険会社、その他民間諸団体において、それぞれの立場から真剣な討議が行なわれ、幾多の貴重な成果を得ております。

しかしながら、交通災害増加の現象は、わが国社会の諸要因と極めて複雑に関連し、交通問題に関連する法域は、道路交通法のみならず車両法、運送法等あらゆる分野に拡大されております。

また、人身損害補償の領域について見ても、問題は今日、単に不法行為にとどまらず、民法の他の分野、訴訟法、保険法、社会保障法等の領域におよび、わが国法制の根本に触れるさまざまの問題が提起されているのであります。

今日、このような状況において、われわれは、これら関連するあらゆる分野の研究者が、相互に交流をもち、協力し、もって研究の成果を一層深めることがどうしても必要であると考え、ここに日本交通法学会を設立するに至ったものであります。

日本交通法学会は、交通の円滑・健全化、交通災害・交通公害の絶滅、被害者の完全な救済を希求するあらゆる分野の研究者によって構成され、交通関係法規および交通災害・交通公害とこれにともなう補償に関するあらゆる問題を研究討議し、研究者相互の協力を促進することによって、国民の福祉の増進を期そうとするものであります。

われわれは、ここに日本交通法学会設立の趣旨を明らかにし、その目的に賛同するあらゆる分野の個人又は団体に日本交通法学会への参加を呼びかけるものであります。

昭和四五年一月三一日

日本交通法学会設立準備委員会

朝倉京一　木宮高彦　田邨正義　原島克巳　山田卓生
淡路剛久　倉田卓次　土屋一英　舟木信光　山本寅之助
伊藤利夫　後藤　勇　筒井博司　南　恒郎　吉田淳一
伊藤嘉之　佐野昭一　永光洋一　三宅弘人
河合　怜　椎木緑司　並木　茂　宮原守男
岸永　博　竹岡勝美　野村好弘　山崎東夫　（五十音順）

《ご案内》 在庫につきましては、事務局までお問合せ下さい。

「交通法研究」価格

八・九号―「交通事故賠償と生活保障」……二、六〇〇円
八・九号―「人間と道路交通」……二、六〇〇円
一三号―「交通事犯に対する制裁」……一、五〇〇円
一四号―「交通事故と原因競合」……一、六〇〇円
一五号―「交通事故と医療費問題」……一、三〇〇円
二〇号―「違法駐車をめぐる諸問題」……一、七〇〇円
二一号―「外国人労働者への交通事故賠償」……一、七〇〇円
二三号―「交通事故の裁判外紛争処理解決について」…二、〇六〇円
二四号―「自賠法四〇年の軌跡」……二、一六三円
二五号―「重度後遺障害者の実態とその救済」……二、〇六〇円
二六号―「交通事故と物的瑕疵」……二、一〇〇円
二七号―「自動車保険の現状と課題」……二、一〇〇円
二八号―「交通事故における責任の競合と分担」……二、一〇〇円
二九号―「高齢化社会と交通法」……二、一〇〇円
三〇号―「過失相殺の諸相」……二、二〇〇円
三一号―「自動車の欠陥による事故」……二、一〇〇円
三二号―「交通事故による損害認定の諸問題」……二、一〇〇円
三三号―「交通事故と慰謝料」……二、一〇〇円
三四号―「後遺症」……二、一〇〇円
三五号―「自動車損害賠償保障法施行五〇年の軌跡と展望」
……二、三〇〇円
三六号―「飲酒運転」……二、四〇〇円
三七号―「鉄道事故をめぐって」……二、三〇〇円
三八号―「自動車関連事故と傷害保険」……二、二〇〇円
三九号―「人身損害賠償に関する諸問題」……二、五〇〇円
四〇号―「自転車事故に関する諸問題」……二、四〇〇円
四一号―「交通事故ＡＤＲの現状と課題」……二、五〇〇円
四二号―「交通事故と責任能力」……二、四〇〇円
四三号―「交通法学の生成と展開」……二、〇〇〇円
四四号―「損害賠償の調整」……二、四〇〇円
四五号―「自動車損害賠償保障法六〇年」……二、一〇〇円
四六号―「自動走行と自動車保険」……二、四〇〇円
四七号―「物損をめぐる実務と法理」……二、四〇〇円
四八号―「監督義務者の責任とその保険対応」……二、四〇〇円
四九号―「地域におけるモビリティ」……二、五〇〇円

「人身賠償・補償研究」第一巻
第一回から第一一回までを掲載……二、〇〇〇円
「人身賠償・補償研究」第二巻
第一二回から第二六回までを掲載……二、〇〇〇円
（除・一七回、一九回（過失相殺の法理）、二二回、二三回、二四回）

「人身賠償・補償研究」第三巻
第二七回から第三九回までを掲載……………二、六〇〇円
「人身賠償・補償研究」第四巻
第四〇回から第五〇回までを掲載……………二、六〇〇円
「人身賠償・補償研究」第五巻
第五一回から第六五回までを掲載……………三、〇〇〇円

（問合せ先）日本交通法学会事務局
〒100—0013　東京都千代田区霞が関一—一—三　弁護士会館一四階
公益財団法人　日弁連交通事故相談センター内
電話〇三（三五八一）四七二四

# 日本交通法学会の研究助成について

一　日本交通法学会（以下、単に学会という）は会員の研究奨励のために研究費を支出します。総額は毎年二〇〇万円程度をめどとします。

二　奨励研究には、共同研究と個人研究とがあります。

(ア)　共同研究は、会員が主となっているグループの研究であり、それに対しては、五〇万～一〇〇万円の研究費を交付します。

(イ)　個人研究は、会員個人が行う研究であり、それに対しては三〇万円の研究費を交付します。ただし、特別の理由があるときには、増額することもあります。

三(ア)　研究費の交付を受けた者（グループおよび個人）は、次年度の学会において報告するように努め、それができないときは中間報告書を三月末までに学会宛提出して下さい。

(イ)　研究費の交付を受けた者は、次年度に発行される機関誌『交通法研究』のために報告原稿を提出する義務を負っていただくことを原則とします。

(ウ)　研究費は申請にかかる研究の費用にあてるものとし、年度末に所定の会計報告を学会宛提出していただきたい。

四　研究期間は一年を単位とし、同一研究課題について最大二回まで研究費の交付を受けることができます。ただし、二回目の申請については、他の新規申請と同列に扱うものとします。

五(ア)　研究分野は、伝統的な研究分野（民事法、刑事法、行政法など）のみならず、複数の法分野にまたがるもの、また、他の学問領域にまたがる学際的な研究も歓迎します。

(イ)　研究対象の範囲としては、陸上交通、海上交通、航空など交通の類型に制限なく問題の類型も事故、安全、汚染など交通法に関連するすべてを含むものとします。

六　研究費の交付は、研究委員会において慎重、厳正に選考した上、理事会において決定します。

七　応募ご希望の方は申請書類の送付を事務局宛請求して下さい。

〒100－0013　東京都千代田区霞が関一－一－三　弁護士会館一四階
公益財団法人　日弁連交通事故相談センター内

日　本　交　通　法　学　会

## 日本交通法学会研究助成応募要項

令和五年度の応募要項は次のとおりです。

(1)　応募締切　令和五年四月末日
(2)　交付決定　令和五年五月下旬
　　　　　　　応募者には採否をお知らせします。
(3)　交　付　日　決定後できるだけすみやかに交付します。
(4)　研究期間　令和六年五月末日

# 日本交通法学会研究（個人・団体）助成年度別一覧

昭和五二年度
伊藤高義　自動車事故による損害賠償の社会保障化について
〃　椎木緑司　1、交通事故による重傷後遺障害者の実情とこれに対する救済制度の実情・改善創設等の分析及び総合研究
2、後遺傷害補償の合理的・科学的認定・障害等級表の器質的・機能的分析及び社会・経済的要因を加味した改善の研究
五三年度　野村好弘　交通法における住民参加と情報公開のあり方に関する研究
五四年度　桜田一之　システムの分析による道路交通法の研究
―実態調査を中心として―
五五年度　西島梅治　損害賠償と保険金の重複給付の調整に関する研究
五六年度　椎木緑司　社会構造的な特殊不法行為としての自動車事故と責任及び自動車保険の特性
五七年度　森嶌昭夫　損害補償システムの将来構想について
―ニュージーランド・オーストラリア・イギリス・カナダにおける救済制度の検討を通じて―
五八年度　小賀野晶一　東北地方における交通事故紛争の処理の研究
―損害額の算定の地域性を中心として―
六〇年度　植木哲　運行供用者責任の再検討
六二年度　山野嘉朗　フランスの交通事故賠償補償法の立法過程
平成一〇年度
椎木緑司　自動車損害賠償保障制度及び自動車保険発達の回顧と将来の展望並びに諸対策
一七年度　肥塚肇雄　人身傷害補償保険契約の「被保険者」の意義と「胎児」の法的地位――人身傷害補償保険契約の法的構造を明らかにするために――
二一年度　二木雄策　死亡慰謝料の計量分析

# 日本交通法学会規約

## 第一章　総　　則

（名　称）
第一条　本会は、日本交通法学会と称する。
（事務所）
第二条　本会の事務所は、東京都千代田区内に置く。
（目　的）
第三条　本会は、交通および交通災害に関連する諸法の研究を行ない、もって交通に関する公共の福祉の増進を図ることを目的とする。
（事　業）
第四条　本会は、前条の目的を達成するため、左の事業を行なう。
一　調査研究計画の立案および実施
二　研究報告会・講演会の開催
三　機関誌その他刊行物の発行
四　研究者相互の交流および内外の学会その他諸団体との連携と協力
五　その他本会の目的を達成するために必要な事業

## 第二章　会員および賛助会員

（会　員）
第五条　交通および交通災害に関連する諸法を研究する者は、本会の会員となることができる。
2　本会の会員になろうとする者は、会員二人の推せんにより入会の申込みをし、理事会の承認を得なければならない。
（賛助会員）
第六条　本会の目的に賛同し本会の事業を賛助しようとする個人または団体は、理事会の承認により賛助会員となることができる。
2　賛助会員は、研究報告会・講演会に出席し、機関誌の配布を受ける。
（会　費）
第七条　会員および賛助会員は、総会の定めるところにより、会費を納入しなければならない。
（退　会）
第八条　会員および賛助会員は、左の各号の一に該当する場合には、退会したものとする。

一　本人が退会を申し出たとき
二　会費の滞納により理事会が退会を相当と認めたとき
三　本会の名誉を傷つけたことにより理事会が退会を相当と認めたとき

## 第三章　機　関

（総　会）
第九条　本会は、毎年一回通常総会を開催し、必要があるときは、随時臨時総会を開催する。
（招集者）
第一〇条　総会は、理事長が招集する。
2　総会員の五分の一以上の者が会議の目的たる事項を示して臨時総会の招集を請求したときは、理事長は、すみやかにその招集をしなければならない。
（招集手続）
第一一条　総会の招集は、会日の一四日前までに総会の日時、場所および議題を会員に書面で通知して行なう。
（審議事項）
第一二条　総会は、左の事項を審議する。
一　理事・監事の選任
二　決算の承認
三　規約の改正
四　その他理事会または総会において審議することを相当と認めた事項
（議　決）
第一三条　総会の決議は、この規約に別の定めがある場合のほか、出席会員の議決権の過半数で決する。
2　会員は、代理権を証明する書面を提出して出席会員にその議決権の行使を委任することができる。
（理事・監事の設置）
第一四条　本会に左の役員をおく。
一　理事　三五名以内
二　監事　二名
2　本会に名誉理事若干名をおくことができる。
（選　任）
第一五条　理事・監事は、総会において会員の中から選任する。
2　名誉理事は理事会の議を経て、これを委嘱する。
（任　期）
第一六条　理事・監事の任期は、その就任後二回目の通常総会の終結に至るまでとする。

2　補欠または増員により選任された理事または監事の任期は、その他の理事または監事の任期の残存期間とする。

（理事の職務）

第一七条　理事は、理事会を構成し、会務を執行する。

（監事の職務）

第一八条　監事は、本会の会計および会務執行を監査する。

（理事長）

第一九条　本会に理事長一名を置く。

2　理事長は、理事会において理事の中から選任する。

3　理事長は、本会を代表し、会務を総括する。

4　理事長に事故あるときは代行を置く。

（理事会）

第二〇条　理事会は、本会の運営に関する重要事項を審議決定する。

2　第一〇条第一項、第一三条第一項の規定は、理事会に準用する。

（委員会）

第二一条　本会に研究・広報・財務・資格審査その他の委員会を置くことができる。

2　委員会に関する事項は、理事会において定める。

## 第四章　会　　計

（経　費）

第二二条　本会の経費は、会費・寄付金その他の収入をもって充てる。

（会計年度）

第二三条　本会の会計年度は、毎年四月一日に始まり、翌年三月三一日に終わる。

2　決算は、次年度の通常総会において承認を得なければならない。

## 第五章　規約の変更

（規約の変更）

第二四条　この規約は、総会において出席会員の三分の二以上の同意により変更することができる。

## 第六章　付　　則

（施行期日）

第二五条　この規約は、昭和四五年六月一三日から施行する。

（経過措置一）

第二六条　本会設立準備委員会の委員および第一回総会前に同委員会によって推せんされた者は、第五条第二項の規定にかかわらず、本会の会員となることができる。

（経過措置二）

第二七条　本会設立準備委員会は、第一回総会前に会員の中から理事・監事の職務を行なう者を委嘱することができる。

2　前項により理事・監事の職務を行なうことを委嘱された者は、第一回総会において理事・監事が選任されるまでその職務を行なう。

## 第六章　付　則（昭和五七年五月八日改正）

第一四条第一項の改正規約は、昭和五七年五月八日から施行する。

付　則（平成六年五月二八日改正）

第一四条第一項の改正規約は、平成六年五月二八日から施行する。）＝理事増員三〇名～三五名

付　則（平成八年五月二五日改正）

第二条及び第一九条第四項の改正規約は、平成八年六月一日から施行する。

---

告　知

当法学会出版物からの複写に係る令和三年度著作権使用料として、学術著作権協会より一一九、三三五円の分配を受けましたので通知します。

なお、令和四年度著作権使用料については、分配金の算出および送金が遅滞している旨の通知があったため、次号にて通知します。

二〇二二年一二月

日本交通法学会

理事長　新美育文

会員各位

# 日本交通法学会役員名簿（令和四年度）

# 「日本交通法学会」入会案内

一　日本交通法学会について

日本交通法学会（Japan Association of Traffic Law）は、関係各方面の積極的な賛同を得て、昭和四五年六月一三日に設立されました。

本学会は、交通及び交通災害に関連する諸法の研究を行い、もって公共の福祉の増進を図ることを目的として設立されたものです。

本学会は、昭和五四年四月、日本学術会議内規に基づき登録学協会として、同会議に登録申請手続を行いました。これにより、日本学術会議及び各分野の学協会との緊密な連携協力関係の維持、強化が図られることになります。

二　学会の事業計画

本学会は、交通の円滑健全化、交通災害・交通公害の絶滅、被害者の完全な救済を希望するあらゆる分野にわたる研究者の相互協力によって交通災害・交通公害の防止と被害者救済に関する法的諸問題の解決に大きな役割を果たそうとする点に際立った特色があり、したがって、その事業については、次のような点に重点がおかれます。

(1)　調査研究計画の立案及び実施

本学会には、研究委員会が置かれています。

研究委員会は、学者、裁判官、行政官、弁護士、保険会社等関連分野の研究員が網羅されたユニークな構成を有しており、各分野にわたる諸問題について資料・情報を交換して、的確な問題提起を行ない、必要に応じ共同調査・共同研究を立案企画し、広く会員の要請に応じて、これを強力に立案・実施する体制をとっています。

(2)　刊行物の発行

本学会は、毎年機関誌「交通法研究（Traffic Law Journal）」を発行しています。このほか会員の研究成果を必要に応じて適宜刊行することを予定しています。本学会は、専門的研究者集団であるとともに、優れて実践的な性格を有する団体であり、したがって、機関誌等刊行物の内容も、最高度の理論的水準を保つとともに実務に直結する解説研究を広くとりあげることとし、また、最新の資料・情報を継続的に提供するなどの会員の利便に供することとします。

(3)　研究会の開催

毎年定期総会の際にシンポジウム、個別研究報告を行なうほか、いくつかの常設研究会を開催し、会員及び賛助会員の相互交流、共同研究の場としています。研究会としては、現在、人身賠償補償研究会が活動しています。入会手続は、別添入会申込書に所定事項をご記入の上、事務局宛お送りください。

(4)　研究助成

毎年、会員の独創的な研究を奨励するため、研究助成金を出しています。申請手続など詳しいことは、事務局にお問い合わせください。

三　学会の組織について

本学会は、交通災害に関するる諸法に関連するあらゆる分野の研究者・実務家によって構成されます。

本学会組織は、総会を最高機関とし、そのもとに置かれた理事会が中心になり組織を運営します。さらに、委員会は、研究調査等の実質的活動の企画実施を図り、監事は会計及び会務執行を監査しています。なお、理事が委員を兼ねることにより、機能的な運営を図っています。

本学会の事務局は、末尾のとおりです。

四　賛助会員の地位について

賛助会員は、本学会の目的に賛同し、その事業を賛助しようとする個人又は団体であり、シンポジウム、研究報告会・講演会に出席することができ、また機関誌等の無償配布を受けます。

五　入会要項

本学会への入会要項は、次のとおりです。

**入会資格**……本学会の目的に賛同し、その事業を賛助しようとする個人又は団体。

**入会金**……二、〇〇〇円（入会の際に必要になります。）

**年会費**……正会員（個人）＝七、〇〇〇円

賛助会員（個人）＝一口七、〇〇〇円・一口以上

賛助会員（団体）＝一口四、〇〇〇円・原則一〇口（四〇、〇〇〇円）以上

※団体の規模によっては減口の配慮もいたします。

**申込方法**……入会申込書（別添）に以下の必要事項を記載の上、業務委託先である㈱毎日学術フォーラム（〒100-0003　東京都千代田区一ツ橋一―一―一　パレスサイドビル）宛てに送付してください。

【必要事項】①申込年月日　②会員種別・会費口数　③氏名又は団体名（団体は担当者名も併せて記載）④職業又は事業の種類（弁護士は登録番号）⑤学会から連絡可能な住所　⑥学会から連絡可能なメールアドレス　⑦学会から連絡可能な電話・FAX番号　⑧推薦者氏名（二名）

※推薦は本学会員二名によるものですが、推薦者がいない場合は賛助会員としてお申込みください。

※お申込みの際、人身賠償補償研究会に参加ご希望の方は、連絡事項記載欄に、その旨明記してください。ただし、研究会にご出席できる方のみに限定させていただきます。

※入会申込受付後の手続：本学会は、入会のお申込みを受けて、直近で開催する理事会（年四回開催）で入会の承認手続を行います。

**払込方法**……上記入会手続終了後に本学会から送付する銀行振込み又は振替用紙を利用して入会金及び年会費を振り込んでください。なお、連絡欄には会費口数を明記してください。銀行振込みに代えて現金為替等の方法で業務委託先である㈱毎日学術フォーラム（〒100-0003　東京都千代田区一ツ橋一―一―一　パレスサイドビル）宛てに直接送付いただいても結構です。

〈事務局所在地〉

〒100−0013 東京都千代田区霞が関一−一−三 弁護士会館一四階
公益財団法人 日弁連交通事故相談センター内
日本交通法学会事務局
電話 〇三(三五八一)四七二四

年　　月　　日

日本交通法学会　御中

氏名　　　　　　　　　　㊞

# 入　会　申　込　書

貴会の設立の趣旨に賛同し、以下のとおり入会の申込みをいたします。

1　希望する会員の種別（いずれかの□にレを入れてください。）及び会費口数

□正会員　年会費：１口 7,000 円

□賛助会員　年会費：１口 7,000 円　１口以上（　　　）口

□賛助団体　年会費：１口 4,000 円　１０口以上（　　　）口

＊入会金はいずれも別途 2,000 円

2　入会申込者の情報

①氏名又は団体名

ふりがな

（担当者氏名　　　　）

②職業又は事業の種類　＊弁護士の場合は括弧内に登録番号

（登録番号　　　　）

③住所等

〒

④メールアドレス

E-mail :　　　　　　@

⑤電話・ＦＡＸ番号

電　話：　（　　）　　ＦＡＸ：　（　　）

3　推薦者（学会員２名）＊弁護士の場合は推薦者不要

①氏名：　　　　㊞

住所：

②氏名：　　　　㊞

住所：

4　連絡事項記載欄

〔切り取り〕

定期金賠償に関する理論的・実務的課題　（交通法研究第50号）

2023年2月14日　初版第1刷発行

編集者　日本交通法学会

発行者　江草貞治

発行所　株式会社 有斐閣
郵便番号 101-0051
東京都千代田区神田神保町2—17
http://www.yuhikaku.co.jp/

制作・株式会社有斐閣学術センター
印刷／製本・大日本法令印刷株式会社


ISBN 978-4-641-23311-9